CHARANGO METHOD
METODO DE CHARANGO

Horacio Durán • Italo Pedrotti

Online Audio — www.melbay.com/20325BCDEB

The tracks on the companion audio are presented in Spanish Only.
Please refer to page 207 for a translation of the tracks in English.

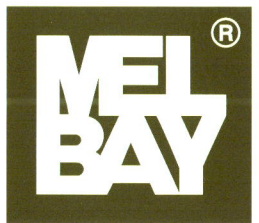

LCCN: 2009941706

1 2 3 4 5 6 7 8 9 0

© 2010 BY MEL BAY PUBLICATIONS, INC., PACIFIC, MO 63069.
ALL RIGHTS RESERVED. USED BY PERMISSION. INTERNATIONAL COPYRIGHT SECURED EXCLUDING CHILE. B.M.I. MADE AND PRINTED IN U.S.A.

CHILEAN COPYRIGHT:
© 2001, Horacio Durán e Italo Pedrotti, Registro de Propiedad Intelectual No 119.430, Chile.
1a Edición, 1000 ejemplares, I.S.B.N. 956-288-989-0, Santiago de Chile, otoño del 2001.
2a Edición, 1000 ejemplares, I.S.B.N. 956-288-989-1, Santiago de Chile, primavera del 2009.
Derechos reservados. Prohibida su reproducción parcial o total. copyright © All rights reserved.

No part of this publication may be reproduced in whole or in part, or stored in a retrieval system, or transmitted in any form
or by any means, electronic, mechanical, photocopy, recording, or otherwise, without written permission of the publisher.

Visit us on the Web at www.melbay.com — E-mail us at email@melbay.com

Fotografía portada / *Cover picture*
Gerardo Correa (taller del constructor Yelkon Montero)

Fotografía contraportada / *Back picture*
Gabriela Lazcano

Diseño portada / *Cover design*
Carolina Durán

Partituras musicales, diseño y diagramación, dibujo de charango /
Music scores, book design and charango's drawing
Osiel Vega Durán

Traducción al inglés / *Translation*
Julius Reder Carlson

Grabación de ejercicios / *Recording*
Pascal Warnier

CONTENIDO DEL DISCO COMPACTO / CD INDEX

Pista / Track	Ejercicio / Exercise
1	Afinación / Tuning

Huayno

Pista	Ejercicio
2	2, 4, 5
3	7
4	8
5	9
6	10
7	12
8	13, Naranjitay

Bailecito

Pista	Ejercicio
9	14, 17
10	19
11	22
12	23, Sirviñaco

Cueca

Pista	Ejercicio
13	25, 27
14	28, 29
15	31, 33
16	34
17	37
18	38, La Boliviana
19	39, La Cocinerita

Ejercicios preliminares de digitación / Preliminary fingering exercises

Pista	Ejercicio
20	40, 41

Arpegios / Arpeggios

Pista	Ejercicio
21	43
22	44
23	45
24	46
25	47
26	48
27	49
28	50
29	51
30	52
31	53

Escalas y melodías / Scales and melodies

Pista	Ejercicio
32	54
33	55
34	56
35	57
36	58
37	61
38	62
39	65, Papel de Plata
40	67, Alturas
41	68, Rosita de Pica

Melodías simultáneas / Simultaneous melodies

Pista	Ejercicio
42	70, 71, 72, 73, 74
43	75, Dos Palomitas
44	77, Las Obreras

Trémolo arpegiado / Arpeggiated tremolo

Pista	Ejercicio
45	80
46	81, 82
47	85

Recursos melódicos / Melodic resources

Pista	Ejercicio
48	87, 88, 89, 91
49	92, 95, Pascua Linda
50	97, 98, 99, 101
51	102, Las Obreras
52	103, 104, 105
53	107, Flor de Sancayo

Armónicos / Harmonics

Pista	Ejercicio
54	108, 109
55	110, 112, 113

Trémolo rasgueado / Strummed tremolo

Pista	Ejercicio
56	114, 115
57	116, 117
58	118

Repiques

Pista	Ejercicio
59	119
60	120
61	121

Repiques 2/4

Pista	Ejercicio
62	122
63	123
64	124
65	125, 126
66	128, 129
67	130, 131
68	135, El Pastor

Repiques 3/4

Pista	Ejercicio
69	136, 137
70	138, 139
71	140, 141
72	142, 143
73	147, 148, 149
74	151, Manzanitas
75	152, Sipassy
76	153, Ventolera

Repiques 6/8

Pista	Ejercicio
77	154, 155
78	156, 157
79	158, 159
80	160
81	162, 163, 164
82	165, Calambito Temucano
83	166, La Cocinerita

Otros patrones ritmicos en 2/4 / Other rhythmic patterns in 2/4

Pista	Ejercicio
84	167, 168, 169
85	170, 171, 172, 173, 174
86	175, 176
87	177, 178
88	179
89	180, 181
90	182, 183
91	184, Estudio para Charango
92	185, Papel de Plata
93	186, Me voy, me voy

Otros patrones ritmicos en 6/8 y 3/4 / Other rhythmic patterns in 6/8 and 3/4

Pista	Ejercicio
94	187, 189, 190
95	191, 192
96	193, 194, 195, 196
97	197, 198, 199
98	200, Campanitas
99	201, Golpear de Bombos

ÍNDICE / INDEX

Presentación / Presentation 7
   Acerca del origen del charango *Regarding the Charango's origin* 7
   Charango indígena y charango mestizo *The indigenous charango and the mestizo charango* ... 9
   Dispersión del charango *Dispersion of the charango* 10
   Acerca de este método *Regarding this method* 11

Características del charango / Characteristics of the charango 13
   Afinación *Tuning* 13
   Ambitos sonoros *Sound Production* 15

El músico y el instrumento / The musician and instrument 16
   Conceptos escenciales *Essential concepts* 16
   Como sostener el charango *How to hold the charango* 17
   Rasgueo y pulsación de las cuerdas *Strumming and plucking the strings* 18
   Acerca de las uñas *Regarding nails* 18

Los acordes en el charango / The chords of the charango 19

Capítulo 1 : Ritmos y rasgueos / Rhythms and strumming patterns 23
   1.1 El huayno 25
      Ejercicios *Exercises* 1 - 13
   1.2 El bailecito 30
      Ejercicios *Exercises* 14 - 24
   1.3 La cueca 36
      Ejercicios *Exercises* 25 - 39

Capítulo 2 : El charango como instrumento melódico / The charango as a melodic instrument ... 43
   2.1 Ejercicios iniciales con las cuerdas al aire *Preliminary exercises on open strings* ... 44
      Ejercicios Exercises 40 - 42
   2.2 Arpegios *Arpeggios* 45
      Ejercicios *Exercises* 43 - 53
   2.3 Escalas y melodías *Scales and melodies* 49
      Ejercicios *Exercises* 54 - 69
   2.4 Melodías simultáneas *Simultaneous melodies* 53
      Ejercicios *Exercises* 70 - 79
   2.5 Trémolo arpegiado *Arpeggiated tremolo* 56
      Ejercicios *Exercises* 80 - 86
   2.6 Recursos melódicos *Melodic techniques* 59
      2.6.1 Ligados entre notas distintas *Pull-offs and Hammer-ons* 59
         Ejercicios *Exercises* 87 - 91
      2.6.2 Trino *Trill* 61
         Ejercicios *Exercises* 92 - 95
      2.6.3 Adornos *Ornaments* 63
         Ejercicios *Exercises* 96 - 107
   2.7 Armónicos *Harmonics* 67
      2.7.1 Armónicos que se obtienen sin pisar las cuerdas *Obtaining harmonics on the open strings* ... 67
         Ejercicios *Exercises* 108 al 109
      2.7.2 Armónicos que se obtienen pisando las cuerdas *Obtaining harmonics on the fretboard* ... 68
         Ejercicios *Exercises* 110 al 113

Capítulo 3 : Trémolo Rasgueado / *The strummed tremolo* 69
    Ejercicios *Exercises* 114 - 118

Capítulo 4 : Repiques 70
    Ejercicios *Exercises* 119 - 121
    4.1 Repiques en compases de 2/4 *Repiques in 2/4* 72
        Ejercicios *Exercises* 122 - 135
    4.2 Repiques en compases de 3/4 *Repiques in 3/4* 76
        Ejercicios *Exercises* 136 - 153
    4.3 Repiques en compases de 6/8 *Repiques in 6/8* 84
        Ejercicios *Exercises* 154 - 166

Capítulo 5 : Otros patrones rítmicos / *Additional rhythmic patterns* 89
    5.1 Patrones rítmicos en 2/4 *Rhythmic patterns in 2/4* 89
        Ejercicios *Exercises* 167 - 186
    5.2 Patrones rítmicos en 6/8 y 3/4 *Rhythmic patterns in 6/8 and 3/4* 95
        Ejercicios *Exercises* 187 - 201

Capítulo 6 : Repertorio / *Repertory* 99
    Camino a Potosí, Freddy Torrealba 174
    Camino Viejo, Italo Pedrotti 134
    Campanitas, Alfredo Domínguez 108
    Cavuriadas, Italo Pedrotti 152
    De Ushuaia a La Quiaca, Gustavo Santaolalla 167
    Don Esteban, Horacio Durán 125
    Escarcha y Sol, Horacio Durán 107
    Estudio para Charango, Mauro Nuñez, ... 101
    Khespiña, Héctor Soto 129
    Los Alaracos, Ernesto Cavour 156
    Manzanitas, Horacio Durán 140
    Mis Llamitas, Ernesto Cavour 111
    Ojito de Agua, Adrián Otárola 146
    Otoñal, Italo Pedrotti 168
    Punteado, Ernesto Cavour 150
    Reencuentro, Claudio Araya 136
    Rosita de Pica, Héctor Soto 122
    Subida, Ernesto Cavour 104
    Tonada Triste, Horacio Durán 126
    Ventolera, Hugo Lagos - Eduardo Carrasco 143
    Volverás, William Centellas 154
    Vuelo de Pájaros, Italo Pedrotti 180
    Vuelo de Parinas, César Palacios 118

Agradecimientos / *Acknowledgments* 191
Los autores / *About the authors* 193

Apéndice : Conceptos elementales de teoría musical / *Appendix : Elementary concepts of music theory* 197
Contenido del Disco Compacto / *CD Index* 208

Performance Audio Tracks

Track 1. Campanitas
Autor: Alfredo Domínguez (Bolivia)
Mis Llamitas
Autor: Ernesto Cavour (Bolivia)
Intérpretes: Horacio Durán y Horacio Salinas

Track 2. Ojito de Agua
Autor: Adrián Otárola (Chile)
Intérpretes: Horacio Durán, Italo Pedrotti, Marcelo Aedo

Track 3. Khespiña
Autor: Hector Soto (Chile)
Intérpretes: Hector Soto, Melvin Velásquez y Marcelo Aedo

Track 4. Reencuentro
Autor: Claudio Araya (Chile)
Intérpretes: Claudio Araya y Huara

Track 5. Subida
Autor: Ernesto Cavour (Bolivia)
Intérpretes: Horacio Durán y Horacio Salinas

Track 6. Rosita de Pica
Autor: Hector Soto (Chile)
Intérprete: Hector Soto, Melvin velásquez y Marcelo Aedo

Track 7. Estudio para charango
Autor: Mauro Núñez (Bolivia)
Intérprete: Horacio Durán

Track 8. Otoñal
Autor: Italo Pedrotti (Chile)
Intérpretes: Italo Pedrotti, Matías Olivos, Claudio Araya, Pedro Melo y Manuel Meriño

Track 9. Ventolera
Autores: Eduardo Carrasco y Hugo Lagos (Chile)
Intérpretes: Quilapayún

Track 10. Los Alaracos
Autor: Ernesto Cavour (Bolivia)
Intérpretes: Freddy Torrealba y Melvin Velásquez

Track 11. Escarcha y Sol
Autor: Horacio Durán (Chile)
Intérpretes: Horacio Durán y Trencito de los Andes

Track 12. De Ushuaia a La Quiaca
Autor: Gustavo Santaolalla (Argentina)
Intérpretes: Italo Pedrotti y Charanku

Track 13. Vuelo de Parinas
Autor: César Palacios (Chile)
Intérprete: César Palacios y Gastón Ávila

Track 14. Vuelo de Pájaros
Autor: Italo Pedrotti (Chile)
Intérpretes: Italo Pedrotti y Juan Antonio Sánchez

Track 15. Don Esteban
Autor: Horacio Durán (Chile)
Intérpretes: Horacio Durán y Raffaele Clemente

Track 16. Camino Viejo
Autor e intérptete: Italo Pedrotti (Chile)

Track 17. Manzanitas
Autor: Horacio Durán (Chile)
Intérpretes: Horacio Durán e Italo Pedrotti

Track 18. Punteado
Autor: Ernesto Cavour (Bolivia)
Intérprete: Italo Pedrotti

Track 19. Tonada Triste
Autor e intérprete: Horacio Durán (Chile)

Track 20. Cavuriadas
Autor e intérprete : Italo Pedrotti (Chile)

Track 21. Volverás
Autor: William Ernesto Centellas (Bolivia)
Intérpretes: William Ernesto Centellas, Rimpsi Durán y Pity Zapata

Track 22. Camino a Potosí
Autor: Freddy Torrealba (Chile)
Intérprete: Freddy Torrealba y Melvin Velásquez

PRESENTACIÓN
Acerca del origen del charango

Antes de la llegada de los europeos a lo que hoy se llama América, no existían aquí instrumentos de cuerda pulsada y diapasón, sin embargo existía una bella y extensa variedad de instrumentos aerófonos, idiófonos y de percusión que conformaban un vasto universo sonoro. En algún momento, durante la colonización española y en medio de un intenso proceso de mestizaje y transformación cultural experimentado por los habitantes de las regiones andinas, nace producto de la genialidad popular, el charango, bajo la influencia directa de los cordófonos traídos desde Europa.

No es posible establecer coordenadas precisas que den referencias del lugar y del momento en que aparece el charango. Existe bastante información que permite conocer aspectos significativos en torno al uso de instrumentos europeos como la vihuela y la guitarra barroca en tierras americanas durante la colonia, sin embargo, en relación al charango no se tiene información escrita de su existencia sino hasta el año 1814, cuando un clérigo en Tupiza, Bolivia[1], escribe una crónica en la que menciona unos "guitarrillos" usados por los indígenas y que por esas zonas eran conocidos como "charangos". Sin duda que este instrumento al momento de esta crónica había pasado ya por varios procesos en su desarrollo, probablemente con otros nombres e interpretado por generaciones de cultores anónimos que fueron perfilando su identidad como un instrumento propio de la cultura indígena[2]. Esta condición de instrumento indio, convertía al charango en un elemento marginado de la cultura europea dominante y explica, por lo tanto, su ausencia de la historia escrita durante mucho tiempo.

En cuanto a la tradición oral, el escritor peruano Ricardo Palma[3] comenzó a publicar en el año 1863 un interesante trabajo consistente en la contextualización histórica de una gran cantidad de relatos pertenecientes a la tradición popular peruana. Singular importancia cobra aquella historia en la que "un mal charango y una pésima guitarra" acompañaban las voces de cinco o seis cholas al ritmo de la *Kjaswa*[4] durante una situación callejera ocurrida entre 1782 y 1789 en Huamanga (actual Ayacucho).

En la actualidad es posible encontrar gran variedad de iconografía religiosa colonial repartida por toda la región andina que da muestras de la popularidad de los instrumentos de cuerda en la música de aquella época. Sirenas, ángeles y demonios tañendo vihuelas demuestran la importancia y vigencia de este cordófono traído por los españoles desde el viejo mundo. Particular notoriedad alcanzan aquellas imágenes de sirenas esculpidas en las portadas de algunas iglesias coloniales andinas, tales como la Catedral de Puno o la Iglesia de San Lorenzo en Potosí. En estas portadas es posible ver a aquellos seres mitológicos tañendo pequeñas guitarrillas muy similares al actual charango. Si pensamos que se trata de sirenas charanguistas, entonces se vería fortalecida la idea de la existencia de un cordófono andino surgido con anterioridad al siglo XVIII, teniendo en cuenta la fecha de construcción de dichas portadas.

PRESENTATION
Regarding the Charango's origin

Before the arrival of Europeans to what is now called America, there were no stringed or fretted instruments here. Instead, the sonic universe of the New World was comprised of a wide variety of wind and percussion instruments. At some point during the Spanish colonization, and in the midst of an intense process of mestizaje and cultural transformation on the part of the inhabitants indigenous to the Andean region, the Charango was born. A product of the popular genius, this instrument is a direct descendent of the stringed instruments that the Spanish brought with them from Europe.

It is impossible to establish precise coordinates regarding the time and place in which the Charango first appeared. Although plenty of information exists with reference to the use of European instruments like the Vihuela and the Baroque guitar in the Spanish-American colonies, the first document to refer specifically to the Charango was written in 1814, when a cleric from Tupiza, Bolivia[1] mentioned the use of "little guitars" by indigenous musicians in the area. By the time this chronicle was written, the Charango had probably already passed through various stages of development, most likely with other names; played by generations of anonymous musicians that contributed to its association with indigenous culture[2]. The understanding of the Charango as an "Indian" instrument would marginalize it from European culture, a situation that explains its long absence from written history.

With respect to oral tradition, the post-1863 publications of Peruvian writer Ricardo Palma[3] help to historically contextualize traditional Peruvian folk narratives regarding the Charango. Of particular note is a story this author relates in which "a bad Charango and a terrible guitar" accompany the voices of five or six Cholas to the rhythm of a Kjaswa[4]. This street performance, relates Palma, occurred in Huamanga (contemporary Ayacucho), during the term of the bishop Francisco López Sánchez, abbot of Motril from 1782-1789.

The popularity of stringed instruments during the Spanish colonial era is reflected in religious iconography throughout the Andean region. Here sirens, angels and demons strumming Vihuelas demonstrate the importance of this stringed instrument brought by the Spanish from the Old World. Of particular note are images found in several colonial Andean churches that depict mythological beings playing small guitars remarkably similar in appearance to the contemporary Charango. Interpreting these beings as Charango-playing Sirens would suggest that an Andean stringed instrument existed at the time these churches were built, that is, before the eighteenth century.

As regards the origin of the Charango, it is impossible to claim that the Charango appeared in a particular region or place. This is because there are no concrete historical documents regarding the instrument and, above all, because the process of identity creation, and its consolidation in material objects, often occurs simultaneously in different geographical

En relación al lugar de origen del charango, no es posible afirmar que exista una región o localidad en donde el charango haya hecho su aparición por primera vez, ésto porque no existen antecedentes concretos que permitan afirmar tal situación y sobre todo, porque los procesos de creación de identidades y de consolidación de éstas en objetos materiales (como puede ser un instrumento musical), son procesos que en muchas ocasiones se reproducen paralelamente en distintos lugares. Desde esta perspectiva, es perfectamente posible que el mismo fenómeno de incorporación de las cuerdas europeas a la cultura andina se haya dado simultáneamente en más de un lugar dentro de la vasta extensión de la dominación española en tierras andinas.

Existe una idea en torno a que "la cuna del charango" estaría en las inmediaciones de la ciudad de Potosí, debido a que esa ciudad fue un importante foco de interés político y económico para los españoles durante los años que duró la explotación de su riqueza, de esta forma la presencia del conquistador con su música y sus instrumentos habría sido un factor que motivaría el nacimiento del charango en Potosí. Si consideramos que este argumento es válido para Potosí o sus alrededores, también lo es entonces para cualquier otra localidad andina que estuviese viviendo similares procesos de mestizaje cultural. El charango incluso pudo haber llegado a Potosí proveniente de alguna de las muchas rutas del comercio de la plata, ya que gran parte de la mano de obra necesaria para explotar las minas de Potosí provenía de población indígena externa a esa ciudad.

La presencia y la actual vigencia del charango en comunidades rurales del norte de Potosí son asombrosas y muy significativas, al igual que en todo un cordón cultural que abarca sectores rurales de los actuales departamentos bolivianos de Chuquisaca y Cochabamba. Esta vigencia sin duda demuestra que, el charango en esta región, se ha mantenido como un bastión ancestral imperecedero que nos conecta directamente con su pasado más remoto, dándole fuerza a la hipótesis del origen potosino, sin embargo no debemos ignorar que existe también una considerable presencia del charango indígena en el altiplano puneño, en las comunidades de la región de Canas en Cusco, en Apurimac y en Ayacucho, por mencionar otros centros de trascendental vigencia del charango indígena en la zona andina.

Finalmente es posible afirmar que, como en todos los procesos culturales, el orígen del charango responde a una serie de fenómenos de interconexiones, retroalimentaciones y superposiciones que fueron generando a su vez complejas redes de comunicación en los Andes durante todo el período colonial. Esta situación nos coloca como frágiles observadores, maravillados ante el milagro de la creación de un objeto que encierra en sí mismo, el misterio de su origen.

locations. From this perspective, it is perfectly possible that the incorporation of European stringed instruments in Andean culture occurred concurrently in more than one place in the vast extension of the Spanish colonial Andean world.

One theory of the Charango's origin asserts that the instrument was born in the area around Potosí, Bolivia, a focal point of Spanish interest given the city's silver mines. According to this line of argumentation, the presence of Spanish Conquistadors, and their music and instruments, in Potosí led to the birth of the Charango in this city. If this argument is considered valid for Potosí and its surrounding areas, then it is also applicable to other Andean settlements that experienced similar processes of cultural mestizaje. Thus, the Charango could have arrived in Potosí from any number of places along the Spanish silver trade routes, especially given that the majority of the people that worked in the city's silver mines were from rural indigenous communities.

The presence of the Charango in rural communities north of Potosí is surprising and significant, as is its importance in a cultural belt that includes peasant communities in the Bolivian provinces of Chuquisaca and Cochabamba. The contemporary importance of the Charango in these areas demonstrates the way in which this instrument has been maintained as a bastion of ancestral identity, one that connects us directly with the remote past. In the same way, the indigenous Charango is also prevalent in the high sierra of the Peruvian Puna, in the communities of Canas, Cusco, Apurimac and Ayacucho – all of which are centers of the indigenous Charango tradition.

Finally, it is possible to assert that, as with all cultural processes, the origin of the Charango is part of a series of socio-cultural interconnections, cross-fertilizations and impositions that generated complicated networks of communication in the Andes throughout the colonial era. This context reminds us of the fragility of our position as observers, and to marvel at the miraculous creation of an object that contains within itself the mystery of its origin.

Charango Indígena y Charango Mestizo

El charango es el claro ejemplo de un objeto que ha tenido un orígen producto de la conjunción de dos culturas, en este caso, la cultura europea y la cultura andina precolombina. En un proceso posterior, una nueva cultura, la de los mestizos andinos, asimila, incorpora y resignifica al charango. De esta forma entonces, cuando hablamos del charango, nos referimos a un elemento que está articulando dos realidades distintas, la rural y la urbana. Hoy es posible constatar una suerte de sobreposición espacio temporal entre una cultura ancestral y una cultura mestiza moderna. Basta con caminar por las calles de cualquier ciudad como Cusco, La Paz o Sucre para constatar esta situación que va generando universos superpuestos entre pasado y presente.

Fue gracias a un interesante proceso creativo que los indígenas andinos desarrollaron el charango, logrando adaptar un nuevo instrumento a antiguas tradiciones musicales. Ellos lograron sintetizar una técnica de ejecución propia y que todavía es posible escuchar en el mundo campesino andino. Fueron, por lo tanto, estas culturas las responsables de poner en un instrumento la identidad que posteriormente sería recogida y reinterpretada por los cultores mestizos de las ciudades andinas.

El proceso de cambio que ha experimentado el charango al transitar desde el campo a la ciudad, es decir, al pasar desde el mundo indígena al mundo mestizo, ha implicado una serie de cambios, tanto en el instrumento mismo como en la música que surge de él, en la manera de ejecutarlo, en sus usos y en sus funciones, en la performance, etc. En el contexto urbano es posible detectar una clara tendencia a estandarizar ciertos aspectos tales como la forma, el tamaño, el encordado y la afinación del instrumento, aspectos que en la cultura de los pueblos indígenas se mantienen bajo un criterio de gran diversidad.

En las ciudades andinas de Bolivia y Perú existen estados culturales intermedios entre el mundo rural y el urbano. Este universo intermedio está formado por aquellos campesinos que en busca de trabajo han emigrado a las ciudades llevando consigo sus charangos y una tradición que con el tiempo ha sido moldeada por la urbe llegando a constituir estilos musicales muy particulares. En este sentido, encontramos en Bolivia al charango *k'alampeador* y en Perú al *chillador* de las estudiantinas Puneñas. En ambos casos se trataría de expresiones urbanas con una clara vinculación al mundo rural. En cuanto al charango eminentemente urbano, habría que mencionar aquel cuyo encordado es de nylon y cuya afinación se conoce como *temple natural*. Este charango ha tenido un alto desarrollo en Bolivia y Perú, como también en forma más reciente en Chile y Argentina, países que en la actualidad comparten territorio andino.

The indigenous Charango and the Mestizo Charango

The Charango is a clear example of an object produced by the convergence of two cultures, in this case, those of Europe and the pre-Columbian Andes. Following this initial fusion, a new culture – Mestizo culture – has assimilated, incorporated and re-signified the Charango. Thus, when we speak of the Charango, we refer to something that articulates two distinct realities: the rural and the urban. Today, it is possible to identify a kind of spatial-temporal synthesis of ancestral culture and modern Mestizo culture. A walk through the streets of a city like Cusco, La Paz or Sucre is enough to perceive this situation; to see how the past and the present exist simultaneously.

It was thanks to an interesting creative process that Andean indigenous communities developed the Charango. Adapting an ancient musical tradition to a new instrument, these musicians synthesized a playing style still prevalent among Andean peasants. In this way, these communities are responsible for inscribing the Charango with the identity that would later be reinterpreted by Mestizo musicians from the Andean cities.

The movement of the Charango from rural to urban areas – that is to say, from indigenous to Mestizo communities – has implied a series of changes not only in the instrument itself, but also in the music that is played on it, its uses and functions, and the performance practice with which it is associated. As regards the instrument itself: in urban contexts there is a clear tendency to standardize certain aspects like form, size, stringing and tuning. These features are approached in diverse ways by indigenous musicians.

Many of Bolivia and Peru's Andean cities harbor mixtures of both the rural and urban world. This intermediary universe is comprised of peasants who have migrated to the city in search of work, bringing with them their Charangos and a musical tradition that, in the course of time, has been molded by urban life in unique ways. Examples of this phenomenon are the Charango k'alampeador in Bolivia and the Charango Chillador in the Peruvian Puna, both of which are urban traditions with clear ties to rural life. As regards the purely urban Charango, this instrument generally has nylon strings and is tuned to "natural" tuning (see "temple natural"). It has been highly developed in Bolivia and Peru, as well as in Chile and Argentina, countries that also share Andean territory.

Dispersión del Charango

En la época en que surge el charango no existían las fronteras tal como las conocemos hoy, parte del territorio andino estaba por entonces bajo el dominio de la corona española, en tanto que la cultura de los pueblos indígenas de habla quechua y aymara mantenía un firme lazo con su pasado precolombino. El charango entonces comenzó a circular y a difundirse dentro del territorio andino como concecuancia del intercambio comercial entre comunidades y debido al constante movimiento de mano de obra indígena entre los centros mineros y las ciudades coloniales.

Carlos Vega[5] sostiene que la presencia documentada del charango en Jujuy se remonta al año 1882 y Ernesto Cavour[6] menciona algunos datos que permiten suponer la llegada del charango a centros urbanos del norte chileno durante la primera mitad del siglo XX. En ambos casos el charango llegaría a estos lugares en manos de población indígena, sin embargo es muy razonable pensar que el charango haya sido usado en las zonas rurales andinas, de lo que hoy es Chile y Argentina, con anterioridad a estas fechas debido a la presencia cultural aymara y quechua que ha poblado esos territorios desde antes de la existencia de los centros urbanos modernos.

Durante las primeras décadas del siglo XX, el charango empieza a ser conocido fuera del ámbito rural (donde sus contextos son rituales) pasando a las ciudades a contextos vinculados a la música popular de escenarios. Mauro Núñez en Bolivia y Jaime Guardia en el Perú, son nombres fundamentales en este sentido. Estos intérpretes llegaron al mundo de las discográficas y de esta forma entonces es que comienzan a perfilarse los trazos de dos grandes vertientes estilísticas del charango mestizo-urbano: la vertiente boliviana y la vertiente peruana. En Chile y Argentina el instrumento ha tenido su propio desarrollo dado por las respectivas influencias locales, sin embargo, en la actualidad es notoria en estos países la influencia del estilo mestizo-urbano boliviano. Desde muy joven, el argentino Jaime Torres desarrolló su estilo a partir de las enseñanzas directas de Mauro Núñez. A su vez, Jaime Torres y el boliviano Ernesto Cavour, han sido quienes a través de sus grabaciones discográficas han dejado huella en muchos charanguistas chilenos.

En la actualidad es posible constatar la presencia del charango en la música de otros países sudamericanos como Ecuador y Colombia, ambos unidos por el cordón montañoso andino, sin embargo su presencia ahí se debe a la llegada de la música andina urbana difundida por los medios masivos de comunicación y la industria discográfica a partir de la década del 70. Esto significa que el charango en dichos países no tiene referentes ancestrales directos como en el caso de las regiones andinas de más al sur. En relación a su dispersión en el mundo, se podría decir que el charango hoy ha llegado a lugares muy apartados del planeta en manos de músicos admiradores de la cultura musical andina.

Dispersion of the Charango

In the era in which the Charango first appeared, South America's national borders did not exist as we know them today. Rather, the Andean region was part of a unified territory administrated by the Spanish crown, and the culture of the indigenous Quechua- and Aymara-speaking peoples remained strongly rooted in the pre-Colombian past. The Charango was disseminated within the Andean region due to Spanish commercial interchange and the constant movement of indigenous workers between mining centers and colonial cities.

Carlos Vega[5] claims that the presence of Charangos in Jujuy, Argentina was first documented in 1882 and Ernesto Cavour[6] implies that the instrument arrived in the Chilean north during the first half of the twentieth century. In both cases, the Charango seems to have been brought by indigenous musicians. Given the importance of Quechua and Aymara communities in the rural Andean areas of what is now Chile and Argentina, it is also quite possible that the Charango was played in these regions before the dates that these scholars suggest.

During the first decades of the twentieth century, the Charango began to become known outside of rural areas in urban contexts connected to popular music performance. The Bolivian Mauro Nuñez and the Peruvian Jaime Guardia were fundamental to this shift in musical praxis. These Charango players began to record and, in so doing, set the foundations for the two major styles of the urban Mestizo Charango: the Bolivian style and the Peruvian style. In Chile and Argentina the instrument has developed in its own ways as a result of local factors. Nonetheless, the Bolivian style is dominant in both countries. As a child, the argentinean Jaime Torres developed his style under the direct instruction of Mauro Núñez. Additionally, Jaime Torres and Ernesto Cavour from Bolivia influenced many Chilean charango players through his recordings.

At present, the Charango also plays a role in the music of South American countries like Ecuador and Colombia, both of which are crossed by the Andes. Nonetheless, the presence of the Charango in these countries is largely due to the dissemination of Andean music by the mass media and the recording industry after the 1970s. Thus, the Charango does not have ancestral roots here as it does in more southerly Andean countries. As regards to the Charango's dissemination throughout the world, the instrument is played by admirers of Andean culture in the most far-flung parts of the planet.

Acerca de este método

Este método pretende ser un testimonio escrito de una tradición que hemos ido recogiendo pacientemente y que se ha desarrollado tradicionalmente de manera oral de maestro a alumno. En cuanto al estilo, hemos recogido fundamentalmente el estilo mestizo-urbano desarrollado en Bolivia y su respectiva proyección y desarrollo en Chile. Esperamos contribuir al aprendizaje sistemático del instrumento al insertarlo en el mundo de la escritura musical convencional, de tal forma de utilizar un lenguaje común al de muchos músicos alrededor del mundo. Esperamos también lograr transmitir a través de la grabación de audio contenida en el libro, de manera cercana y efectiva, el sonido de cada rasgueo y pulsación tal como lo hemos hecho personalmente con cada uno de nuestros alumnos.

El presente trabajo está dirigido tanto a quienes se inician en el aprendizaje del charango como a quienes deseen ampliar sus conocimientos. Aborda dos aspectos centrales, uno referido a ritmos y rasgueos y otro referido a la pulsación de melodías, ambos aspectos diseñados para que puedan ser estudiados en forma paralela. Hemos recurrido a ritmos tradicionales y a melodías populares, como así también a composiciones de autores contemporáneos.

Finalmente, queremos señalar que este trabajo constituye para nosotros una manera de compartir el sentimiento de integración que surge al ser parte de un proceso vivenciado por generaciones de charanguistas o "charangueros", que al igual que nosotros, han sido cautivados por los bellos sonidos de este formidable instrumento. El charango, que cobra matices distintos en cada rincón de los Andes, conserva su personalidad a través del tiempo gracias al talento y la sensibilidad de cada cultor anónimo que sabe extraer de él el legado que le es consustancial. Desde esta perspectiva, el charango se constituye en un elemento cultural unificador que traspasa las fronteras geo-políticas y que junto a otros instrumentos le da sustento al actual universo musical andino. Creemos que es fundamental conocer y respetar la tradición que ha ido definiendo al charango a lo largo del tiempo, este respeto es una condición necesaria para poder descubrir nuevos lenguajes y formas de expresión dentro de una línea de continuidad que, en definitiva, nos conduce a los territorios de una coherencia y de un orden mucho más misterioso y trascendental.

Italo Pedrotti Galaz
Santiago de Chile, septiembre de 2009

Regarding this method

This method is a written testimony of a tradition that we have patiently documented and that has traditionally been passed down from teacher to student. As regards style, the majority of the musical examples we have collected are representative of the urban Mestizo style developed in Bolivia and Chile. We hope to contribute to the systematic study of the Charango by documenting its repertoire in standard musical notation, the common language of musicians around the world. The recording included with the book, meanwhile, is intended to intimately and accurately transmit the sound of each rhythm and strumming pattern in a manner similar to a private lesson.

This method is conceived for those who are just beginning to study the Charango as well as those who wish to enrich their knowledge of the instrument. It covers two central aspects of Charango technique: rhythmic strumming patterns and the playing of plucked melodies. These techniques are designed to be studied concurrently. We have used popular rhythms and traditional melodies as well as the works of contemporary composers to serve as applied examples.

Finally, this method is our way of sharing the sense of continuity we derive from participating in a musical tradition practiced by generations of Charanguistas or "Charangueros" that, like us, have been captivated by the beautiful sound of this instrument. The Charango is a unifying cultural element that crosses geopolitical borders and, together with other instruments, gives life to the contemporary universe of Andean music. The Charango, an instrument found in diverse forms in every corner of the Andean world, has conserved its personality thanks to each of the anonymous musicians who have known how to extract and communicate its essential qualities. In this way, the Charango is a unifying cultural element that crosses geopolitical borders and, together with other instruments, gives life to the contemporary universe of Andean music. We believe that it is important to be familiar with and to respect the tradition that has defined the Charango throughout its history, and that this knowledge is essential in order to discover musical languages that can transport us to new levels of mystery and transcendence while preserving coherence and meaning.

Italo Pedrotti Galáz
Santiago of Chile, september of 2009

Notas

1 Crónica recogida por Carlos Vega en la que señala: "La mención más antigua que conozco se encuentra en la respuesta que a un cuestionario real dio, en 1814, cierto canónigo residente en Tupiza, Bolivia. José Torre Revello me envió del Archivo de Indias copia de ese documento, y en él leo que los indios… "usan con igual afición de guitarrillos mui fuios, que por acá llaman charangos, pero –agrega el canónigo– los instrumentos de cuerda no son los primitivos, sino los de viento…"

Carlos Vega, "Los instrumentos musicales aborígenes y criollos de la Argentina", Ediciones Centurión, Buenos Aires, 1946, p. 151.

2 El término "charango" se remonta al período colonial americano y se relaciona con una serie de conceptos provenientes del mundo español o criollo vinculados al "bullicio" o a la rusticidad de algunas manufacturas artesanales. En este sentido, "charanga" hacía referencia a una pequeña banda instrumental y "charanguero" denotaba algo tosco, grosero o imperfecto. Ernesto Cavour en su libro "El charango, su vida, costumbres y desventuras" recopila mucha información en relación a la etimología de la palabra charango. Cavour destaca un aspecto importante diciendo que: "...en el área rural de muchas regiones andinas bolivianas al instrumento no se le conoce únicamente con el nombre de "charango", sino con muchos otros, como: mediana, guitarrilla, thalachi, quirqui, p'alta, khonkhota, aiquileño, guitarrón, anzaldeño..."

Una publicación uruguaya de 1823 menciona el término "changango" como sinónimo de charango en la Argentina de esa época y a la vez sostiene que ese mismo término servía, en el siglo XVIII, para referirse a una guitarra vieja y de mala construcción, tal como se transcribe a continuación:

"... se habla de changango, que actualmente no es más que uno de los nombres del charango, aquella guitarrita de cinco órdenes de cuerdas dobles cuya caja de resonancia la constituye el caparazón de armadillo, en la Argentina. Sin embargo, hace más de cien años llamábase changango a la guitarrilla criolla. Hilario Ascasubi en una nota al pié de página de sus Relaciones de Paulino Lucero sobre la Guerra Grande lo explica con indiscutible autoridad: changango: guitarra vieja y de mala construcción".

Periódico "El Domador" de Montevideo del 19 de marzo de 1823.

Julio Mendívil, por su parte, hace un detallado alcance sobre todos estos temas en su artículo "La construcción de la historia: el charango en la memoria colectiva mestiza ayacuchana" del Instituto de Musicología de la Universidad de Colonia.

3 "Cinco o seis cholas, de las de mantitas corta y faldellín alto, formaban rueda agarradas de las manos. Cuatro o seis voces aguardentosas cantaban coplas obscenas, y al compás de un mal charango y de una pésima guitarra zapateaban las mujeres una cachua abominable. En el centro de la rueda, y con la sotana hecha un asco, se encontraba un clérigo conocido por Yaya-Pipinco (el padre Pipinco), el que con una botella en la mano escobillaba primorosamente la cachua de mudanzas, gritando:

-¡Aro! ¡Arito! Dame tus brazos, mi vida, por la derecha. ¡Aro! ¡Arito! Dame tus brazos, chinita, por la izquierda.

De repente resonó la voz airada del obispo en medio de la jarana:

-¡Pertiguero! Lleve usted, por la derecha, a este clérigo inmundo a un calabozo.

Ricardo Palma, "Tradiciones Peruanas", Quinta serie, "Un obispo de Ayacucho", Primera edición argentina, 1890. http://tradiciones-peruanas.cárdenas.net/.

4 "Expresión musical que se hace presente en diferentes lugares y comunidades de la cultura andina. Aunque su constitución en espacio musical de carácter festivo y comunitario así como su ubicación temporal sean rasgos generales y extendidos, sus expresiones musicales están más allá de una idea de "género musical". El acto de tocar el charango en la Kjaswa, articula los rituales de cortejo y emparejamiento, los que deben hacerse precisamente durante las celebraciones del carnaval para acceder a la validación social de las uniones conyugales".

Omar Ponce Valdivia, "De Charango a Chillador – Confluencias musicales de la estudiantina altiplánica" Tesis para optar al grado de Magister en Artes con mención en Musicología, Facultad de Artes, Universidad de Chile, Santiago, diciembre de 2008

5 Carlos Vega señala: "Consta documentalmente su pesencia (del charango) en Jujuy a fines del siglo pasado. El doctor Luis Brackebusch, cuenta que pasó una mala noche de 1882, en Pampicorral, a causa de los gritos y la música "de la caja primitiva de la bandurria (especie de guitarra chica hecha de la cascara de un quirquincho)". Yo he hallado el charango en Jujuy casi siempre en manos de los bolivianos."

Carlos Vega, "Los instrumentos musicales aborígenes y criollos de la Argentina", Ediciones Centurión, Buenos Aires, 1946, p151

6 Ernesto Cavour señala : "Su dispersión (del charango) hacia el sur de Bolivia, junto a otros instrumentos nativos tradicionales, se da cuando es llevado en el equipaje de los emigrantes quechuas, aymaras, chicheños, chayanteños, cochabambinos y otros, a los algodonales y cañaverales de Salta, Jujuy y Tucumán en Argentina antes de la mitad del s.XX. Más tarde llegan al Valle de Azapa del norte de Chile engrosando de esta manera las filas de los braceros …"

Ernesto Cavour, "El charango, su vida, costumbres y desventuras", ediciones CIMA, tercera edición 2003, La Paz, Bolivia, p51.

Notes

1 As Carlos Vega relates: "The oldest mention (of the Charango) that I am familiar with can be found in the response to the 1814 Royal survey given by a historian in Tupiza, Bolivia. José Torre Revello sent me a copy of this document from the Archive of the Indies, and here I read that the Indians..." "often play small guitars, here called Charangos, but - he adds - wind, not stringed, instruments are the most primitive ..."

Carlos Vega. 1946. "Los instrumentos musicales aborígenes y criollos de la Argentina", p.151. Buenos Aires: Ediciones Centurión.

2 "Charango" is an Ibero-American colonial term that refers to a series of Spanish and Spanish-American cultural concepts related to "noise" and rustically constructed objects. The term "charanga," for example, was often used to refer to a small instrumental band. "Charanguero," meanwhile, denoted something rough, rude or rustic. In his book "El charango, su vida, costumbres y desventuras", Ernesto Cavour has collected a large amount of information regarding the etymology of the word "charango." As this author relates: "In the rural areas of Andean Bolivia, the instrument is not only known by the name "charango," but by many others as well, including: mediana, guitarrilla, thalachi, quirqui, p'alta, khonkhota, aiquileño, guitarrón, anzaldeño, etc..."

An Uruguayan publication from 1823 uses the term "changango" as a synonym for the Argentine "charango," and claims that the same word was used during the eighteenth century to refer to old and poorly constructed guitars:

"…In Argentina they speak of the Changango, a guitar with five doubled strings and a body made from the shell of an Armadillo. Nevertheless, the small Spanish-American guitar has been known by the name changango for more than onehundred years. In a footnote to his correspondence with Paulino Lucero regarding the Great War, Hilario Ascasubi explains this situation with indisputable clarity: "Changango: an old, poorly made guitar".

(Excerpt from the newspaper "El Domador," Montevideo, 19 March, 1823).

Julio Mendívil engages in a similarly detailed discussion of this issue in his article "La construcción de la historia: el charango en la memoria colectiva mestiza ayacuchana" Musicology Institut/ University of Colonia.

3 "Five or six Cholas, with short sleeves and high skirts, formed a circle holding hands. Four or six rough voices sang obscene verses, and the women danced an abominable Cachua to the accompaniment of a bad Charango and a terrible guitar. In the center of the circle, his habit dirtied, was the cleric known as Yaya-Pipinco (father Pipinco). With a bottle in hand, he elegantly directed the Cachua dance steps yelling:

"Aro! Arito! Give me your arms, my love, to the right. Aro! Arito! Give me your arms, little girl, to the left."

Then, suddenly, the lofty voice of the bishop cut through the chaos:

"Sinner! You, on the right, take this depraved person to jail!"

Ricardo Palma, "Peruvian Traditions", The fifth series, "A Bishop of Ayacucho", The first argentine edition, 1890. http://tradiciones-peruanas.cárdenas.net/.

4 "A musical expression common in Andean communities. Although its appearance in communal, festive musical spaces and its temporal placement are consistent, its musical expressions go beyond the concept of "musical genre." The act of playing the Charango in a Kjaswa articulates the rituals of courtship that must be done precisely during the carnival celebrations in order for marriages to be socially acceptable."

Ponce, Omar Valdivia. 2008. De Charango a Chillador. Confluencias de la estudiantina altiplánica. Master's thesis. Universidad de Chile, Santiago: Chile.

5 Carlos Vega writes: "…its (the Charango's) presence in Jujuy at the end of the last century is documented. The doctor Luis Backebusch recalls that he passed an unpleasant night of 1882 in Pampicorral due to the howls and music 'of the primitive sound-box of a bandurria (a kind of small guitar made of an Armadillo shell).' In Jujuy, I have almost always found the Charango in the hands of Bolivians."

Carlos Vega. 1946. "Los instrumentos musicales aborígenes y criollos de la Argentina," p. 151. Buenos Aires: Ediciones Centurión.

6 Ernesto Cavour writes: "Its (the Charango's) dispersion towards the south of Bolivia, along with other traditional indigenous instruments, occurred when it was brought in the luggage of Quechua, Aymara, Chicheño, Chayanteño, Cochabambino, and other immigrants to the cotton markets and carnivals of Salta, Jujuy and Tucumán, Argentina before the middle of the twentieth century. Later they arrived in the valley of Azapa in the north of Chile, filling out the work force there..."

Cavour, Ernesto. 2003. "El charango, su vida, costumbres y desaventuras," 51. La Paz, Bolivia: Ediciones CIMA.

CARACTERÍSTICAS DEL CHARANGO

En nuestra opinión, el buen sonido de un charango depende de la calidad de los materiales y de la prolijidad del artesano (entre otros factores), y no del hecho que su caja de resonancia esté fabricada en madera o en caparazón de armadillo. Preferimos fomentar la construcción de buenos charangos de madera en beneficio de la preservación de este animal.

CHARACTERISTICS OF THE CHARANGO

In our opinion, a good Charango is the result of high-quality materials and an exacting Luthier. Whether the instrument is made of wood or the shell of a Armadillo makes no difference. In order to preserve what remains of the Armadillo population of South America, we advocate the use of Charangos made of wood.

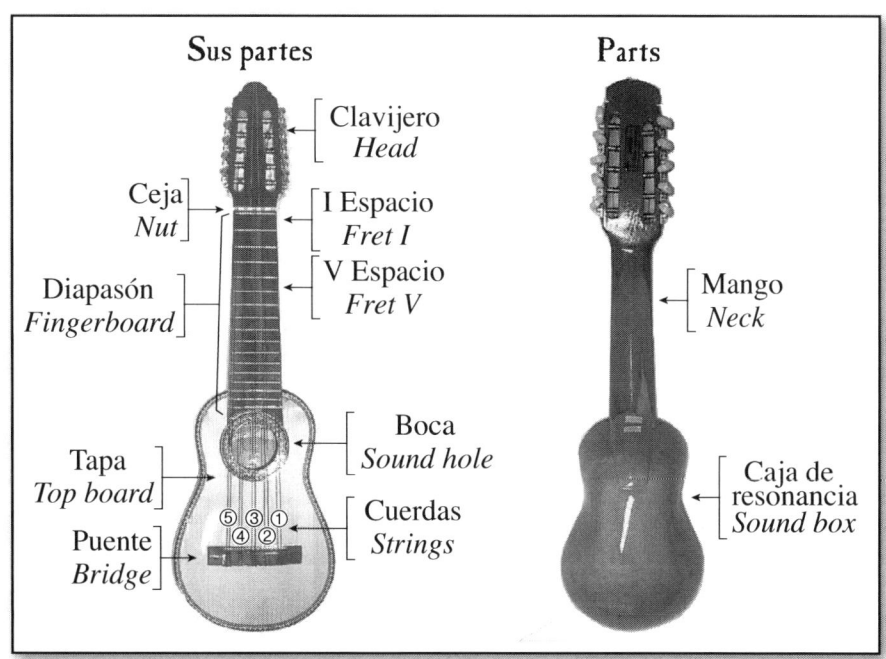

Los espacios del diapasón se anotan con números romanos, desde la ceja hacia la boca.

En el pentagrama, cada par de cuerdas u orden se simboliza por un número encerrado en un círculo.

Afinación

Para el charango existen diversas afinaciones que dependen tanto de su tamaño como de las características de la música a interpretar. En Chile se ha hecho popular el charango mediano (charango tipo), que mide desde la ceja al puente entre 34 y 36 cm., su afinación es conocida como "temple natural" y sus cuerdas son de nylon, a diferencia del charango utilizado en las zonas rurales cuyas cuerdas son de metal.

Cuando el charango se afina de esta manera, las cuerdas al aire (pulsadas sin pisar ningún espacio) deben emitir las siguientes notas musicales:

The frets on the Charango fretboard are indicated by roman numerals in ascending order from the nut to the soundhole. Each string or pair of strings is indicated by a number inside a circle.

Tuning

The Charango is tuned in a variety of ways depending upon the size of the instrument, and the style of music played on it. In Chile, the medium-sized Charango (Charango tipo), which measures from 34-36 cm. from the nut to the bridge, is the most popular. The tuning used by this instrument is known as the "natural" tuning (see above). As opposed to the rural Charango calampeador, which uses metal strings, the strings of the Charango tipo are nylon.

Natural tuning:

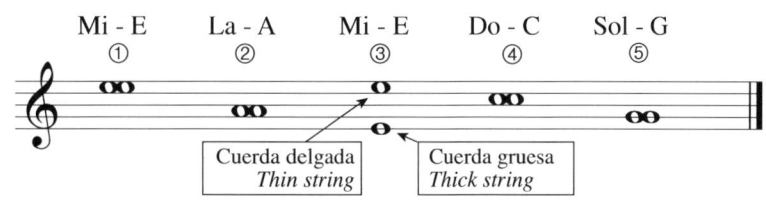

Para afinar es muy útil hacerlo con un instrumento de referencia. Comunmente se usa la guitarra empleando solamente su primera cuerda. Las cuerdas del charango al aire deben sonar igual que las cuerdas de la guitarra pisadas en el espacio correspondiente, tal como se muestra a continuación:

Tuning the Charango is made easier with the help of a "reference" instrument. In this method we use the guitar. When plucked openly, the strings of the Charango should match the pitches in the diagram below. Each of these pitches can be played on the first string (E) of the guitar.

Charango			Guitarra	*Guitar*
	①		Pisar espacio XII	*Press fret XII*
	②		Pisar espacio V	*Press fret V*
Cuerda gruesa	③	*Thick string*	Al aire	*Open string*
Cuerda delgada	③	*Thin string*	Pisar espacio XII	*Press fret XII*
	④		Pisar espacio VIII	*Press fret VIII*
	⑤		Pisar espacio III	*Press fret III*

Al no disponer de una guitarra, el charango se puede afinar por comparación entre sus propias cuerdas; para lo cual es necesario afinar el primer par con la nota "mi".

Una vez afinado el primer par, se procede como se indica a continuación:

- El par ④ pisado en el cuarto espacio debe sonar como el par ① al aire.
- El par ② pisado en el tercer espacio debe sonar como el par ④ al aire.
- El par ⑤ pisado en el segundo espacio debe sonar como el par ② al aire.
- La cuerda gruesa del par ③ pisada en el tercer espacio debe sonar como el par ⑤ al aire.
- La cuerda delgada del par ③ al aire, debe sonar igual que el par ① al aire.

La afinación del charango, así como la de cualquier instrumento de cuerdas pulsadas, se perfecciona en la medida que se avanza en su práctica. Es posible llegar a memorizar el sonido de las cuerdas al aire, como una melodía que el charango cantara por sí mismo. (Esta es la manera como afinan los más antiguos charanguistas que habitan las regiones andinas).

If there is no guitar available, the Charango can be tuned according to the relationships between its own strings. Given that the first pair of strings is tuned to E, the tuning procedure is the following:

- *The fourth fret of pair ④ should sound in unison with pair ① open.*
- *The third fret of pair ② should sound in unison with pair ④ open.*
- *The second fret of pair ⑤ should sound in unison with pair ② open.*
- *The third fret of the thick string of pair ③ should sound in unison with pair ⑤ open.*
- *The thin string of pair ③ should sound in unison with pair ① open.*

As with any stringed instrument, tuning the Charango takes practice. Eventually, you will memorize the sound of the open strings and will be able to tune without the aid of a guitar or the reference of other strings. This is how the master Andean charanguistas do it.

Ámbitos sonoros

Al pulsar y rasguear las cuerdas con los dedos de la mano derecha, es indispensable hacerlo en el lugar adecuado; es decir, en aquella área del diapasón en que el instrumento entregue un sonido claro, bien definido y de mayor volumen. Pero también, según se indica, hay otros ámbitos sonoros en los que se pueden lograr efectos especiales.

Sound Production

The sound produced by the Charango is greatly affected by the part of the strings that is plucked or strummed. The clearest and harmonically richest sound can be achieved near the sound hole, as depicted in the figure below. Plucking or strumming in other places results in a variety of other colors and timbres.

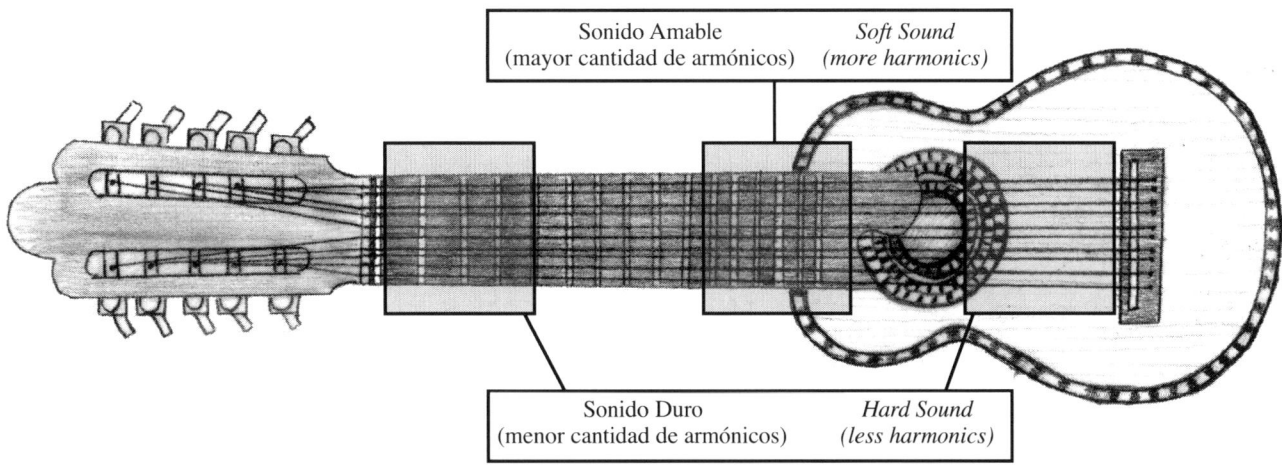

EL MÚSICO Y EL INSTRUMENTO

Conceptos esenciales

El charango, como cualquier instrumento en las manos del músico, debe transformarse en parte de uno mismo; como las manos y brazos; como el pensamiento, las emociones y sentimientos.

Así como poseemos los lenguajes de la mirada, de los gestos, del habla y del canto, dones de expresión de nuestra íntima condición humana, así mismo el instrumento es un medio de expresión que tenemos que conquistar y hacerlo propio, como una parte más de nuestro ser. Acumulando experiencia y con un paciente trabajo, es posible llegar a crear un lenguaje y estilo propios.

Llegar a enamorar al charango y ser correspondido por él, tal vez sea la mayor aspiración de este método.

El pensamiento, los sentimientos y las emociones son energías que se transmiten a través del hombro, brazo, muñeca, mano y dedos al charango. La muñeca debe ser un eje libre de toda tensión. La mano debe permitir que toda la energía se proyecte hacia los dedos; éstos deben poseer el manejo de la fuerza y la suavidad, la ligereza, la agilidad y el dominio de lo que se va a tocar.

THE MUSICIAN AND THE INSTRUMENT

Essential Concepts

The Charango, like any instrument in the hands of a musician, should become part of his or her body, thoughts and emotions. Just as we use spoken language and body language to express the intimacies of the human condition, music is a way of communicating that can be incorporated into our being. Through diligent work and accumulated experience, it is possible to create a unique musical language and style.

The greatest aspiration of this method is that you fall in love with the Charango – and receive its rewards.

Thoughts and emotions are energies that are transmitted through the shoulder, arm, wrist and fingers to the Charango. Accordingly, the wrist should be free of tension. The hand should allow that all energy be projected to the fingers – and the fingers should possess the force and subtlety, the agility and mastery to play the music....

Daniel Villavicencio

Cómo sostener el charango

El charango se puede tocar con o sin colgador, nosotros preferimos usarlo porque hemos desarrollado nuestro estilo y técnica de esta manera. Nos parece más cómodo, sobre todo para que la mano izquierda pueda desplazarse libremente sobre el diapasón, sin tener que destinar fuerza en sujetar el charango.

Es importante que el instrumento se acomode bien al cuerpo. Al colgarlo tiene que quedar a una altura tal, que hombros y brazos se sientan relajados y que ambas manos enfrenten las cuerdas sin tensión. De esta manera se economizará esfuerzo para destinarlo a una mejor interpretación.

La mano derecha se ubica aproximadamente sobre la boca del charango y los dedos tocan un poco más arriba de ella. El pulgar de la mano izquierda se apoya en el mango haciendo de guía a los movimientos del brazo.

Como la mano derecha a menudo rasguea y ejecuta melodías, es muy importante mantener la misma posición de esta mano sobre el charango para alternar melodías y rasgueos con agilidad y soltura.

How to hold the charango

The Charango can be played with or without a strap. We prefer to use one. It is more comfortable, especially for the left hand. Liberated of the necessity of supporting the instrument, it can move freely over the fretboard.

It is very important that the Charango fit well on the body. When holding the instrument, make sure that your shoulders and arms are relaxed, and that both hands reach the strings without tension. If you hold the Charango correctly, you won't waste any energy on "controlling" the instrument, and you can focus all your attention on making music!

The right hand should be placed above the sound hole of the Charango, with the fingers at a slight angle towards the head of the instrument. The thumb of the left hand should rest on the back side of the neck, guiding in this manner the movements of the arm.

So that the right hand can alternate freely between plucking and strumming, it is very important that it maintain the position above the strings mentioned earlier.

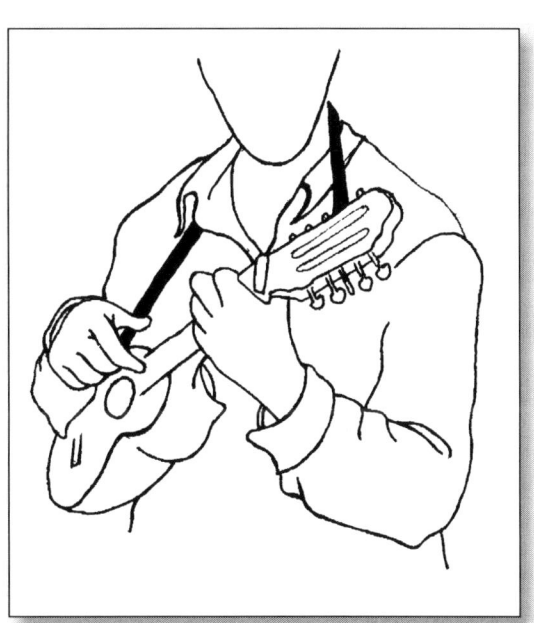

Rasgueo y pulsación de las cuerdas

Rasgueo:

Se rasguea principalmente con las uñas; sobre todo al tocar hacia abajo, aunque a veces se puede también rasguear con la yema de los dedos obteniendo un sonido más suave.

Pulsación:

Las cuerdas no sólo se pulsan con las uñas; también se utilizan las yemas de los dedos y, al hacerlo, hay que evitar apoyar o rozar las cuerdas adyacentes.

El sonido obtenido pulsando las cuerdas sólo con las uñas es más duro y punzante. Tocando sólo con las yemas, el sonido es más dulce y suave. Hay que lograr una justa combinación de uña y yema según el sonido que se quiera obtener. Es una cuestión personal de estilo y expresión.

Acerca de las uñas

Como en todos los instrumentos de cuerda pulsada, es básica la dureza y el cuidado de las uñas.

Algunos consejos para las uñas de la mano derecha:

1. No necesariamente tienen que ser largas. Basta que sobrepasen la yema 1 a 2 mm.; así se obtendrá un buen sonido y se evitará que se rompan.
2. Hay que mantenerlas con un limado muy suave.
3. Si fuera necesario se puede utilizar algún tipo de endurecedor.
4. La uña del índice es la que más se usa (trémolos y rasgueos) y suele romperse con facilidad. Si sucediera, recomendamos mantenerla corta un tiempo limándose todos los días.
5. Existen medios modernos para superar los accidentes y las emergencias como por ej.: las uñas postizas, sin embargo, a la larga debilitan la superficie de la uña.

Las uñas de la mano izquierda hay que mantenerlas cortas, pues las cuerdas se pisan con las yemas.

Strumming and Plucking the Strings

Strumming:

The Charango is strummed primarily with the nails, especially when strumming downwards. Sometimes the flesh of the fingers is also used. This produces a "rounder", more delicate, sound.

Plucking:

The strings of the Charango are plucked with both the nails and the flesh of the fingers. Perhaps the greatest challenge of finger-picking is to pluck just one string at a time!

The sound produced by plucking with the nails is hard and metallic. Plucking with the flesh of the fingers results in a sweeter and "softer" sound. Every Charango player must find the combination of flesh and nail that is right for them. It is a question of personal style.

Regarding Nails

As is true for many musicians who play strummed and plucked instruments, nail maintenance is essential for Charanguists.

Here are a few suggestions regarding the nails of the right hand:

1. *They don't necessarily have to be long. It's fine if they exceed the flesh of the finger by 1 or 2 mm.*
2. *They should be maintained with a fine nail file.*
3. *Don't hesitate to use nail strengthener.*
4. *The nail of the index finger is the most used – in both tremolos and strumming – and therefore often breaks. If this happens, we recommend keeping it short, and strengthening it with daily filings.*
5. *There are modern methods of averting nail disaster: fake nails, for example. Unfortunately, these tend to weaken the real nails.*

The nails of the left hand should be kept very short. If they are too long, they make it difficult to depress the strings with the fingertips.

LOS ACORDES EN EL CHARANGO

Antes de leer estas explicaciones aconsejamos revisar el apéndice de teoría musical en relación a los acordes.

Presentamos a continuación una serie de posturas de la mano izquierda dibujadas sobre el diapasón, a las que llamaremos "diagramas de acordes" y que estarán ordenadas con la siguiente lógica:

1. Iniciamos la serie con los acordes de Do; para continuar por medios tonos en forma ascendente hasta llegar a los acordes de si.

2. Cada uno de los grupos de acordes se dividen en: acorde mayor, acorde mayor con séptima menor, acorde menor, acorde menor con séptima menor.

3. Bajo cada dibujo del diagrama de acordes aparece escrito el nombre del acorde en clave americana.

4. La línea gruesa que cruza un espacio del diapasón es el dedo índice de la mano izquierda (cejillo). Debe pisar bien todas las cuerdas.

5. Los números romanos, como señalamos anteriormente, indican los espacios del diapasón.

6. En esta serie de dibujos de posturas, los números árabes encerrados en un círculo negro indican el dedo de la mano izquierda con que se pisa la cuerda respectiva. Los números árabes en un círculo blanco indican digitación opcional.

7. Cuando aparezca una "X" sobre una cuerda, significa que ésta no se toca.

THE CHARANGO CHORDS

Before reading the following chapter, we suggest you review the section regarding chords in the appendix of this book.

This chapter presents a series of "chord diagrams" representing left-hand positions on the fretboard. These chords are organized in the following way:

1. The chords begin on C, ascending by half-step until B.

2. The chords are grouped by their tonic note and include major, major-7, major-minor-7, minor, minor-7.

3. Each diagram is identified by a chord name written below.

4. A thick black line indicates when a left-hand bar is necessary.

5. Roman numerals indicate the fret.

6. The black circles with Arabic numerals indicate the fingers of the left hand that should be used to play the chord. The white circles are optional fingerings.

7. The X above a string indicates that it should not be played.

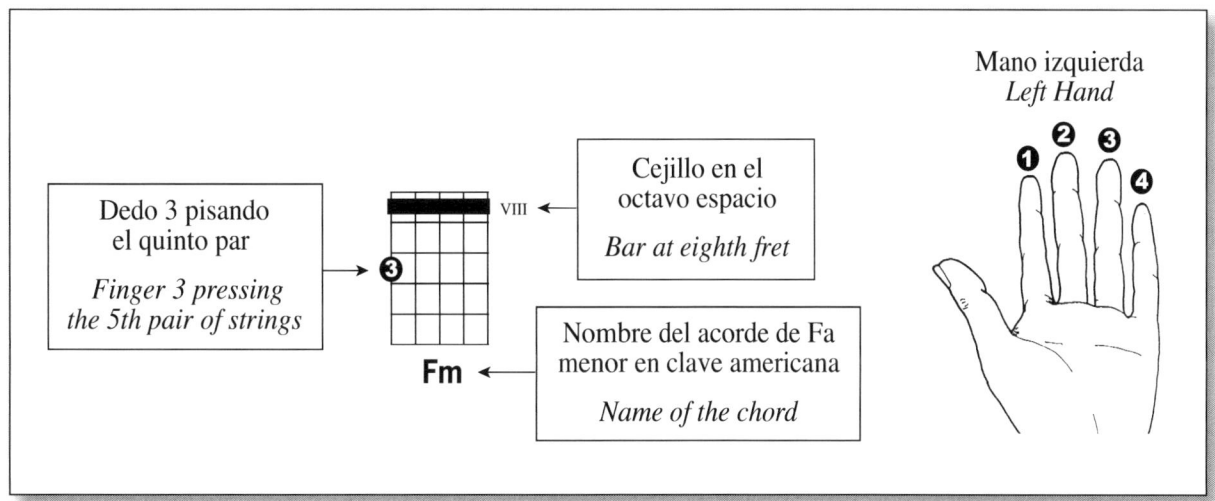

En el pentagrama, los números del 1 al 4 no encerrados en círculo identifican los dedos de la mano izquierda. El número cero indica que la cuerda se pulsa al aire, es decir, sin ningún dedo de la mano izquierda.

In Charango musical notation, the numbers 1 through 4 without circles indicate recommended left-hand fingerings. The number 0 means that the string should be played "open", without fingering.

Observa que se pueden obtener muchos acordes por el simple desplazamiento de una posición a lo largo del diapasón y con la ayuda del dedo 1 a modo de cejillo. Por ejemplo, si se hace el acorde de La mayor con cejillo en el primer espacio, se obtiene La# mayor (o Sib mayor), en el segundo espacio se obtiene Si mayor y así sucesivamente.

Este procedimiento se puede aplicar a los acordes de: La menor, Do mayor, La mayor, sus séptimas y en general con cualquier acorde que permitan los dedos.

Note that it is possible to obtain many chords simply by moving one of the left-hand positions with a bar up and down the fret board. For example, if an A major chord is played with a bar on the first fret, the resultant chord is A# major (Bb major), on the second B major and so on and so forth.

This technique can be applied to the chord positions: A minor, C major, A major and many, many others.

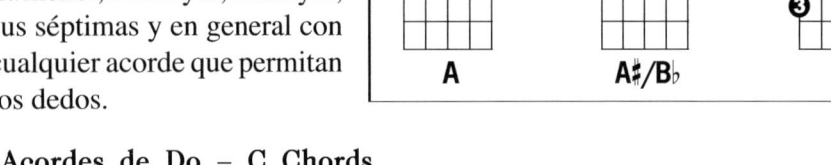

Acordes de Do – C Chords

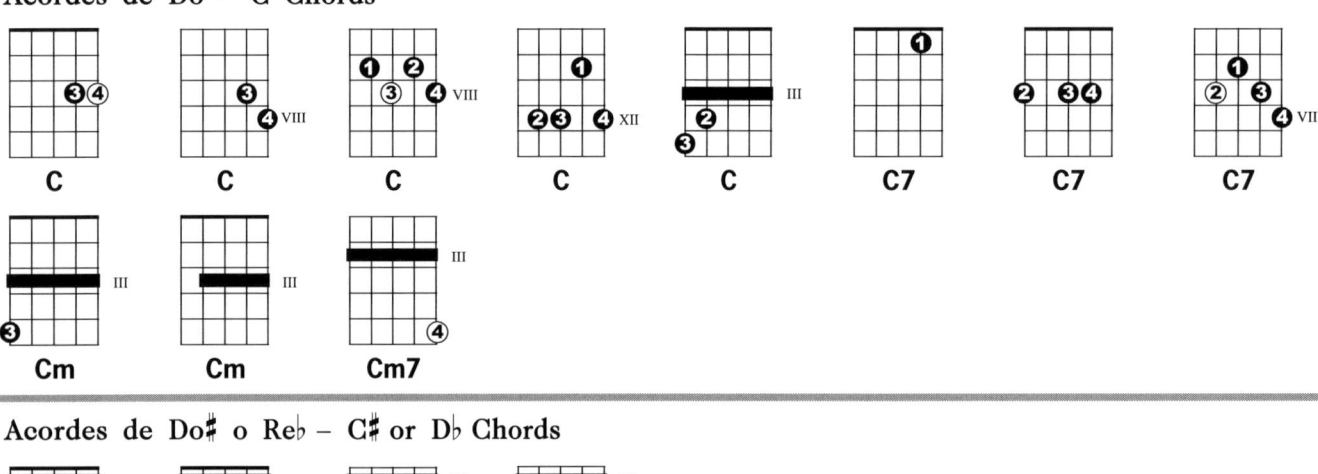

Acordes de Do# o Reb – C# or Db Chords

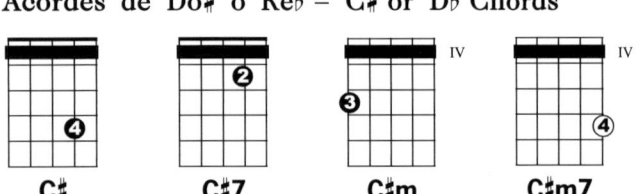

Acordes de Re – D Chords

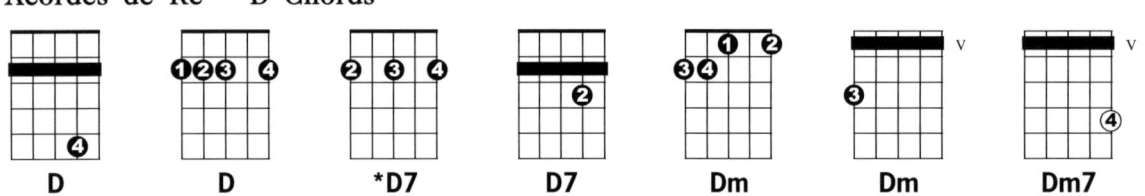

Acordes de Re# o Mib – D# or Eb Chords

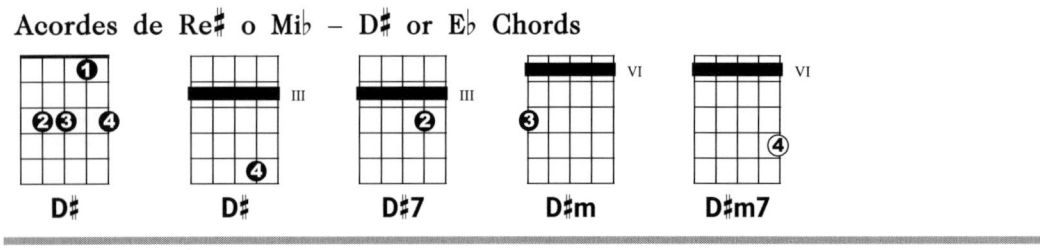

Acordes de Mi – E Chords

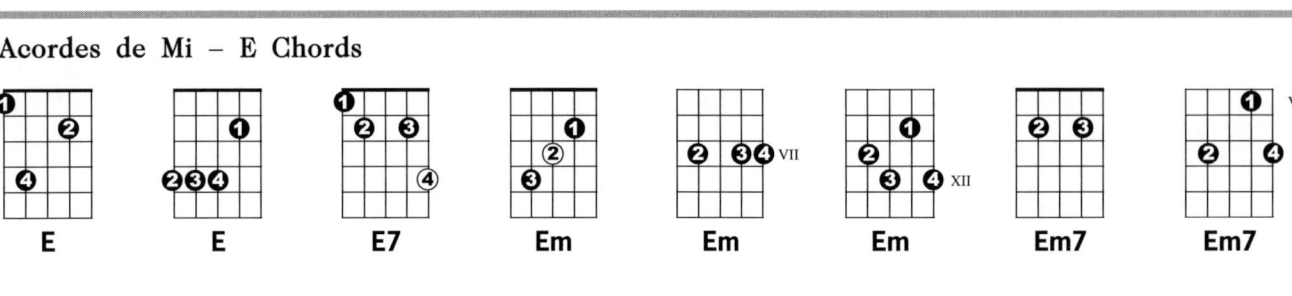

Acordes de Fa – F Chords

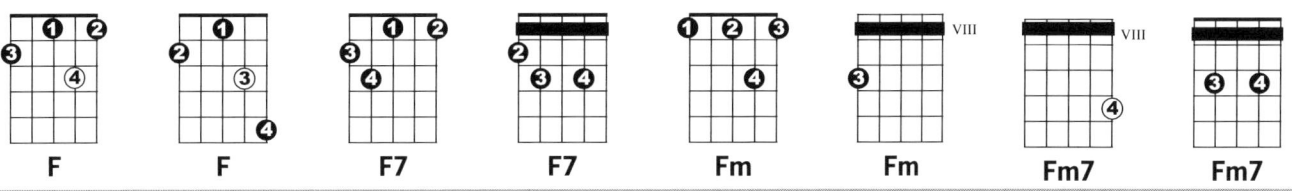

Acordes de Fa# o Solb – F# or Gb Chords

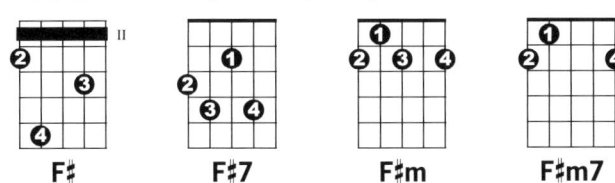

Acordes de Sol – G Chords

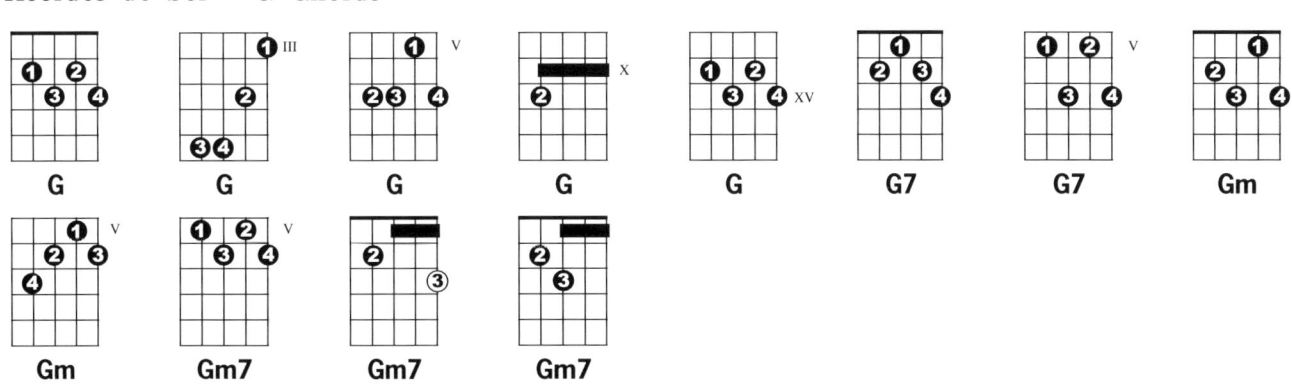

Acordes de Sol# o Lab – G# or Ab Chords

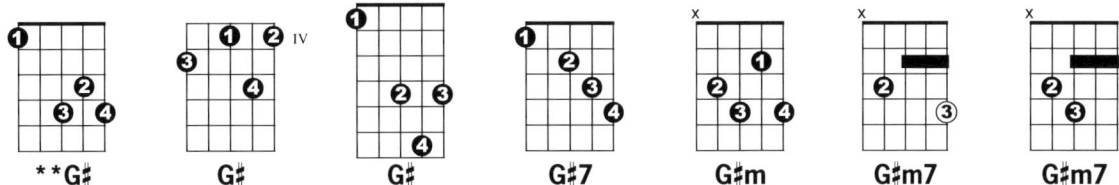

Acordes de La – A Chords

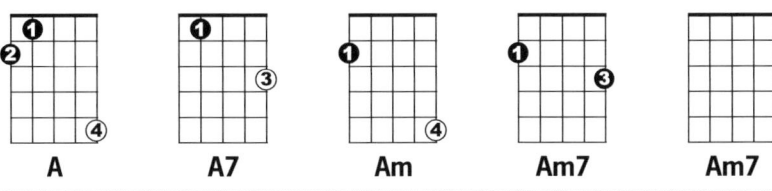

Acordes de La# o Sib – A# or Bb Chords

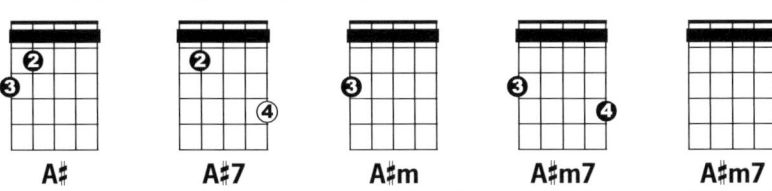

Acordes de Si – B Chords

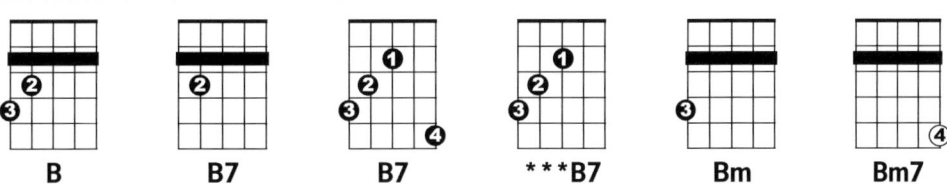

Nota: El nombre de ciertos acordes con alteraciones cromáticas (sostenidos o bemoles), se define al momento de usarlo en un contexto armónico determinado. Así por ejemplo; A♯ se usa como B♭, C♯ como D♭, o bien en vez de D♯m se usa E♭m, etc.

*A este acorde le falta la fundamental, sin embargo es muy usado de esta manera.

**A este acorde le falta la quinta, sin embargo es la forma más usada de G♯.

***En rigor este acorde es un B7add4, pero en la práctica se usa y se denomina como B7.

Note: The name of chords with chromatic alterations (sharps and flats) is defined by the harmonic context in which they are employed. A♯, for example, is also called B♭, C♯ is also called D♭, etc.

* *This chord lacks a tonic note. Nevertheless, it is very commonly used.*

** *This chord lacks a fifth, however it is the position most used for G♯.*

*** *Strictly speaking, this chord is a B7 add4. In practice, however, it is called simply B7.*

CAPÍTULO 1:
RITMOS Y RASGUEOS

El charango es un instrumento de gran riqueza rítmica. Muchas veces pareciera imitar el repicar de los tambores y cajas de las bandas de carnaval que se escuchan en las regiones andinas.

En este capítulo abordaremos la práctica de tres ritmos fundamentales: el huayno, el bailecito y la cueca.

La práctica que proponemos comienza con ejercicios de rasgueos básicos, que caracterizan fuertemente cada uno de los ritmos que se estudiarán.

CHAPTER 1:
RHYTHMS AND STRUMMING PATTERNS

Rhythms of great complexity can be played on the Charango. This little instrument is fully capable of capturing the rich sonorities of the carnaval drumming ensembles of the Andean regions.

In this chapter, we will explore three important rhythms: the Huayno, the Bailecito and the Cueca.

We will begin with basic strumming patterns that encapsulate the central features of these rhythms.

Dedos de la mano derecha

p	=	pulgar
i	=	índice
m	=	medio
a	=	anular
ñ	=	meñique

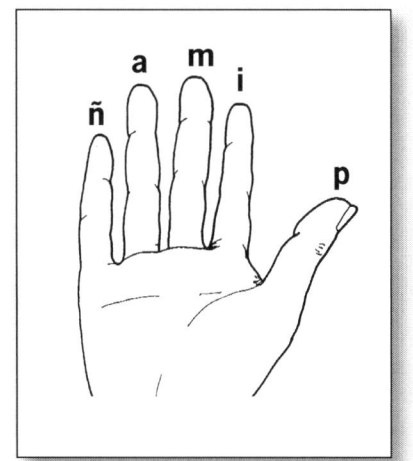

The fingers of the Right Hand

p	=	thumb
i	=	index
m	=	middle
a	=	ring
ñ	=	pinky

Movimiento de la mano derecha

Se representa mediante una flechita cuya punta indica el sentido del movimiento:

Desde el quinto par hacia el primero (hacia abajo) ↓

Desde el primer par hacia el quinto (hacia arriba) ↑

Rasgueo con la mano : los cuatro dedos de la mano derecha (índice, medio, anular y meñique) tocan todas las cuerdas en el sentido de la flecha.

Rasgueo con el índice :

Rasgueo con el pulgar :

Apagado : Es un ragueo con la mano, que apaga el sonido de las cuerdas con el borde del pulgar o con la palma de la mano:

Movement of the Left Hand

The movement of the right hand is represented in this method by arrows:

From the fifth pair towards the first pair (downwards)

From the first pair towards the fifth pair (upwards)

Strum with the hand : All four fingers (index, middle, ring, pinky) strum all of the strings in the direction of the arrow.

Strum with the index finger :

Strum with the thumb :

Muted Strum : "cut" the sound of all of the strings by dampening them with the thumb or the palm of the hand.

Combinación de los cuatro rasgueos mencionados
(con cuerdas al aire)

Combinations of the four strumming techniques
(on open strings)

	↓	↑	↓	↑	↓	↑
1)	M	p	M	p	M	p
2)	M	i	M	i	M	i
3)	M	p	Ⓐ	M	p	Ⓐ

Patrón rítmico

Para enfrentar el aprendizaje, usaremos patrones rítmicos, que son las unidades mínimas que ayudarán a entender como rasguear los ritmos anteriormente mencionados. Existe una infinidad de patrones, que combinados entre sí, conforman gran parte de la riqueza rítmica del charango. No pretendemos ser categóricos en definir un ritmo sobre la base de moldes rígidos, más bien deseamos hacer más claro el acercamiento al mundo de los rasgueos.

Dos patrones básicos del Huayno:

Rhythmic patterns

In order to facilitate the learning process, this method presents a series of rhythmic patterns commonly used by Charango players. It is important to note that these patterns are not set in stone, but rather are a way to become familiar with the basics of Charango strumming technique.

The two basic Huayno strumming patterns are:

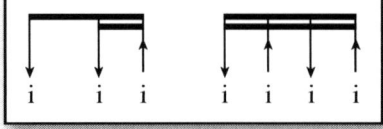

En los ejercicios donde aparezcan patrones rítmicos y repiques de acordes anotados en clave americana, hay que considerar que en ciertos compases se omitirá dicha clave ya que se trata del mismo acorde anterior y se volverá a escribir la clave americana sólo cuando se cambie a otro acorde. En definitiva, se escribirá la clave sobre los patrones cada vez que haya un cambio de acorde. El mismo criterio se aplicará para los diagramas de las posturas de acordes y la escritura de éstos en el pentagrama.

In order to simplify the musical notation, we have only indicated time signatures and chord symbols in the first bar of each phrase. If a time signature or chord lasts longer than a measure, it is not re-printed.

1.1 EL HUAYNO

El huayno o huayño es uno de los ritmos andinos más populares de Bolivia y Perú. En Argentina lo llaman "carnavalito" y "trote" en el norte de Chile, llegando a constituirse en la expresión musical fundamental de la música andina.

El huayno ofrece una gran riqueza rítmica interpretativa, que hace muy difícil hablar de una sola manera de ejecutarlo y por ende de anotarlo. Sin embargo, en la mayoría d elos casos se puede concebir como un ritmo en 2/4.

1.1 THE HUAYNO

The Huayno is a rhythm commonly associated with Bolivia and Perú. In Argentina it is called "Carnivalito" and in northern Chile, the "Trote", and is among the most central expressions of Andean musical identity.

Interpretations of the "Huayno" rhythm vary widely among different musicians. It is therefore difficult to define the manner in which it should be played. This said, the "Huayno" is perhaps best thought of in 2/4:

EJERCICIO 1

Sin ningún acorde, tocar el primer patrón rítmico del huayno ejecutándolo con el dedo índice (i) lentamente hasta que resulte parejo. La figura rítmica con la que se anota este primer patrón se llama galopa.

EXERCISE 1

Play the first rhythmic pattern slowly, without any chord. Practice until the repetitions flow smoothly together. Strum with the index finger (i). The name of this rhythmic combination is "galopa".

EJERCICIO 2

Ahora practicar con el acorde de Lam en 2/4.

EXERCISE 2

Now, practice with an Am chord in 2/4.

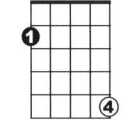

EJERCICIO 3

Repetir ejercicio anterior con el acorde de Do mayor (C).

EXERCISE 3

Repeat previous exercise with a C chord.

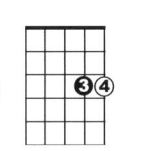

EJERCICIO 4

Tocar un compás con el acorde de La menor (Am) y el siguiente con el acorde de Do mayor (C).

EXERCISE 4

Practice the following chord changes: two measures of Am followed by two measures of C.

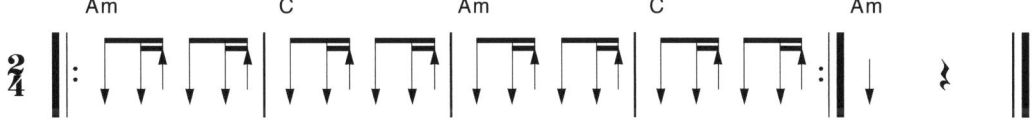

EJERCICIO 5

Repetir el ejercicio anterior, esta vez combinando los acordes de Do mayor (C) y Sol mayor con séptima (G7):

EXERCISE 5

Repeat previous exercise, this time with the chords C and G7.

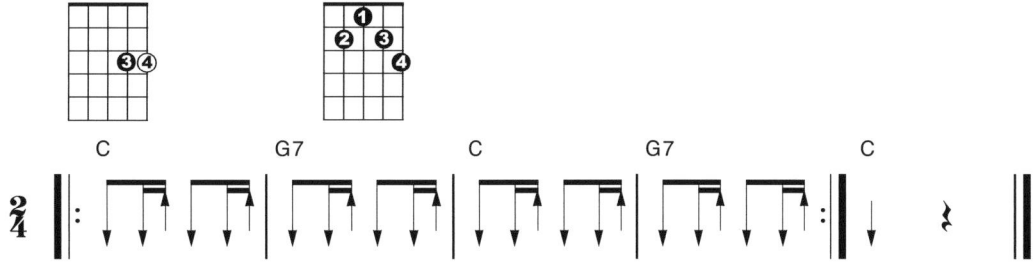

EJERCICIO 6 — EXERCISE 6

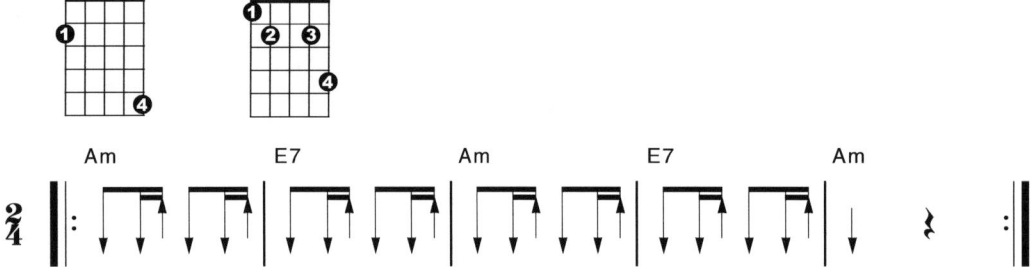

EJERCICIO 7 — EXERCISE 7

A continuación presentamos una introducción típica de huayno. Esta secuencia de acordes es comúnmente usada también en las introducciones de "bailecitos" y "cuecas".

The following is an introduction commonly used for the "Huayno." It is also played at the beginning of "Bailecitos" and "Cuecas."

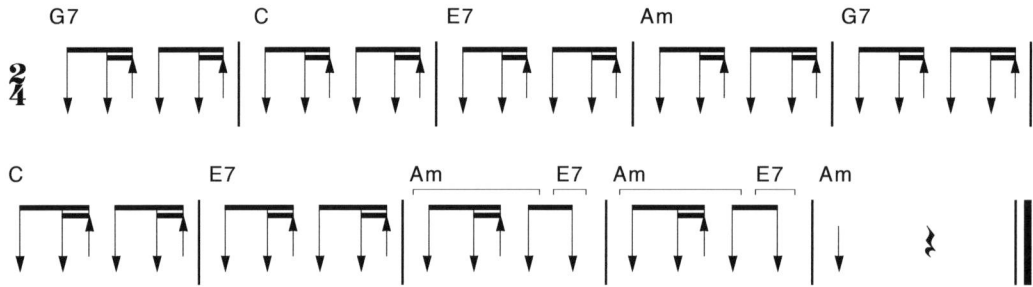

EJERCICIO 8 — EXERCISE 8

Segundo patrón rítmico del huayno. Esta figura rítmica se llama cuartina

The following is a "Cuartina," a second rhythmic pattern used in the "Huayno."

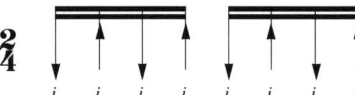

Este patrón rítmico en realidad se interpreta como se escribe a continuación (dos opciones):

It should be noted that the "Cuartina" is not played as notated above, but rather in the following variations:

a) 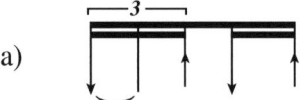   b)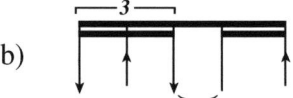

Hemos decidido anotarlo como cuartina para facilitar su lectura y en adelante cada vez que aparezca una cuartina, se podrá ejecutar libremente dentro del espíritu del huayno y del estilo del charanguista.

Practicar los ejercicios de 1 a 7 reemplazando el primer patrón por el segundo.

In this method, the four sixteenth-note figure of the "Cuartina" should be read as either a) or b).

Practice excercises 1 through 7, replacing the first pattern with the second one.

EJERCICIO 9 — EXERCISE 9

Con el acorde de La menor (Am) alternar ambos patrones rítmicos:

Alternate between the following rhythmic patterns in Am.

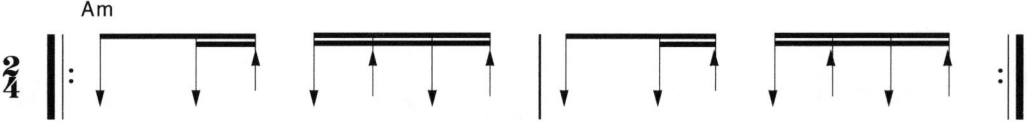

EJERCICIO 10 — EXERCISE 10

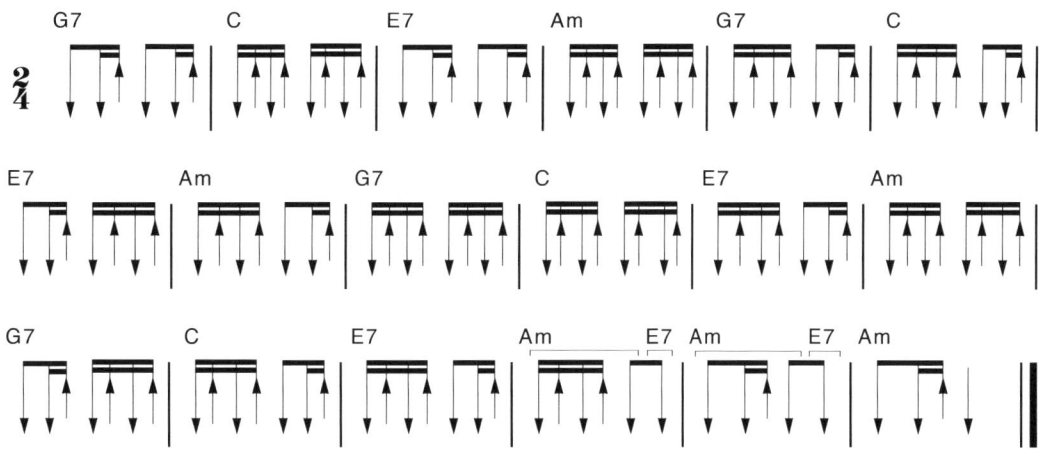

EJERCICIO 11 — EXERCISE 11

OJOS AZULES (tradicional de Bolivia)

I
Am   C
Ojos azules no llores
            E7   Am
no llores ni te enamores
G7   C
llorarás cuando me vaya
           E7   Am
cuando remedio ya no haya.

II
Tú me juraste quererme
quererme toda la vida
mas, pasaron dos tres días
tú te alejas y me dejas.

III
En una copa de vino
quisiera tomar veneno
veneno para matarme
veneno para olvidarte.

BLUE EYES (Bolivian traditional)

I
*Blue eyes, don't cry
don't cry nor fall in love
you will cry when I leave
when there is no longer a remedy.*

II
*You swore to love me
to love me all your life
but after two, three days
you moved away and left me.*

III
*In a wine glass
I want to drink poison
poison to kill me
poison to forget you.*

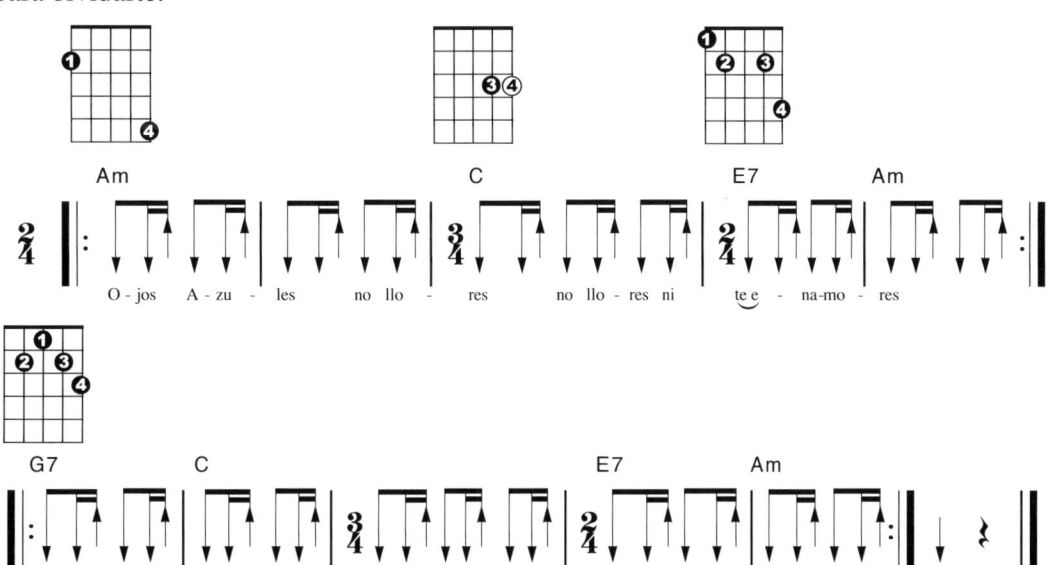

EJERCICIO 12

El acento es muy importante y tiene que ver con el estilo personal cuando se canta o toca un instrumento. El símbolo para el acento es el siguiente: >

Practicar los siguientes ejercicios con el acorde de La menor.

EXERCISE 12

The manner in which rhythmic patterns are accented is essential to the interpretation of popular music. The symbol for an accent is the following: >

Practice the following exercises in Am.

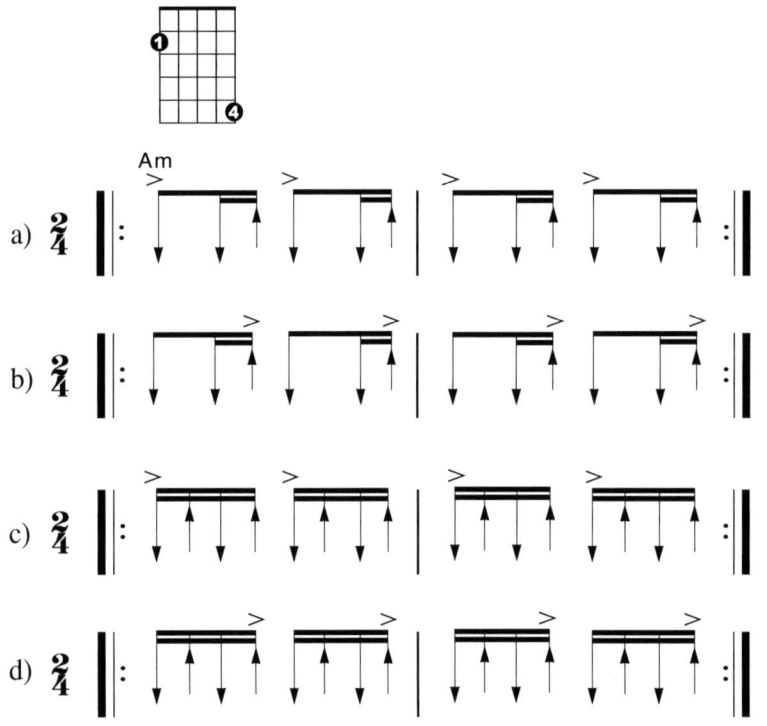

Nota:

Una vez que se han practicado todos estos ejercicios, recomendamos ejecutarlos nuevamente con las siguientes variaciones de la mano derecha:

Note:

Once you have practiced these exercises, we recommend that you play them again with the following right-hand variations.

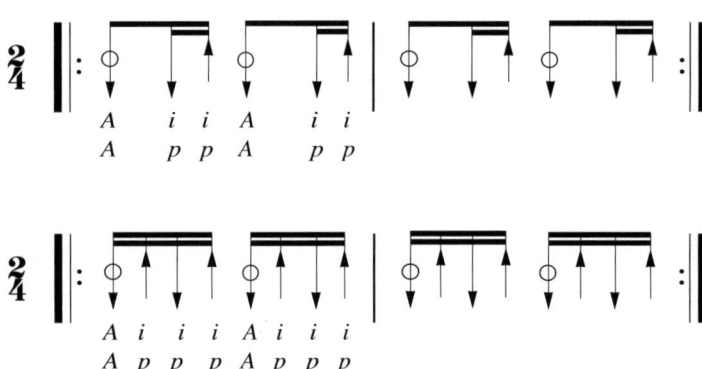

EJERCICIO 13 — EXERCISE 13

NARANJITAY (Tito Véliz)

Anotaremos ritmo y acordes de la primera estrofa a modo de ejemplo. Sugerimos practicar el resto de la canción de acuerdo a la propia inventiva, combinando los patrones rítmicos libremente. (Esta canción está en la tonalidad de mi menor).

I
Em   G   B7   Em
Naranjitay pinta pintita
Em   G   B7   Em
Naranjitay pinta y pintita
Am
te hei de robar de tu quinta
G
si no es esta nochecita
B7   Em
mañana por la mañanita

II
A lo lejos se te divisa
a lo lejos se te divisa
la punta de tu enagüita
el corazón me palpita
y la boca se me hace agüita.

III
Tus hermanos mis cuñaditos
tus hermanas mis cuñaditas
tu padre será mi suegro
tu madre será mi suegra
y tú la prenda más querida.

NARANJITAY *(Tito Véliz)*

In the diagram below, we have notated one of the many possible rhythmic accompaniments to the stanzas of Naranjitay. This model need not be taken literally. We suggest that you practice combining the notated patterns in a variety of ways. (This song is in the key of Em).

I
Naranjitay pinta (freckly) pintita
Naranjitay pinta and pintita
I have to steal you from your villa
if not tonight
early tomorrow morning

II
Far away I can see
far away I can see
the botton of your slip
my heart beats
and my mouth waters.

III
Your brothers will be my brothers in law
your sisters my sisters in law
your father my father in law
your mother my mother in law
and you will be my most prized treasure.

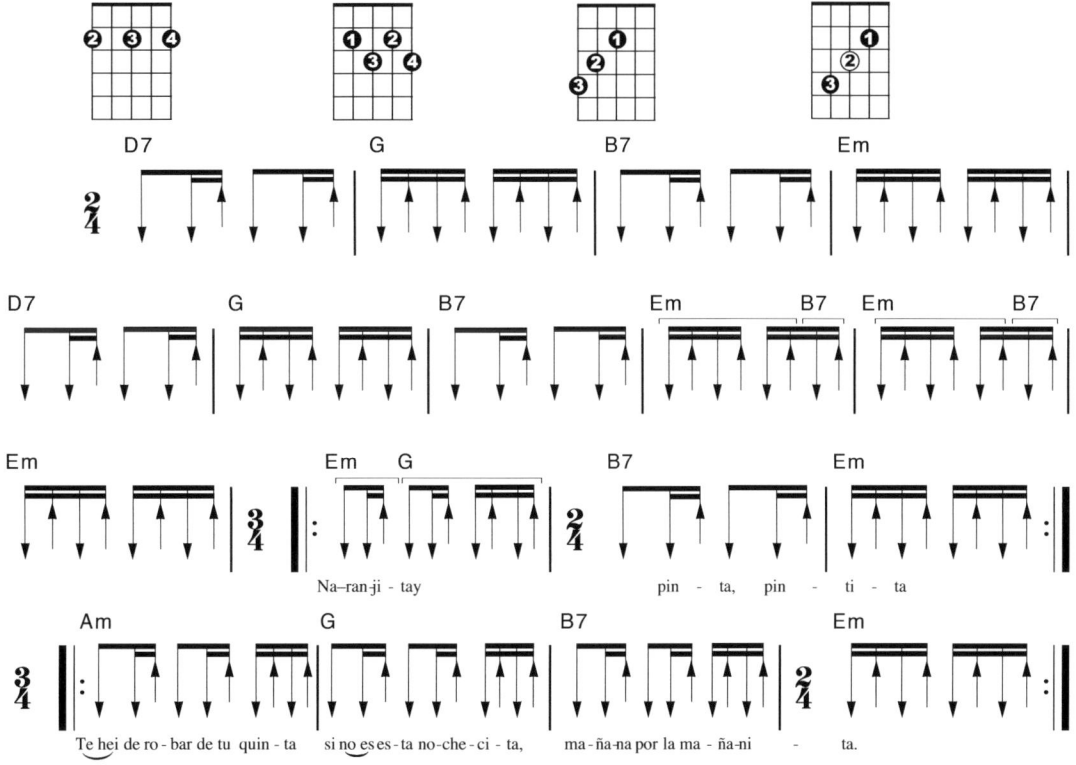

1.2 EL BAILECITO

Es un ritmo popular boliviano difundido también en el norte de Argentina cuya cifra de compás es 6/8 al igual que otros ritmos como la "chacarera" argentina y la "tonada" chilena.

1.2 THE BAILECITO

The Bailecito is a popular Bolivian song form also found in the north of Argentina. It is most commonly thought of in 6/8 just like the "Chacarera" from Argentina and the "Tonada" from Chile.

EJERCICIO 14 / EXERCISE 14

A continuación presentamos el primer patrón rítmico del bailecito : Ejercitar las dos alternativas propuestas para la mano derecha.

The first rhythmic pattern of the Bailecito (play with Am).

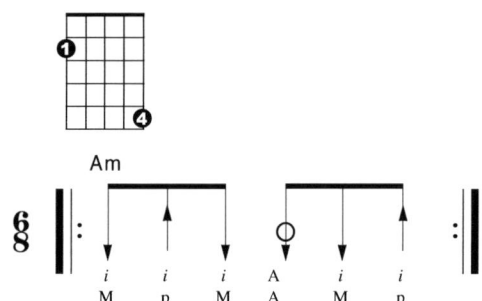

EJERCICIO 15 / EXERCISE 15

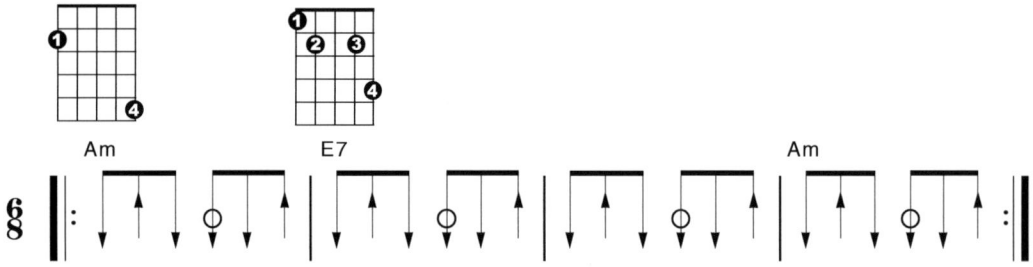

EJERCICIO 16 / EXERCISE 16

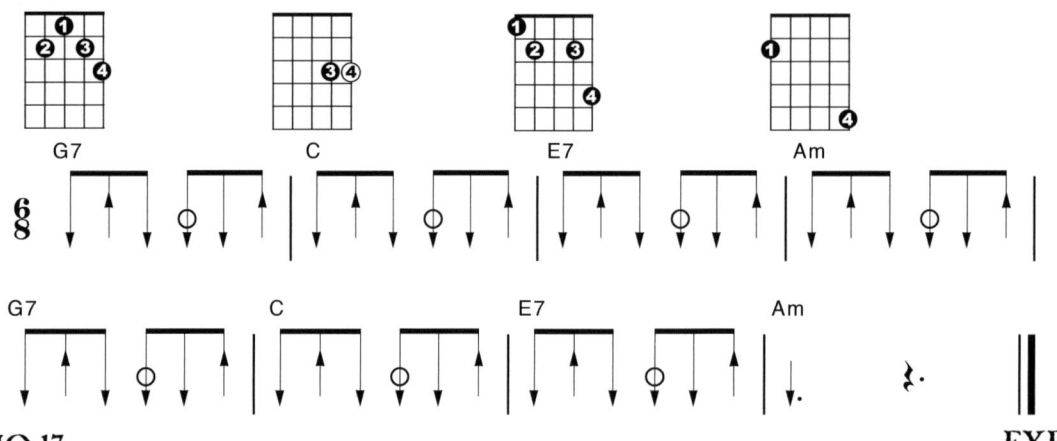

EJERCICIO 17 / EXERCISE 17

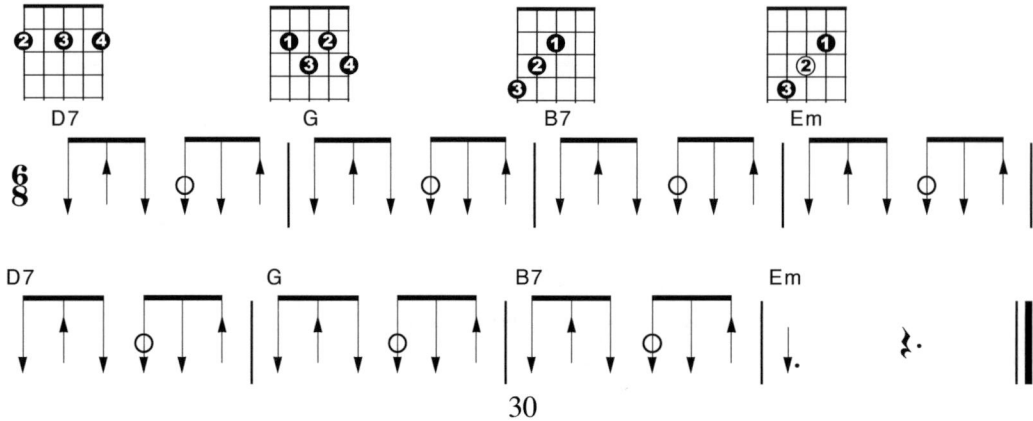

EJERCICIO 18   EXERCISE 18

Segundo patrón rítmico del bailecito (Am).   *The second rhythmic pattern of the Bailecito (Am).*

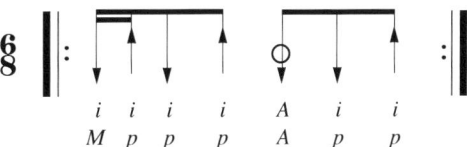

EJERCICIO 19   EXERCISE 19

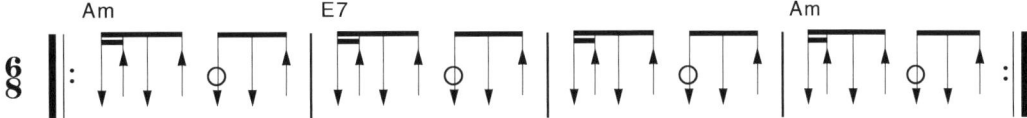

EJERCICIO 20   EXERCISE 20

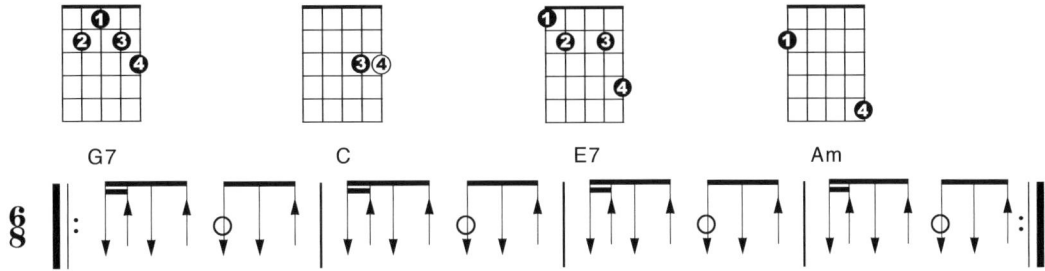

EJERCICIO 21   EXERCISE 21

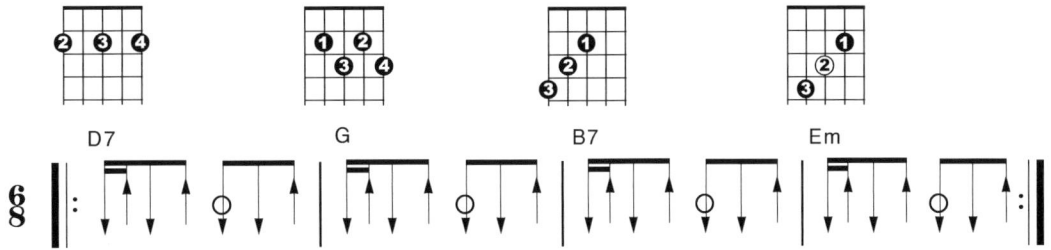

EJERCICIO 22   EXERCISE 22

Combinación de ambos patrones rítmicos.   *The combination of both rhythmic patterns.*

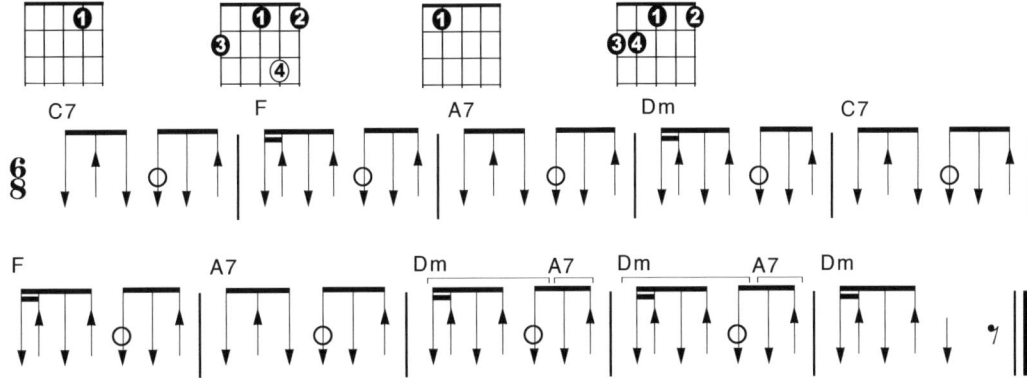

EJERCICIO 23
SIRVIÑACO (Dávalos - Falú)

I
Am   F
Yo te he dicho nos casimos
    G7   C
vos diciendo que tal vez,
C   D7 C
sería bueno que probimos
    E7   Am
a ver eso qué tal es

II
Am   F
Te propongo sirviñaco
    G7   C
si tus tatas dan lugar,
      C   D7 C
pa' la alzada del tabaco
    E7   Am
vámonos a trabajar

Estribillo
    G7   C
Te he'i comprar ollita nueva
    E7   Am
en la feria e' Sumalao,
    G7   C
es cuestión de hacer la prueba
  D7   E7   Am
de vivirnos amañaos.

III
Y si tus tatas se enteran
ya tendrán consolación
que todas las cosas tienen
con el tiempo la ocasión.

IV
Y si Dios nos da un changuito
a mi no me ha de faltar
voluntad pa' andar juntitos
ni valor pa' trabajar.

Estribillo
Te propongo como seña
pa' saber si me querís,
cuando vas a juntar leña
sílbame como perdiz.

EXERCISE 23
SIRVIÑACO (Dávalos - Falú)

I
I suggested we get married
you said perhaps,
it would be good to try it
to see how it goes.

II
I propose we live together
if your parents allow it
let's go work together
in the tobacco harvest.

Refrain
I'll buy a new pot
at Sumalao's fair,
it will be best to try
to live together before marrying.

III
And if your parents find out
they will already have the consolation
that at the proper time
the occasion will present itself.

IV
And if God gives us a baby
I will never lack
the will to be together
nor the courage to work.

Refrain
I propose that as a sign
that you love me,
when you go to get firewood
whistle to me like a Partridge.

Introducción – *Introduction*

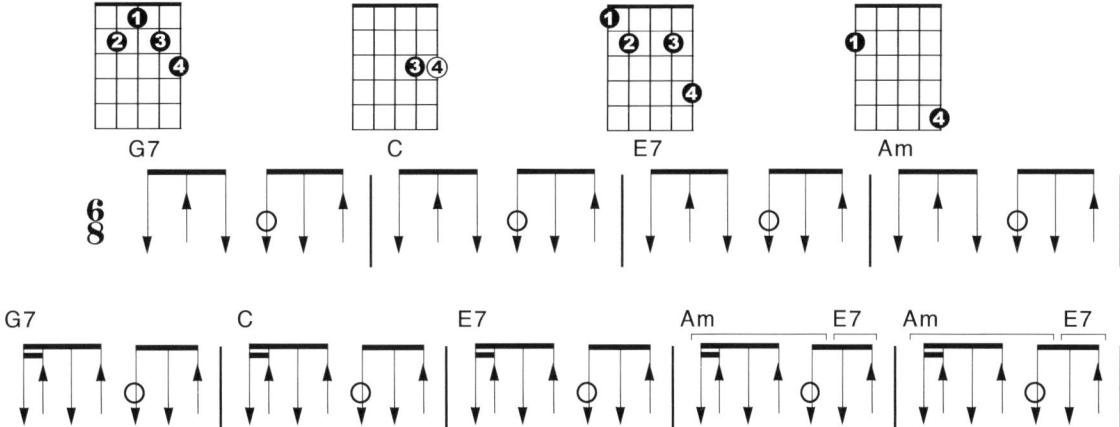

1a estrofa – *1st Stanza*

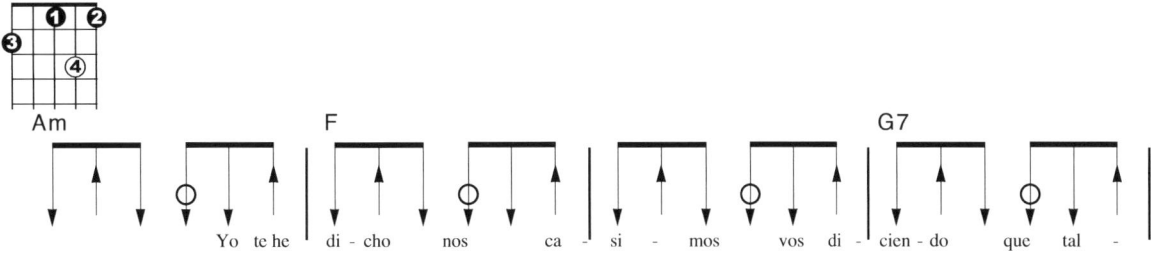

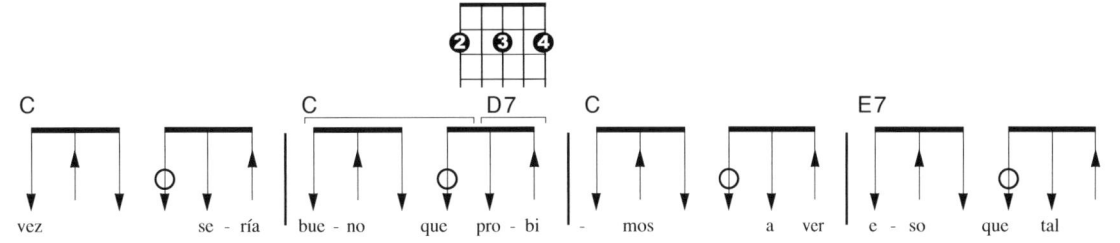

2a estrofa – *2nd Stanza*

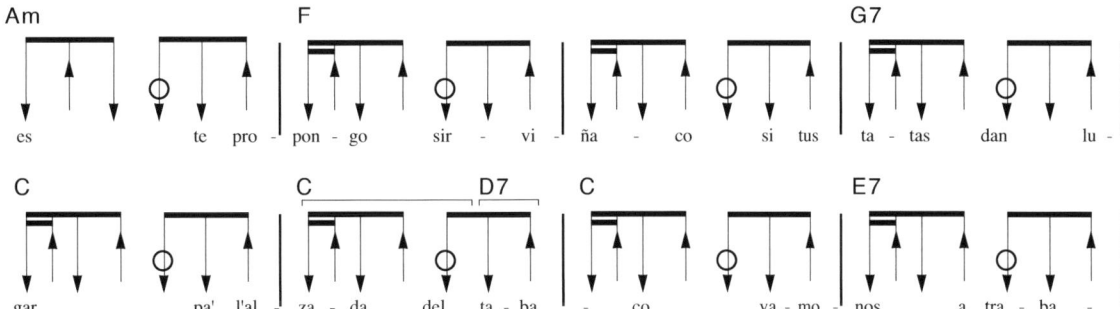

Estribillo – *Refrain*

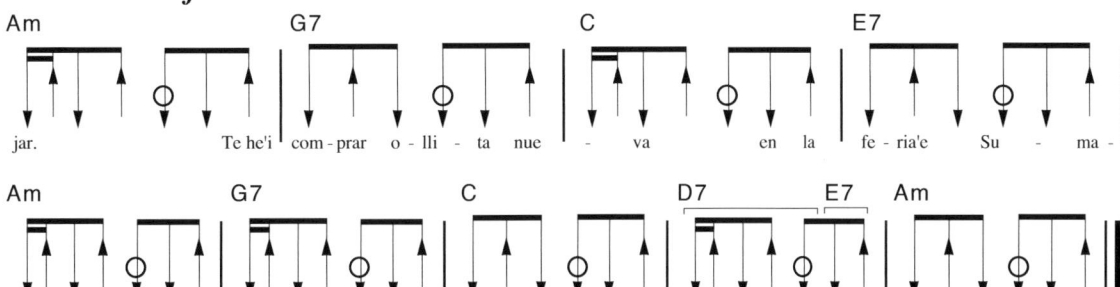

EJERCICIO 24

SI SOMOS AMERICANOS (Rolando Alarcón)

Esta hermosa canción es un ritmo de cachimbo característico de la zona norte de Chile, similar al bailecito Boliviano.

I

Em   B7
Si somos americanos
             Em
somos hermanos, señores.
             B7
Tenemos las mismas flores
             Em
tenemos las mismas manos.
  D7   G
Si somos americanos
  D7   G
seremos buenos vecinos,
        B7
compartiremos el trigo,
            Em
seremos buenos hermanos.
  Am
Bailaremos marinera,
        Em
resfalosa, zamba y son.
     B7
Si somos americanos
       Em
seremos una canción.

II
Si somos americanos
no miraremos fronteras,
cuidaremos la semilla,
miraremos las banderas.
Si somos americanos
seremos todos iguales.
El blanco, el mestizo, el indio
y el negro son como tales.
Bailaremos marinera,
resfalosa, zamba y son.
Si somos americanos
seremos una canción.

EXERCISE 24

IF WE ARE AMERICANS (Rolando Alarcón)

This beautiful song is a Cachimbo, a northern Chilean musical genere similar to the Bolivian "Bailecito".

I

*If we are Americans
we are brothers, gentlemen.
We have the same flowers
we have the same hands.
If we are Americans
we will be good neighbors
we will share the wheat,
we will be good brothers.
We will dance the marinera,
resfalosa, zamba and son.
If we are Americans
we will be one song.*

II

*If we are Americans
we will not patrol our borders
we will take care of the seed
we will watch the flags.
If we are Americans
we will all be equals,
whites, mestizos, indians
and blacks are all equal.
We will dance marinera,
resfalosa, zamba and son.
If we are Americans
we will be one song.*

*Note:
Americans are all the people of North, Central and South America.*

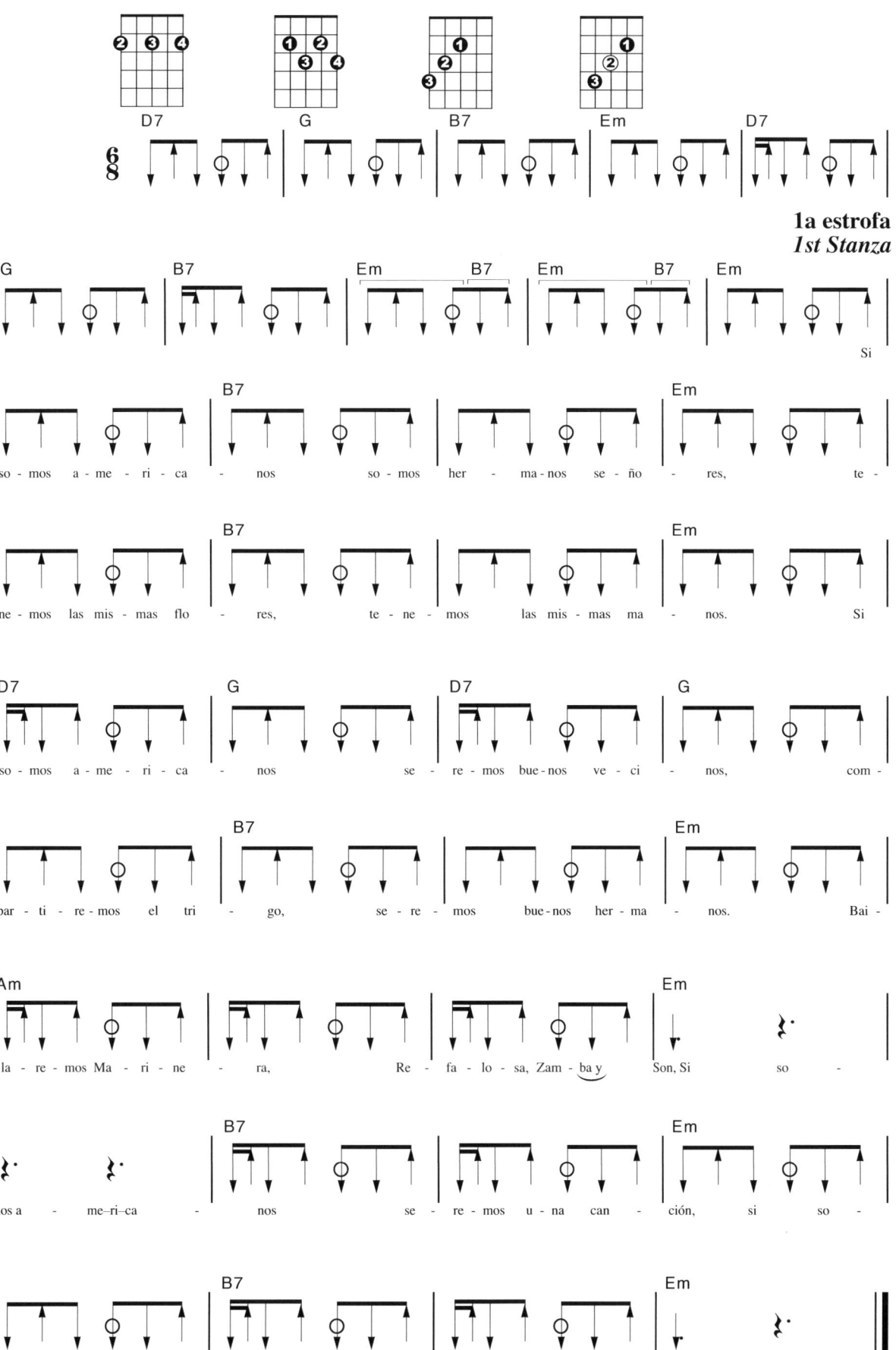

1.3 LA CUECA

La cueca es un ritmo muy popular en Chile, Bolivia y Argentina. La zamacueca de Perú, que es el mismo ritmo, dio origen a la cueca en los países mencionados durante el período colonial. Es importante notar, sin embargo, que tienen matices y acentos distintos entre ellas y están perfectamente caracterizadas y diferenciadas, incluso dentro de cada país existen diferencias en los estilos y formas de interpretarlas según las regiones de procedencia. Específicamente en este método nos referiremos a la cueca boliviana, en la cual es usado el charango.

1.3 THE CUECA

The Cueca is a musical genre popular throughout Chile, Bolivia and Argentina, and probably derives from the Peruvian Zamacueca, a dance form popular during the colonial era. Although the basic structure of the Cueca remains constant in each of the aforementioned countries, there are marked national – and regional – differences in the interpretation of the genre. The Cuecas in this method are of the Bolivian style, specifically that used by the Charango. The Bolivian Cueca is generally thought of in 6/8 and is played at a faster tempo than the Bailecito.

EJERCICIO 25

A continuación presentamos el primer patrón rítmico de la cueca boliviana. Con el acorde de Do menor (Cm), ejecutar las dos alternativas propuestas para la mano derecha.

En el caso de las segundas alternativas, mantener los dedos índice y pulgar juntos por sus yemas.

EXERCISE 25

First rhythmic pattern of the Bolivian Cueca. Play in Cm.

In the case of the second fingering alternatives, maintain the index finger and the thumb pressed together at the fingetip.

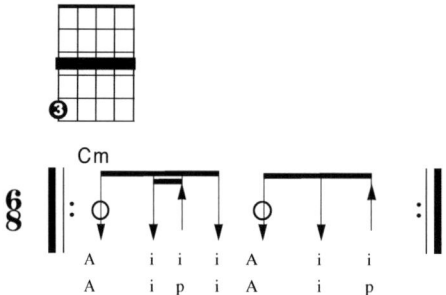

EJERCICIO 26 / EXERCISE 26

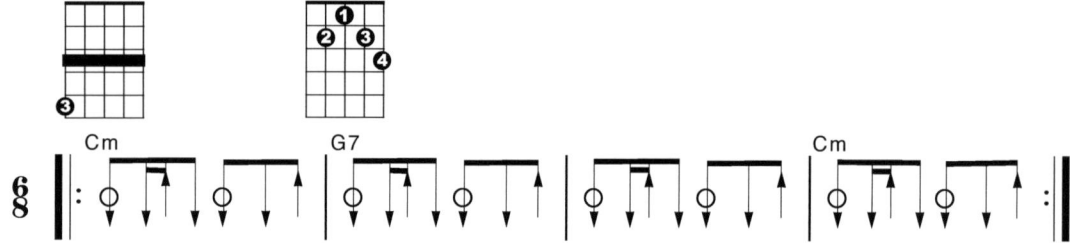

EJERCICIO 27 / EXERCISE 27

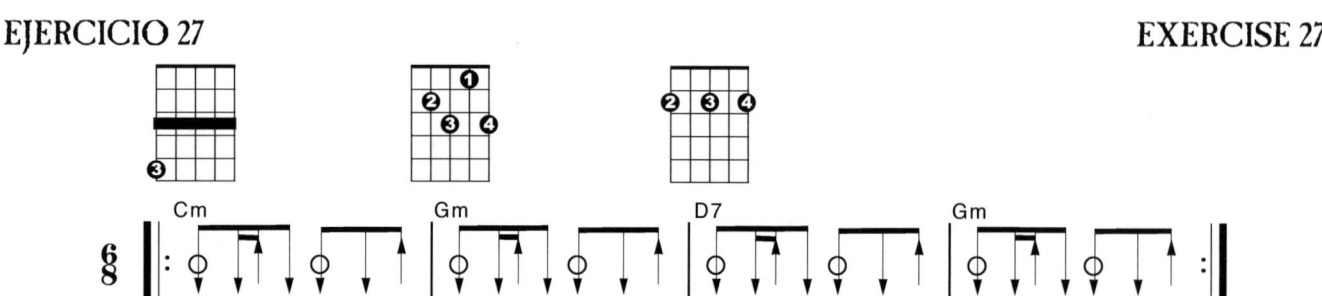

EJERCICIO 28
Segundo patrón rítmico

EXERCISE 28
Second rhythmic pattern

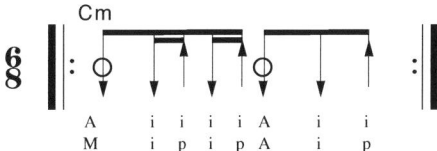

EJERCICIO 29

EXERCISE 29

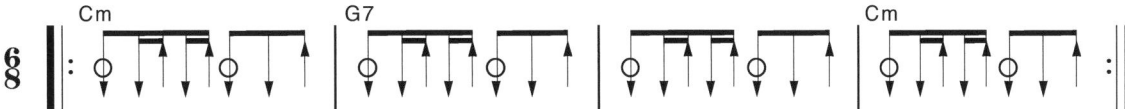

EJERCICIO 30

EXERCISE 30

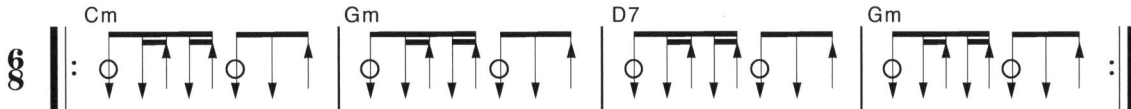

EJERCICIO 31
Tercer patrón rítmico

EXERCISE 31
Third rhythmic pattern

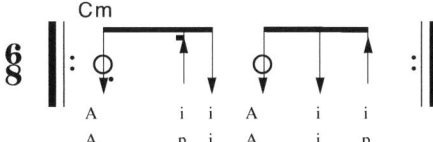

EJERCICIO 32

EXERCISE 32

EJERCICIO 33

EXERCISE 33

EJERCICIO 34
Cuarto patrón rítmico

EXERCISE 34
Fourth rhythmic pattern

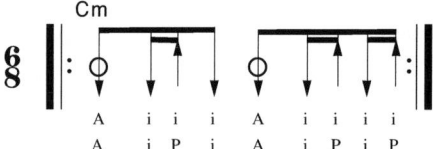

EJERCICIO 35

EXERCISE 35

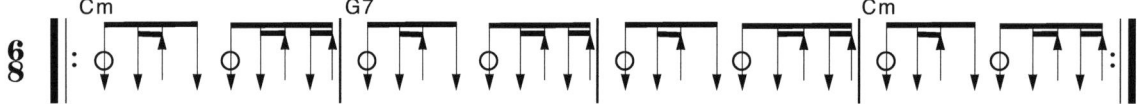

EJERCICIO 36

EXERCISE 36

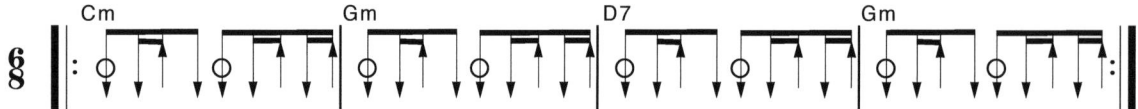

EJERCICIO 37
Combinación de patrones

EXERCISE 37
Play alternating between rhythmic patterns

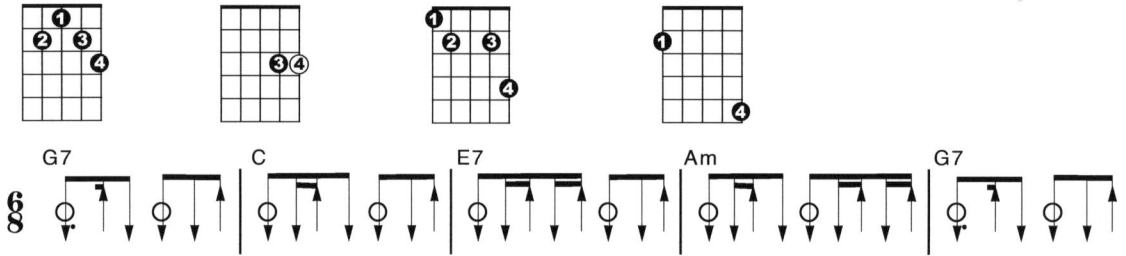

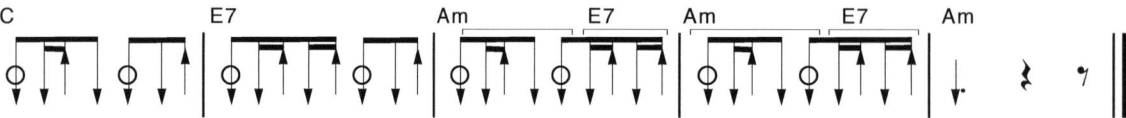

EJERCICIO 38

LA BOLIVIANA (Tradicional de Bolivia)

I

```
    Em   B7    Em
De Bolivia vengo bajando
      C  D7        G
¡ayayay! pobre mi cholita.
                B7
Sabe Dios si volveré
                Em
a la tierra donde nací.
       G         B7
Sabe Dios si volveré
                Em
a la tierra donde nací.
```

II

```
    Em   B7    Em
Clavelito, clavelito
      C  D7        G
envuelto en un papelito.
                B7
Corazón de piedra dura,
                Em
ojos de manantialito.
       G         B7
Corazón de piedra dura,
                Em
ojos de manantialito.
```

Estribillo

```
       C       D7
Ya me voy, ya me voy
              G
ya me voy yendo.
              B7
Yo no se si volveré
                Em
a la tierra donde nací.
       G       B7
Yo no sé si volveré
                Em
a la tierra donde nací.
```

EXERCISE 38

THE BOLIVIAN (Traditional from Bolivia)

I

I'm coming down from Bolivia

Ayayay! My poor cholita

God knows if I will return

to the land where I was born

God knows if I will return

to the land where I was born

II

Clavelito, clavelito (carnation)

wrapped in a piece of paper

heart of hard stone

eyes pure as a spring water

heart of hard stone

eyes pure as a spring water.

Refrain

I am leaving, I am going away

I am on my way

I don't know if I will return

to the land where I was born

I don't know if I will return

to the land where I was born.

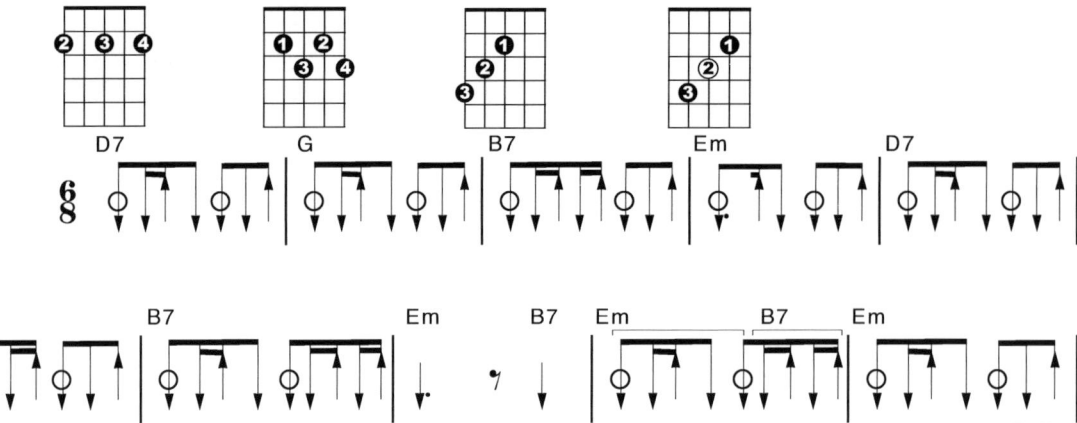
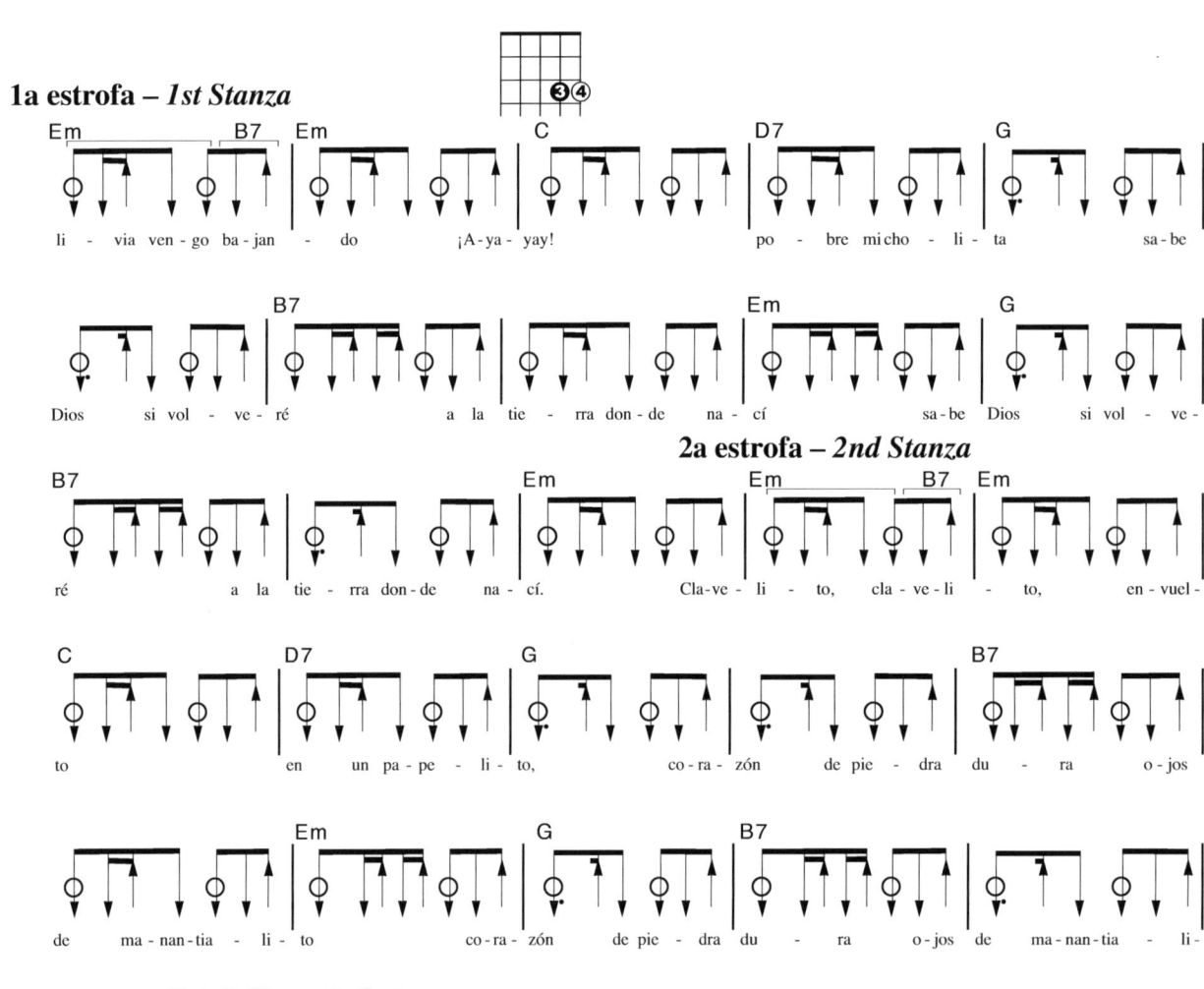
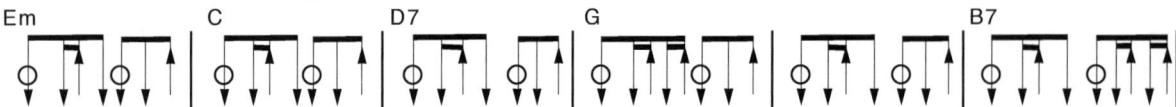
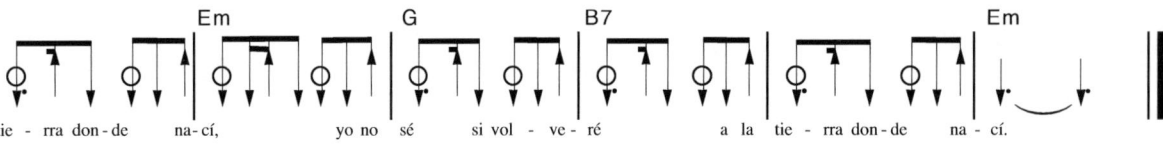

EJERCICIO 39
LA COCINERITA
(Tradicional del norte de Argentina,
Versión de Víctor jara)

I
E♭
Cuchilla 'e palo,
platito 'e loza,
ollita de barro.
Cm   E♭
Se la he comprado,
Cm   E♭
se la he comprado
Gm   Cm
a mi cocinera.

II
E♭
Y con mi caja
vengo cantando
coplas de Tilcara,
Cm   E♭
porque ya estamos,
Cm   E♭
porque ya estamos
Gm   Cm
en medio del carnaval.

Estribillo
A♭
Planta de ají,
            E♭
planta 'e tomate.
Cm   E♭ Cm   E♭
Dónde estará mi cocinerita
Gm   Cm
tomando mate.
Cm   E♭ Cm   E♭
Dónde estará mi cocinerita
Gm   Cm
tomando mate.

III
Por ti suspira
mi fin de fiesta
a Doña Pispira.
Donde convidan,
donde convidan
con queso 'e cabra.

IV
Hojita 'e coca
ya me he molido,
ramito de albahaca.
Se l'e comprado,
se l'e comprado
a mi cocinera.

EXERCISE 39
THE LITTLE COOK
*(Traditional from Northern Argentina,
version by Víctor jara)*

I
*A knife and a pole
A little china plate
An earthenware pot
I've bought for her
I've bought for her
For my little cook.*

II
*And with my crate
I come singing
Ballads from Tilcara
Because we're already
Because we're already
In the middle of Carnival*

Refrain

*Chili pepper plant
Tomato plant
Where could my little cook be?
Drinking mate.
Where could my little cook be?
Drinking mate.*

III
*I sigh for you,
For Dona Pispira,
At the fiesta's end,
Where they'll treat us
Where they'll treat us
To some goat cheese.*

IV
*Herbs and coca
I've already ground.
A sprig of basil
I've bought for her
I've bought for her
For my little cook*

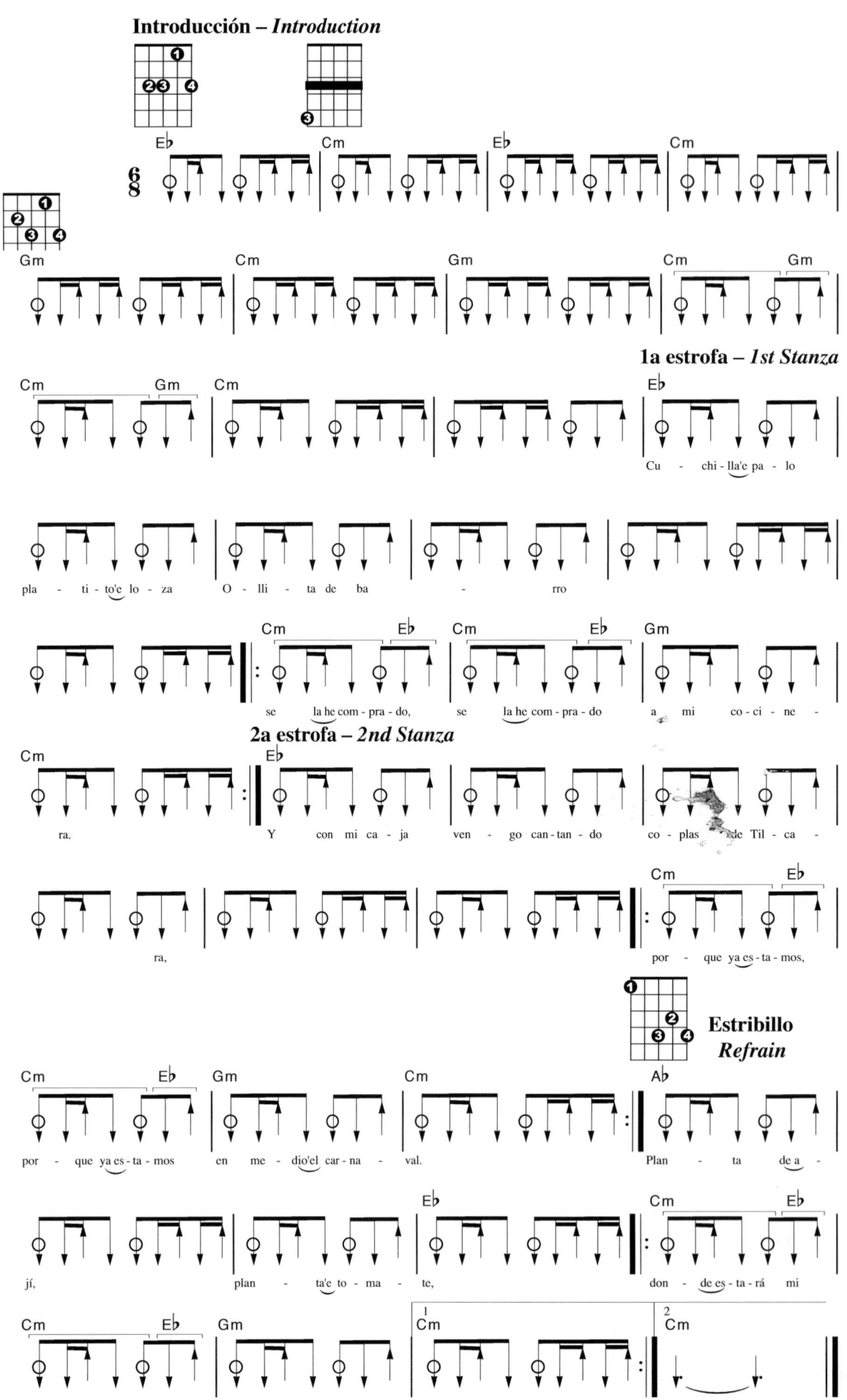

CAPÍTULO 2:
EL CHARANGO COMO INSTRUMENTO MELÓDICO

El charango ofrece posibilidades melódicas riquísimas gracias a una serie de recursos tales como: melodías simples de una voz, melodías simultáneas a dos voces, arpegios, escalas y adornos.

Existe un buen repertorio específico para el charango; pero, puede y debe ampliarse aún mucho más. Creemos que hay un apasionante desafío para los charanguistas en la propuesta de nuevos repertorios con un lenguaje que sea propio del instrumento.

La práctica de los ejercicios y el uso de los dedos de ambas manos los hemos propuesto pensando en lograr una ejecución eficiente, privilegiando una mejor interpretación.

Observaciones:

1. Revisar los símbolos usados para identificar las cuerdas y los dedos en páginas 11, 15 y 19.
2. Notar que, para cada par de cuerdas, se escribe una sola nota, aunque en realidad suenan las dos cuerdas.
3. Los pares ④ y ⑤ se pulsan fundamentalmente con el pulgar.
4. El tercer par está compuesto por dos cuerdas octavadas, a diferencia del resto de los pares que son unísonos. En este capítulo es el índice el que pulsa el tercer par, haciendo sonar ambas cuerdas simultáneamente, sin embargo hemos decidido escribir en el pentagrama sólo la octava grave del tercer par.
5. El número cero asociado a alguna nota en el pentagrama indica que esa nota corresponde a un par tocado al aire. El número cero puede anotarse también en los diagramas de acordes.

CHAPTER 2:
THE CHARANGO AS A MELODIC INSTRUMENT

The Charango offers a rich variety of possibilities for melodic expression through musical resources including: single voice melodies, two voiced melodies, arpeggios, scales and ornaments.

There is currently a substantial repertoire for Charango solo, however it should – and must – continue to be enlarged and developed. We believe that the creation of new music for the Charango is an exciting challenge for both composers and players of the instrument.

We have included the following exercises for the left and right hands in order to help Charanguists in furthering the technique of their instrument, thus improving the quality of their musical interpretations.

Important notes:

1. *Review the symbols used for strings and fingers on pages 11, 15 and 19.*
2. *A single note in the score represents the sound of both strings on the Charango.*
3. *The pairs ④ and ⑤ are plucked with the thumb.*
4. *The third pair of strings are tuned at a distance of one octave. All other pairs are unisons.*

   In this chapter the index finger plucks the third pair. And the lower octave of the two strings is notated.
5. *The number zero associated with a note on the pentagram indicates that this note is played on open strings. The number zero can also be placed on the chords diagrams.*

2.1 EJERCICIOS INICIALES CON CUERDAS AL AIRE

2.1 PRELIMINARY EXERCISES ON OPEN STRINGS

EJERCICIO 40
Digitación: índice-medio: i-m-i-m.
Repetir con digitación: medio-anular: m-a-m-a

EXERCISE 40
Fingering: index-middle: i-m-i-m.
Repeat with the fingering: middle-ring m-a-m-a

EJERCICIO 41

EXERCISE 41

EJERCICIO 42
Arpegio con uso de dos dedos y cuerdas al aire

EXERCISE 42
Arpeggio with the fingers and open strings

2.2 ARPEGIOS / 2.2 ARPEGGIOS

Proponemos una serie de ejercicios de arpegios, los que hay que practicar primero con las cuerdas al aire y luego con los acordes propuestos. Repetirlos muchas veces hasta adquirir soltura y dominio en cada uno de los dedos de la manos derecha.

Notar que cada dedo de la mano derecha toca un determinado par.

pulgar	p	toca los pares ④ ó ⑤
índice	i	toca sólo el par ③
medio	m	toca sólo el par ②
anular	a	toca sólo el par ①

The following arpeggios should be practiced first on the "open" strings of the Charango and later together with chord changes in the left hand. Repeat them until the they are smooth and flawless.

Each finger of the right hand plucks a pair of strings:

Thumb	p	pairs ④ or ⑤
Index	i	pair ③
Middle	m	pair ②
Ring	a	pair ①

EJERCICIO 43 / EXERCISE 43

a) Cuerdas al aire: / *a) Open strings*

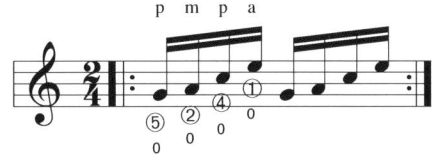

b) Con acordes: Fragmento de la introducción de "La Partida" (V. Jara) / *b) With chords*

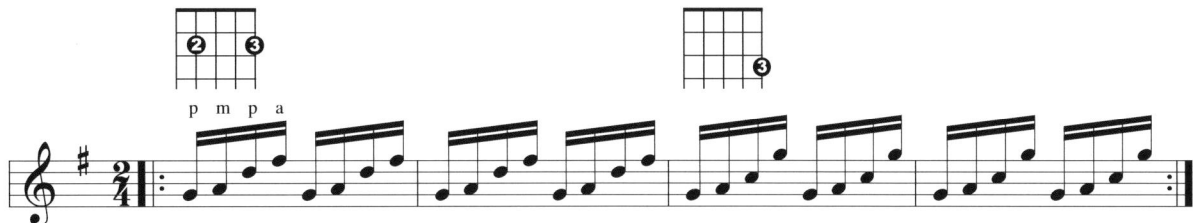

EJERCICIO 44 / EXERCISE 44

a) Cuerdas al aire: / *a) Open strings*
1) Con pulgar en ⑤ / *1) Play ⑤ with the thumb*

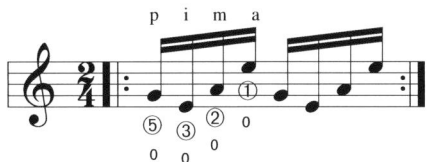

2) Con pulgar en ④ / *2) Play ④ with the thumb*

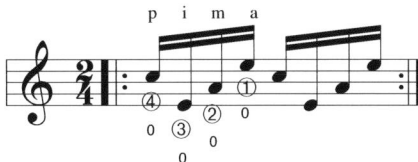

3) Combinando ambos / *3) A combination of both patterns*

b) Con acordes / *b) With chords*

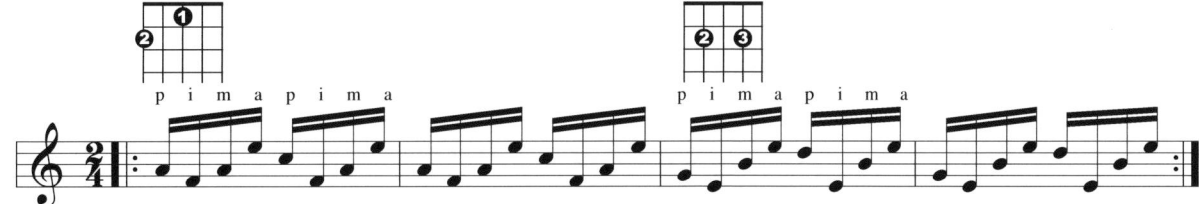

EJERCICIO 45   EXERCISE 45

a) Cuerdas al aire   *a) Open strings*

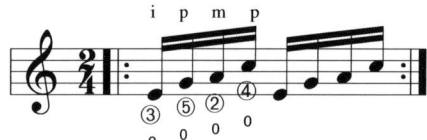

b) Con acordes   *b) With chords*

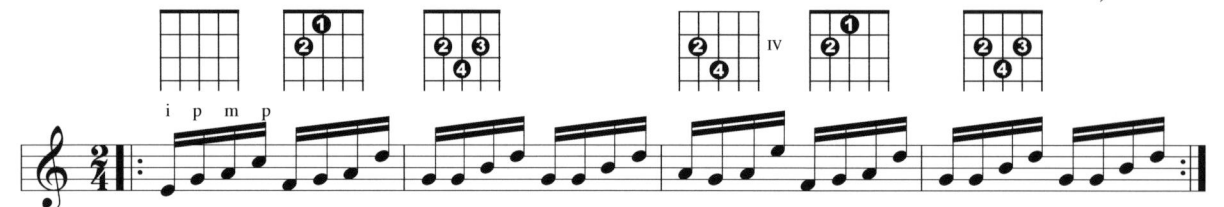

EJERCICIO 46   EXERCISE 46

a) Cuerdas al aire   *a) Open strings*

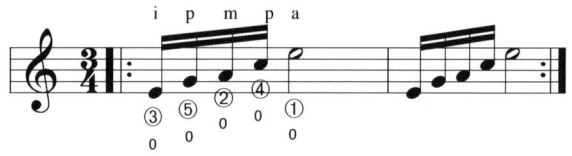

b) Con acordes: Introducción de "Sirviñaco" (Arreglo Inti Illimani)   *b) With chords*

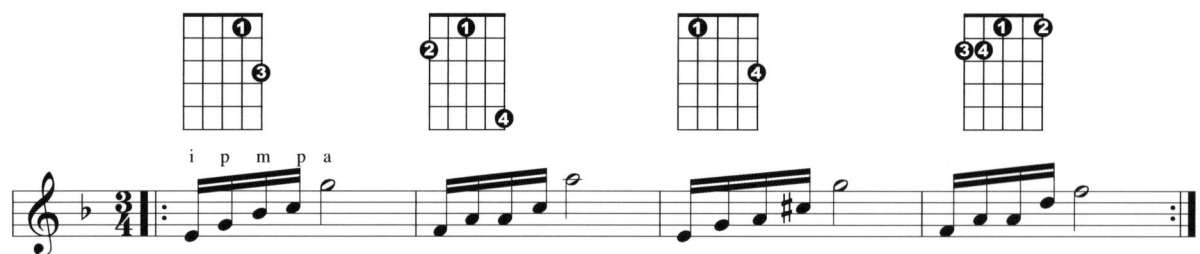

EJERCICIO 47   EXERCISE 47

a) Cuerdas al aire   *a) Open strings*

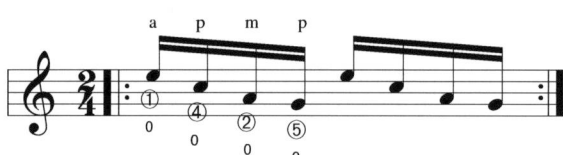

b) Con acordes   *b) With chords*

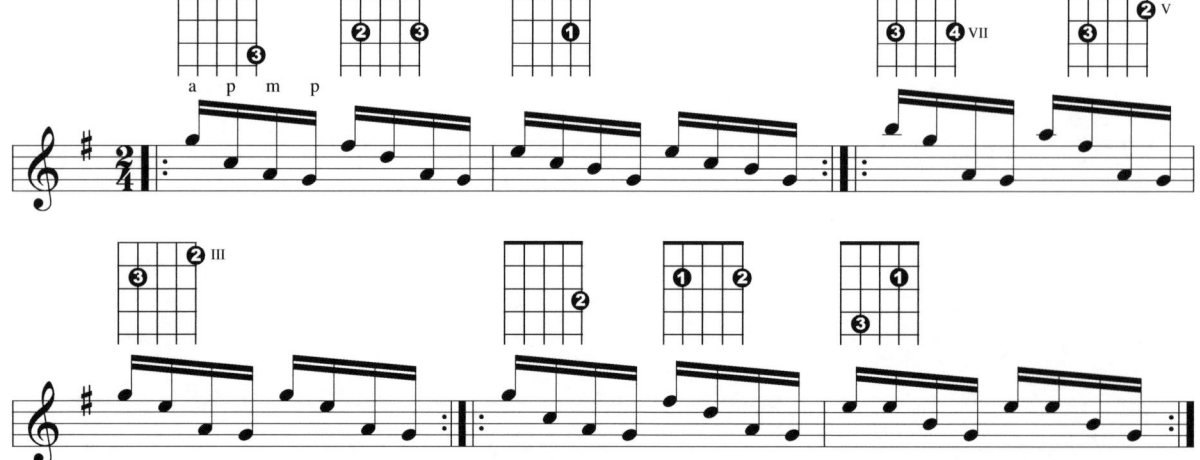

EJERCICIO 48   EXERCISE 48

a) Cuerdas al aire   *a) Open strings*

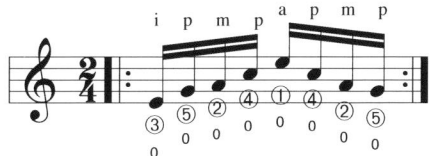

b) Con acordes   *b) With chords*
   Final de "El mercado de Testaccio" (H. Salinas)

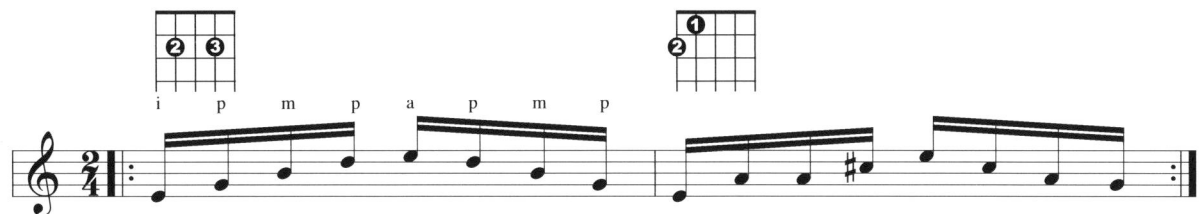

EJERCICIO 49   EXERCISE 49

a) Cuerdas al aire   *a) Open strings*

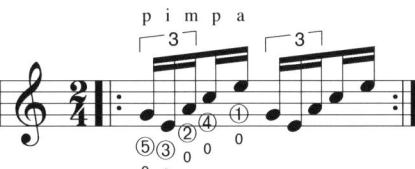

b) Con acordes   *b) With chords*
   Fragmento de la introducción de "Papel de Plata" (Arreglo: Inti Illimani)

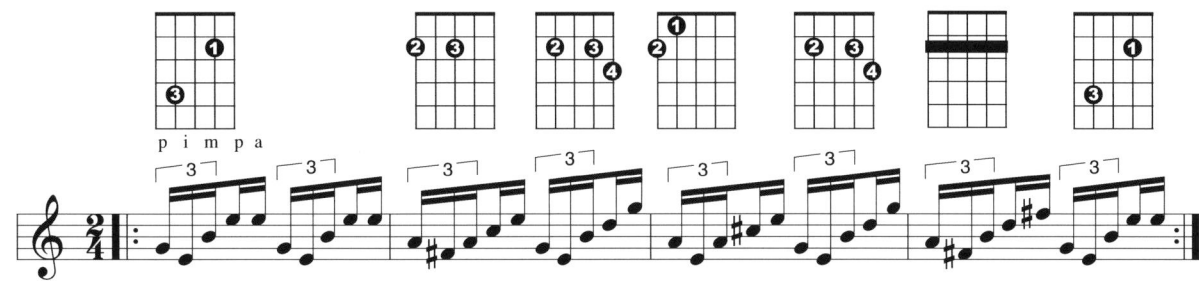

EJERCICIO 50   EXERCISE 50

a) Cuerdas al aire   *a) Open strings*

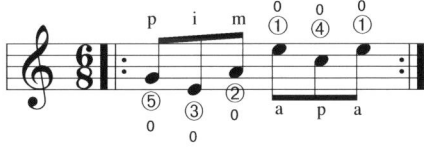

b) Con acordes   *b) With chords*

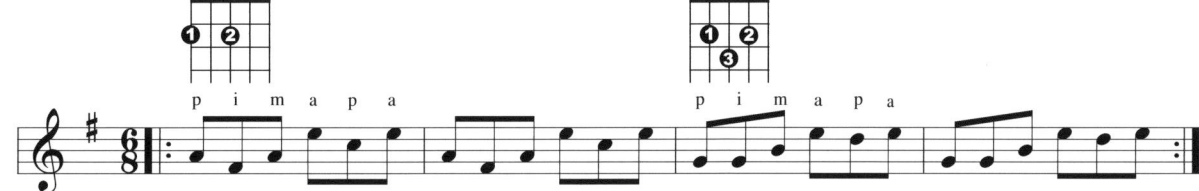

EJERCICIO 51 — EXERCISE 51

a) Cuerdas al aire — *a) Open strings*

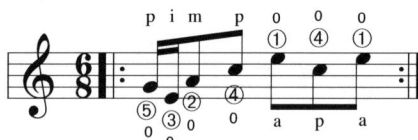

b) Con acordes — *b) With chords*
Introducción de bailecito — *Bailecito's Introduction*

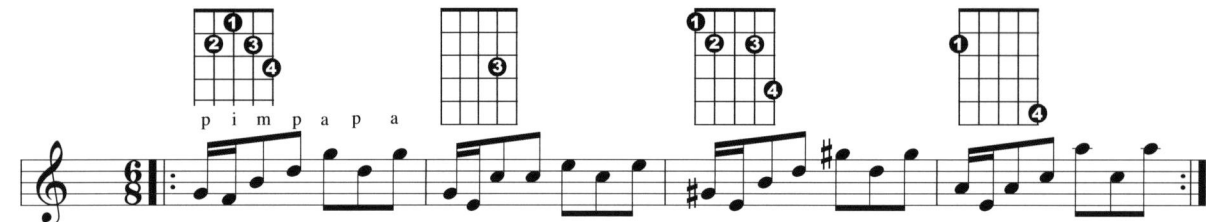

EJERCICIO 52 — EXERCISE 52

a) Cuerdas al aire — *a) Open strings*

b) Con acordes — *b) With chords*

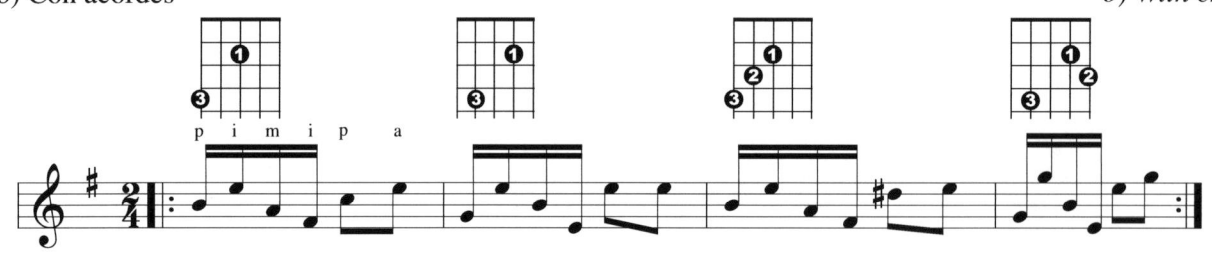

EJERCICIO 53 — EXERCISE 53

a) Cuerdas al aire — *a) Open strings*

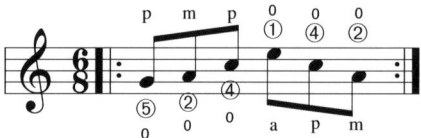

b) Con acordes — *b) With chords*

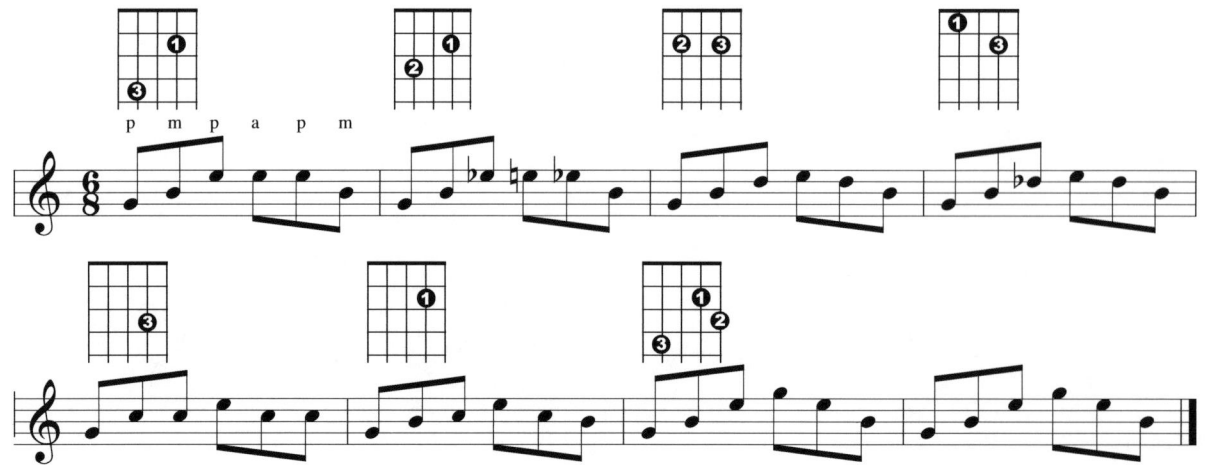

2.3 ESCALAS Y MELODÍAS

Estos ejercicios están destinados a lograr soltura y dominio en los dedos de ambas manos. Practicarlos con la digitación propuesta, ayudará a alcanzar este objetivo, sin embargo, hacemos notar que cada escala o melodía puede ser tocada de distintas maneras. Pensamos que cada charanguista encontrará aquella digitación que le sea más eficiente por razones de comodidad y expresividad. Hemos escogido algunas melodías populares con el fin de practicar alternativas de digitación. Estas melodías, en la mayoría de los casos, se complementan con otros recursos como melodías simultáneas o adornos, que sin duda enriquecen la interpretación. En los ejercicios donde aparecen melodías populares, hemos colocado la clave americana sobre el pentagrama para que puedan ser acompañados con guitarra.

2.3 SCALES AND MELODIES

The following exercises are intended to help achieve agility and control with the fingers of both the left and right hands. Practice them with the indicated fingerings. Afterwards you can change the fingerings for expressive purposes.

The following popular melodies have been chosen in order to practice alternative fingerings. They can be played using techniques like simultaneous melodies and ornaments. The chord changes above the staff are intended as a guide for guitar accompaniment.

EJERCICIO 54
Escala de Do mayor

EXERCISE 54
C major scale

Escala de La menor natural

A natural minor scale

EJERCICIO 55
Escala de Sol mayor

EXERCISE 55
G major scale

Escala de Mi menor natural

E natural minor scale

EJERCICIO 56
Escala de Fa mayor

EXERCISE 56
F major scale

Escala de Re menor natural

D natural minor scale

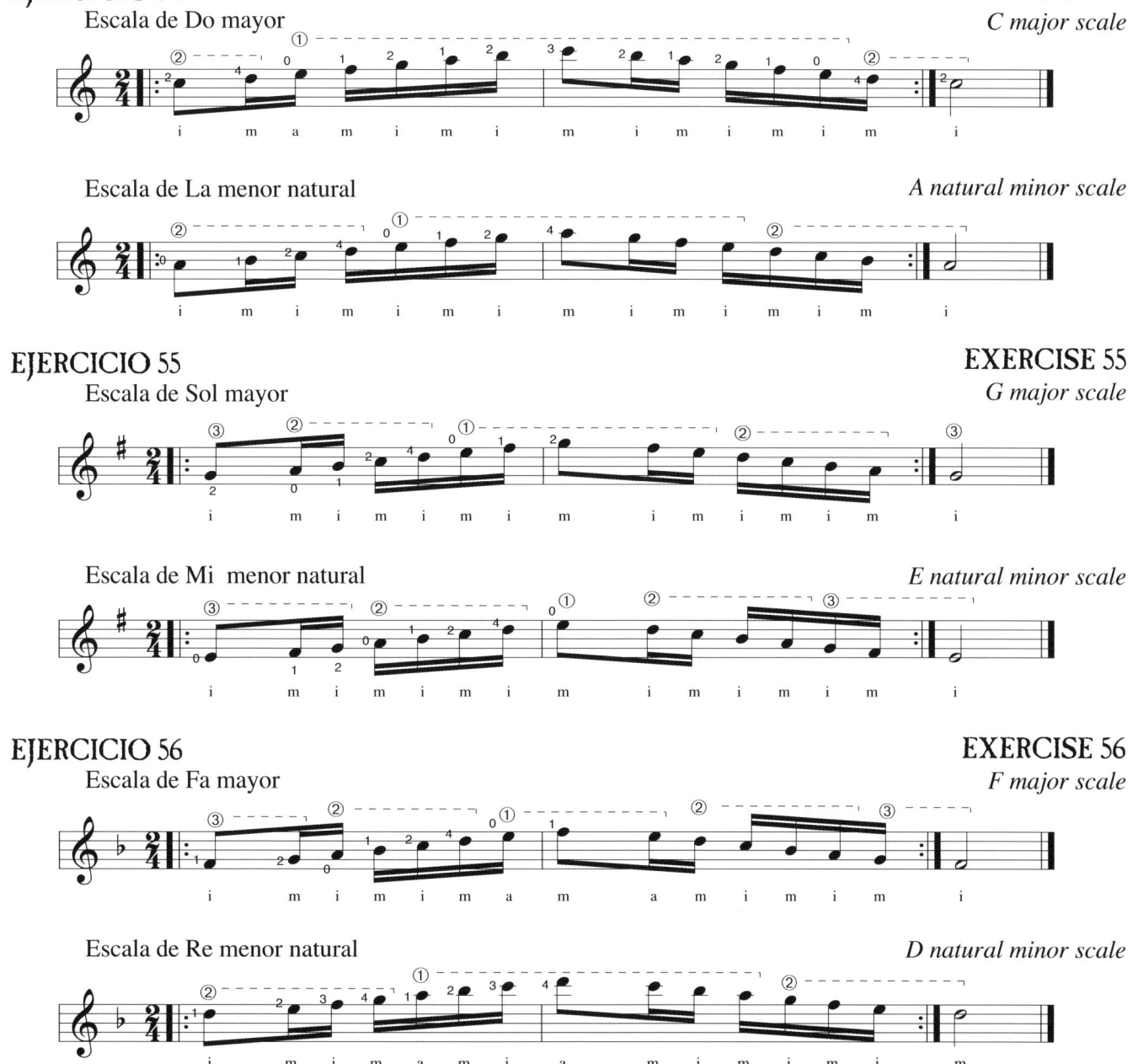

EJERCICIO 57
Escala de Sol menor natural

EXERCISE 57
G natural minor scale

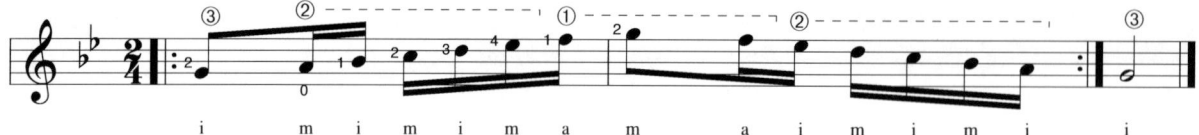

EJERCICIO 58
Escala de Si menor natural

EXERCISE 58
B natural minor scale

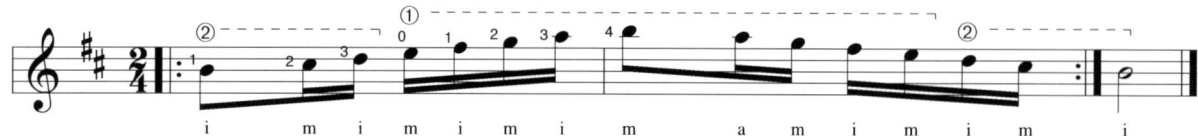

EJERCICIO 59

Este ejercicio y el siguiente proponen una manera distinta de ejecutar las escalas (a modo de arpegios). Esta técnica permite lograr mayor velocidad. La manera más apropiada para ejecutar una melodía tiene que ver con el sonido que se quiere lograr y con el carácter de la pieza musical a interpretar.

EXERCISE 59

The following exercises present a new way of playing scales by means of arpeggios. This technique allows for greater speed. The "best" way to play a passage should be determined by the character of the music being played.

Escala de Sol mayor

G major scale

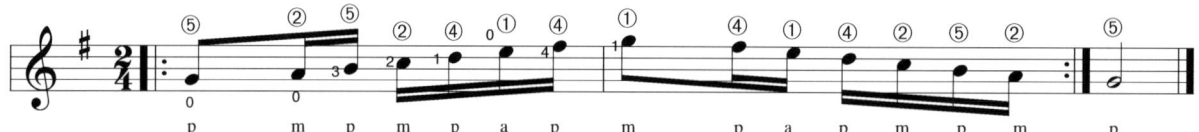

EJERCICIO 60
Escala de Fa mayor.

EXERCISE 60
F major scale

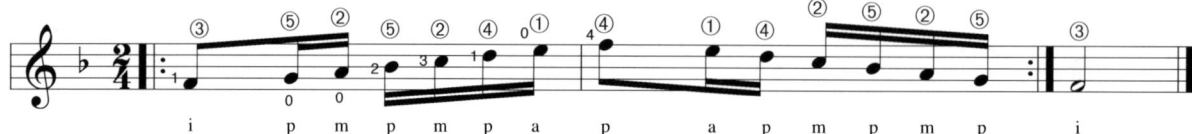

EJERCICIO 61

Este ejercicio y el siguiente presentan breves progresiones melódicas que se mueven dentro de escalas menores de cinco sonidos (pentáfonas), características de la música andina.

Escala de La menor pentáfona

EXERCISE 61

The following exercises present brief melodic passages utilizing the pentatonic (five note) scale common in Andean music.

A minor pentatonic scale

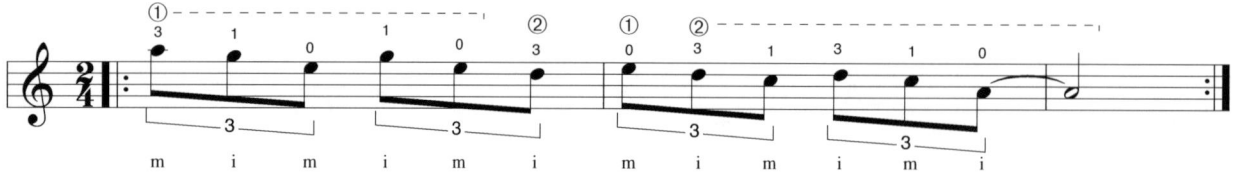

EJERCICIO 62
Escala de Mi menor pentáfona

EXERCISE 62
E minor pentatonic scale

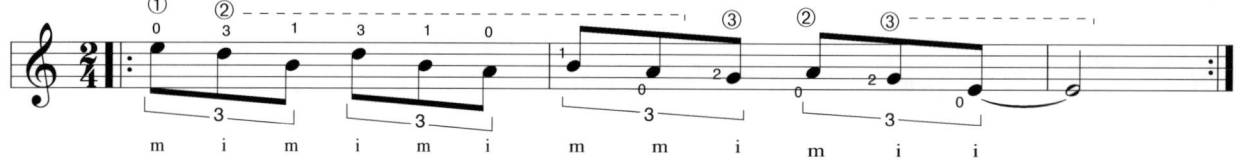

EJERCICIO 63 — EXERCISE 63

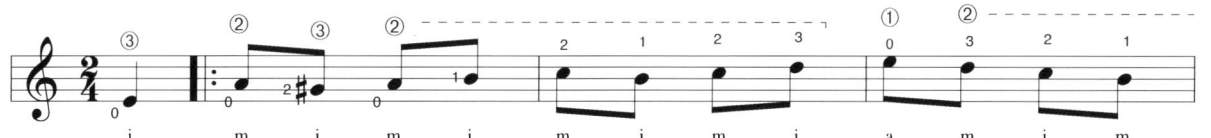
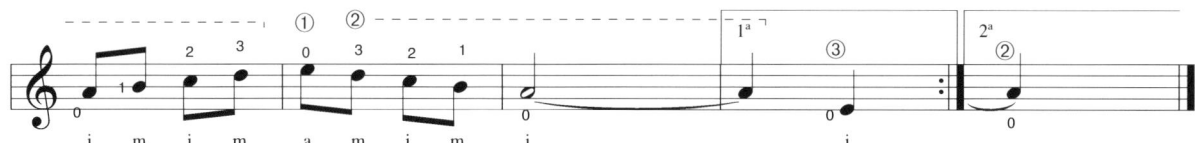

EJERCICIO 64 — EXERCISE 64

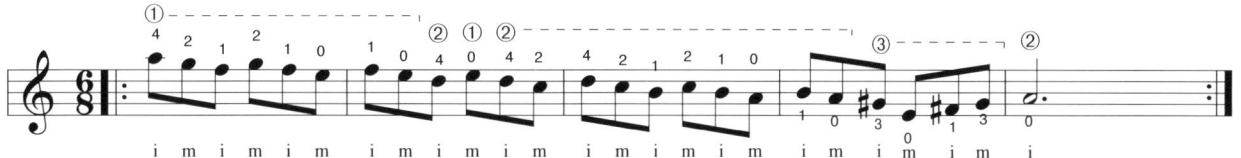

EJERCICIO 65 — EXERCISE 65

Fragmento de "Papel de Plata" (tradicional)

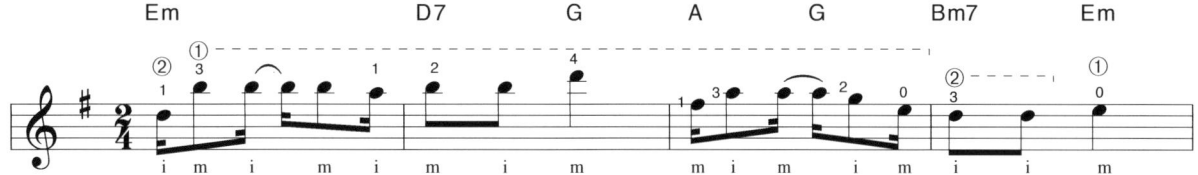

EJERCICIO 66 — EXERCISE 66

Fragmento de "El Cóndor Pasa" (M. A. Robles)

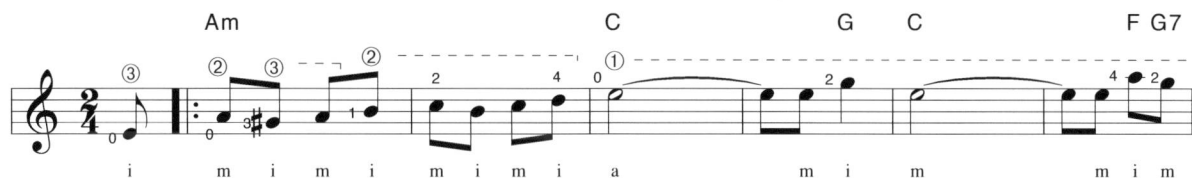
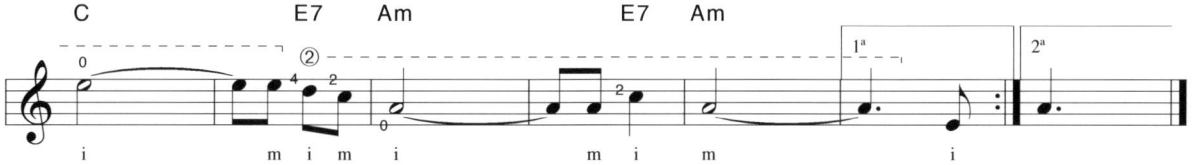

EJERCICIO 67 — EXERCISE 67

Fragmento de "Alturas" (H. Salinas)

EJERCICIO 68 — EXERCISE 68

Fragmento de "Rosita de Pica" (H. Soto)

EJERCICIO 69. — EXERCISE 69

"A mi palomita" (tradicional de Bolivia)
La digitación para la mano derecha será siempre i-m en forma alternada.

The fingering for the right hand is alternating i-m.

2.4 MELODÍAS SIMULTÁNEAS

Es una melodía principal acompañada por una segunda voz. Se toca pulsando dos pares en forma simultánea utilizando el pulgar con el índice, el pulgar con el medio o el pulgar con el anular. El pulgar pulsa los pares ④ ó ⑤, el índice pulsa ③, el medio pulsa ② y el anular pulsa ①.

El dibujo del diapasón es una referencia útil que más adelante aparecerá sólo cuando sea necesario, razón por la que se hace indispensable leer las notas en el pentagrama.

2.4 SIMULTANEOUS MELODIES

A simultaneous melody is a melody accompanied by a second voice. They are played by plucking two pairs of strings at the same time with the thumb and the index finger, the thumb and the middle finger or the thumb and the ring finger. The thumb plucks pairs ④ and ⑤, the index finger plucks pair ③, the middle finger plucks pair ② and the ring finger plucks ①.

EJERCICIO 70

Los ceros en el dibujo del diapasón indican que los pares se pulsan al aire. En este ejercicio el pulgar pulsa sólo el par ⑤.

EXERCISE 70

The zeros in the chord diagrams indicate that the strings in question are played "open". In this exercise, the thumb plucks only pair ⑤.

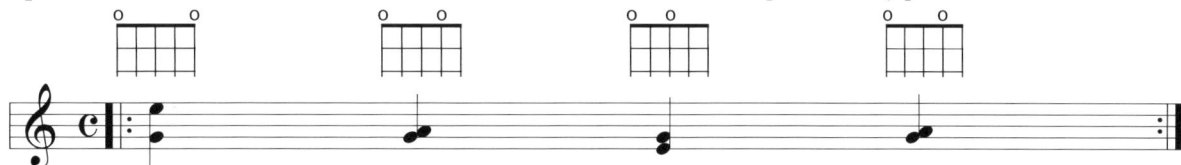

EJERCICIO 71
El pulgar alterna ④ con ⑤

EXERCISE 71
The thumb alternates between ④ and ⑤.

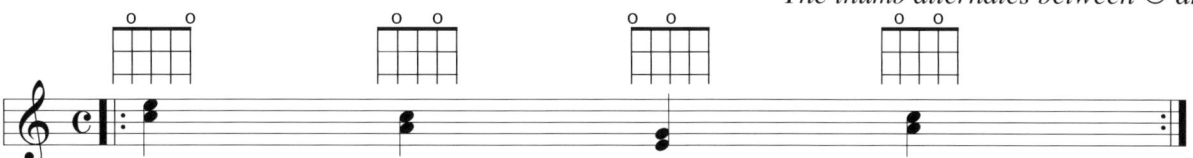

EJERCICIO 72
Combinación de cuerdas al aire con desplazamientos de la misma postura.

EXERCISE 72
This exercise is a combination of open strings and a "moveable" chord position.

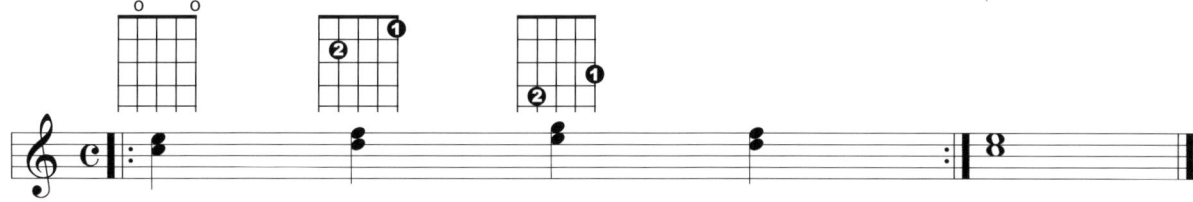

EJERCICIO 73
Combinación de cuerdas al aire y distintas posturas.

EXERCISE 73
Combination of open strings and different chord positions.

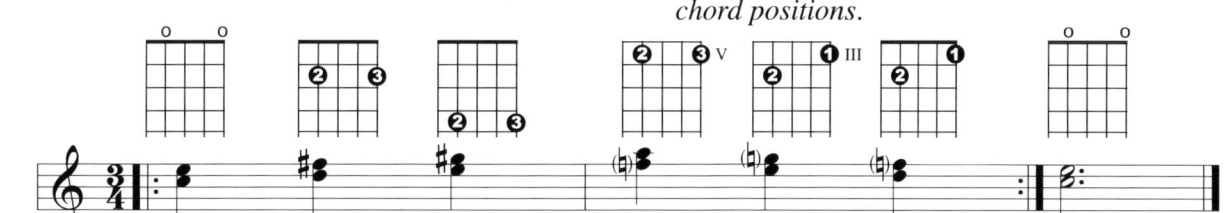

EJERCICIO 74

EXERCISE 74

EJERCICIO 75 — EXERCISE 75

Fragmento de "Vuelo de parinas" (César Palacios)

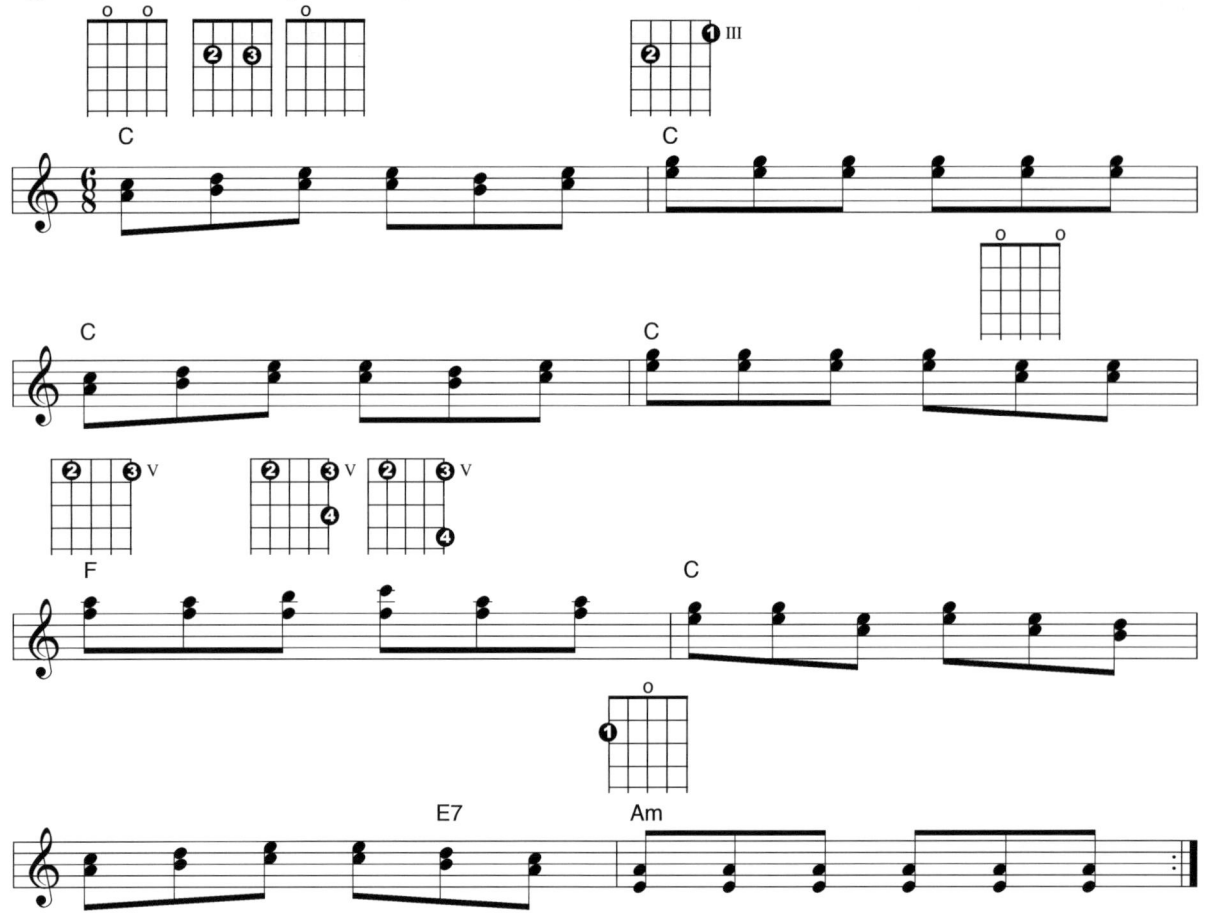

EJERCICIO 76 — EXERCISE 76

"Dos Palomitas" (Julio Martínez Arteaga)

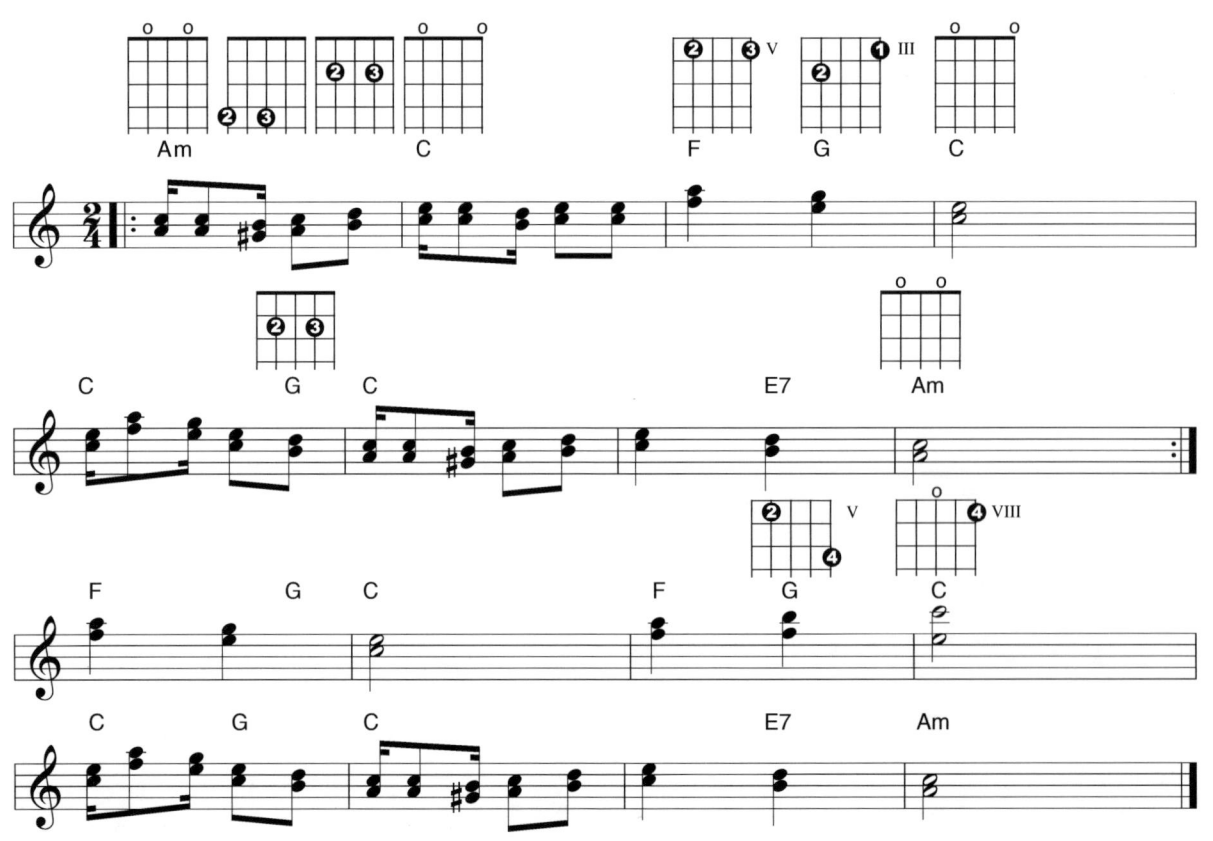

EJERCICIO 77 — EXERCISE 77

"Las obreras" (Tradicional Norte de Argentina)

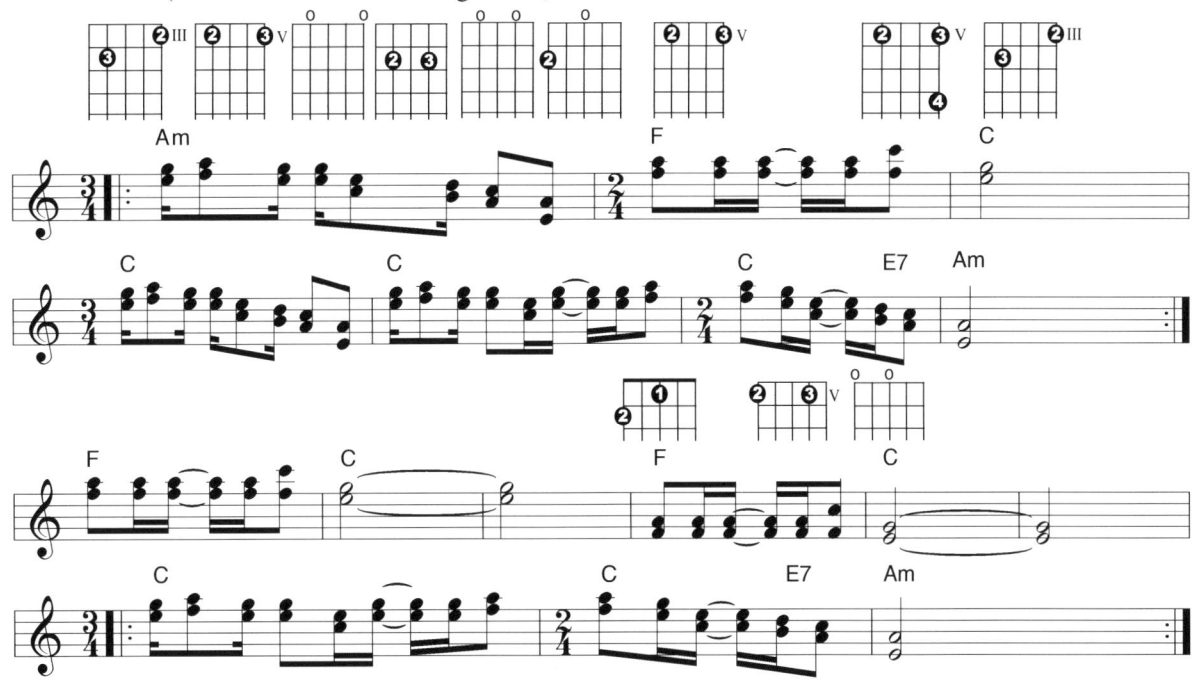

EJERCICIO 78 — EXERCISE 78

Fragmento de "Huajra" (Atahualpa Yupanqui)

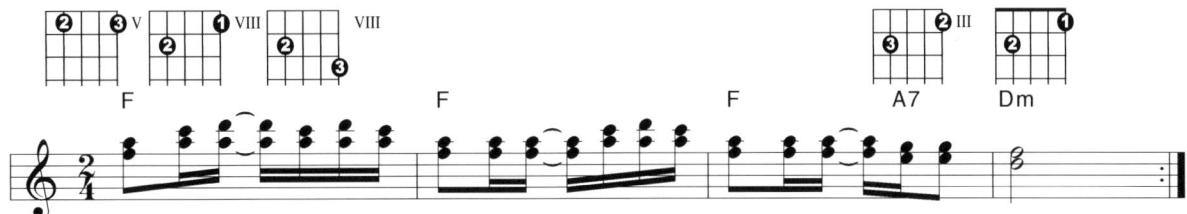

Ejercicio N° 79. — EXERCISE 79

El humahuaqueño (Zaldívar)

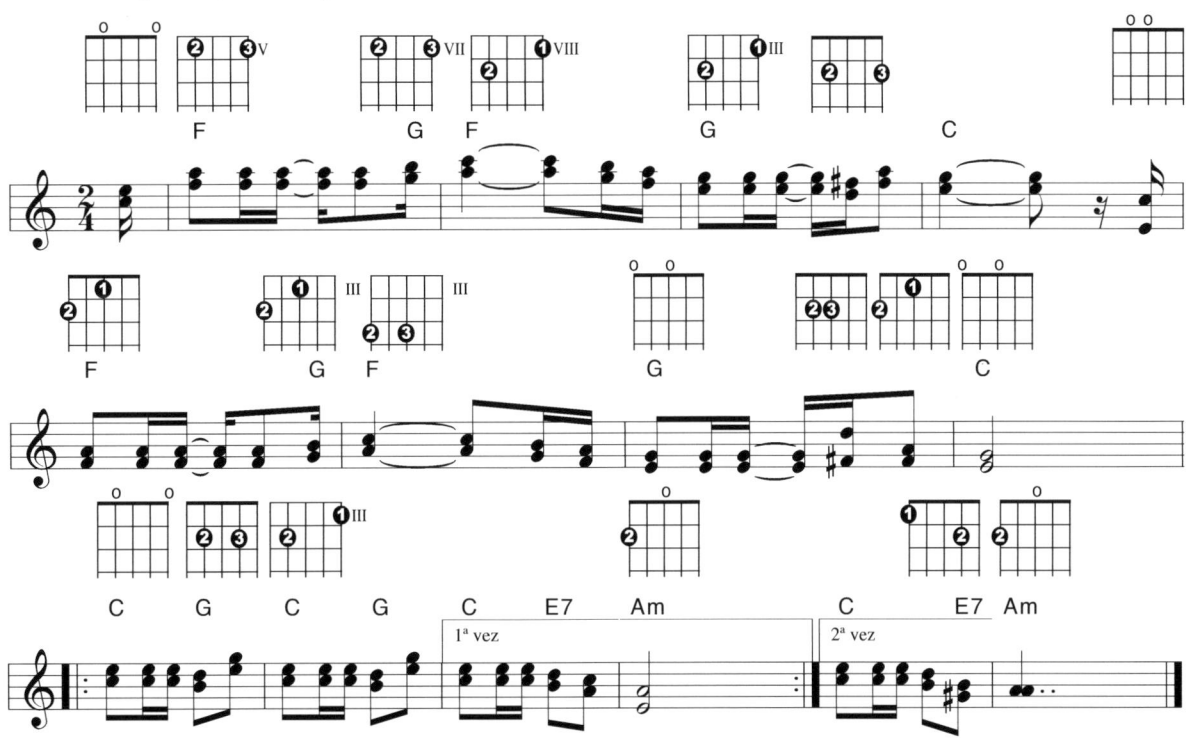

2.5 TRÉMOLO ARPEGIADO

Es una aplicación al charango del clásico trémolo que se usa en la guitarra. Consiste en la sucesión rápida de grupos de cuatro notas, en que la primera nota del grupo se ejecuta con el pulgar sobre una cuerda y las tres restantes con los dedos anular, medio e índice sobre otro par de cuerdas.

Para la práctica de los ejercicios, iniciar muy lento hasta sentir que el ritmo de las notas sea regular; luego aumentar la velocidad de la ejecución hasta el pulso deseado.

En el trémolo arpegiado, el par ③ es pulsado con el pulgar y no con el índice como en el caso de los arpegios y se anotará siempre la octava inferior, salvo aquellos casos en que la línea melódica exiga anotar la octava superior.

2.5 ARPEGGIATED TREMOLO

The tremolo used by Charango players is essentially a variant of the same technique used by guitarists. It consists in the rapid succession of four notes. The first note is plucked by the thumb. The three following notes are plucked by the ring finger, middle finger and index finger (in that order) on a different pair of strings.

Begin practicing the following tremolo exercises very slowly, making sure that that notes are plucked evenly and with equal force by each finger. Later you can increase the speed.

In the case of the arpeggiated tremolo, the 3 pair of strings should be plucked with the thumbs rather than the index finger, and the lower ocvate is notated, except in particular cases.

EJERCICIO 80 / EXERCISE 80

EJERCICIO 81 / EXERCISE 81

EJERCICIO 82 / EXERCISE 82

Introducción de "Mis llamitas" (E. Cavour).

EJERCICIO 83 / EXERCISE 83

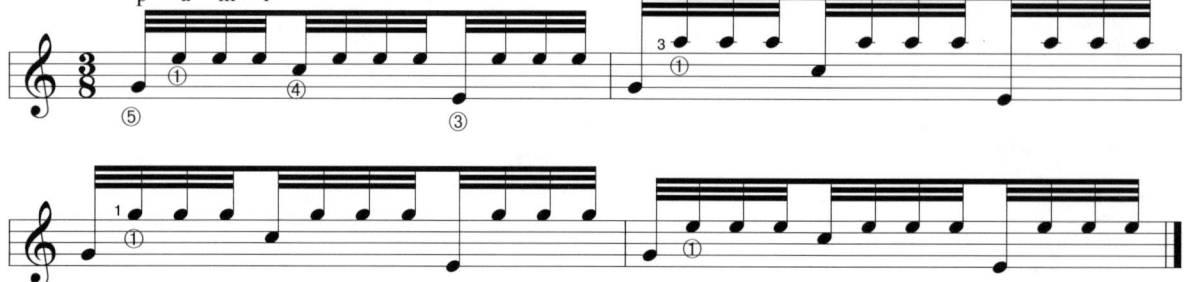

EJERCICIO 84 # EXERCISE 84

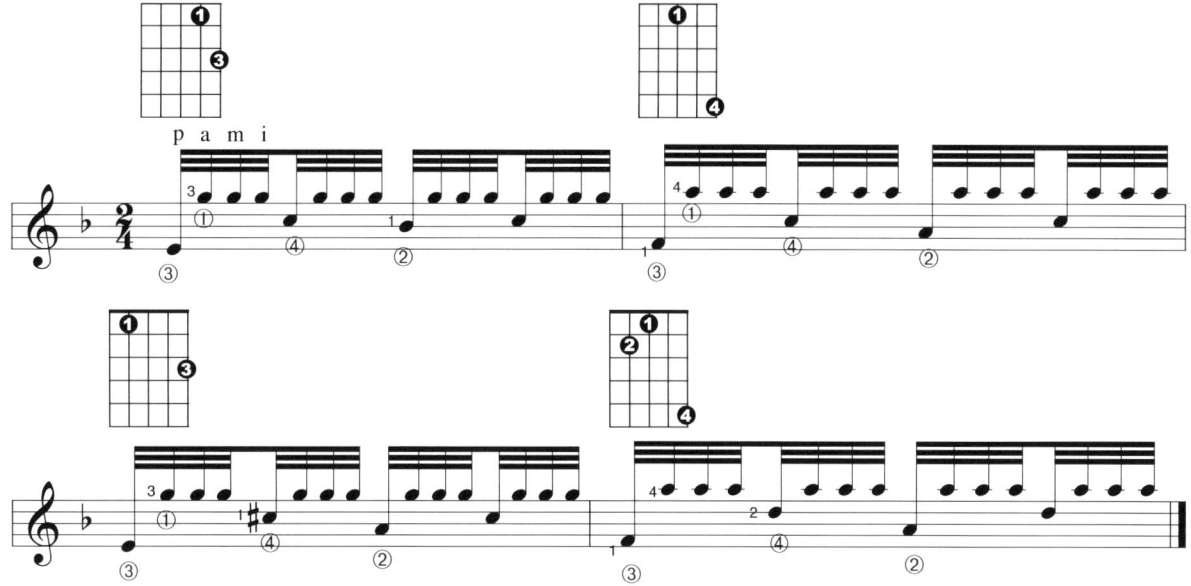

EJERCICIO 85 # EXERCISE 85
Fragmento de "Sipassy" (R. Márquez)

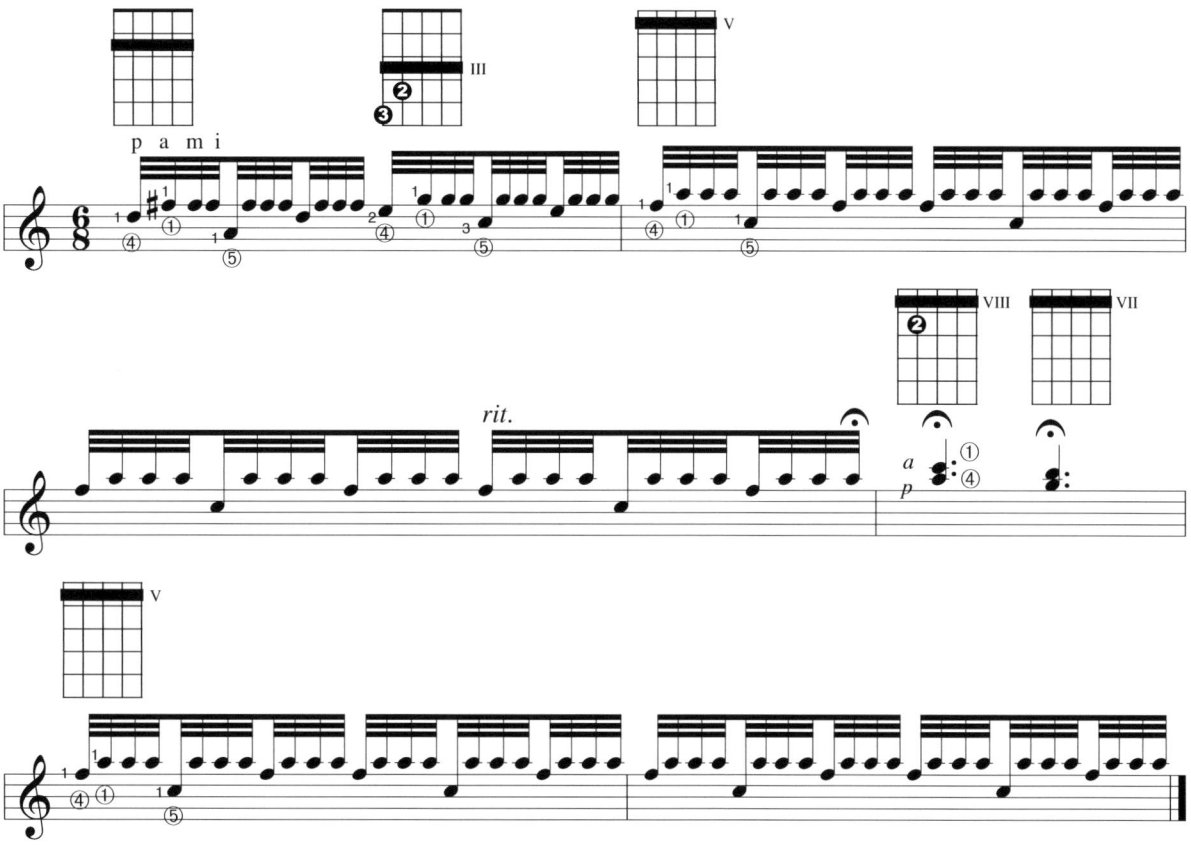

EJERCICIO 86
EXERCISE 86

Adaptación a la introducción de "Vuelo de Parinas" (César Palacios)

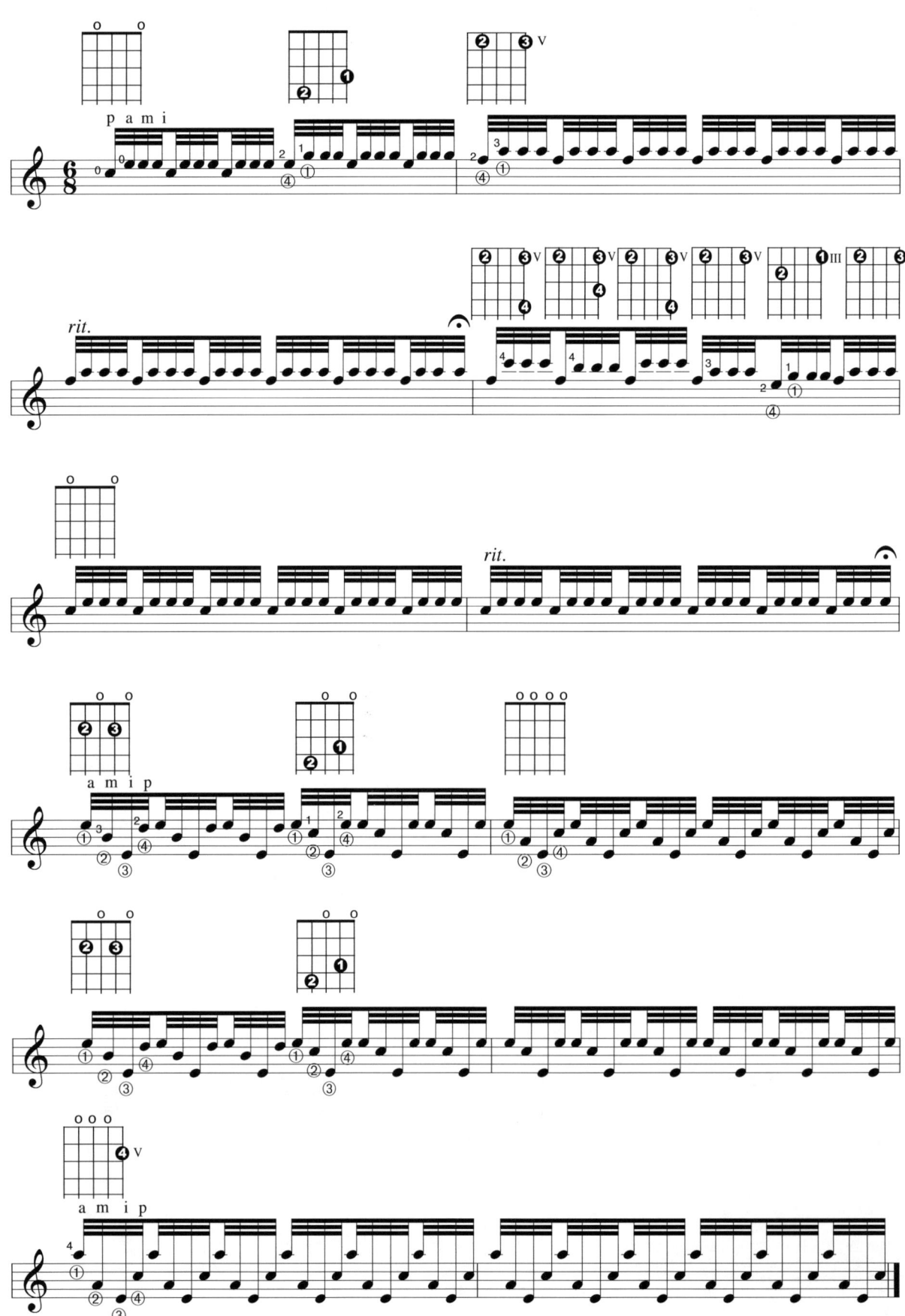

2.6 RECURSOS MELÓDICOS

Estos recursos son muy utilizados en el charango y enriquecen la interpretación de melodías, llegando a ser fundamentales, por ejemplo, en la música de Ayacucho en el Perú.

Lejos estamos de pretender abarcar toda la riqueza ornamental utilizada por los intérpretes de estas regiones. Además creemos que en el ámbito de los adornos juega un importante papel la propia inventiva de cada músico.

2.6 MELODIC TECHNIQUES

The following techniques are commonly used by Charanguists and greatly enrich the interpretation of melodies. They are fundamental for musical style in regions like Ayacucho, Perú.

This chapter in no way attempts to encapsulate the tremendous wealth of ornaments used by Charango players across South America. The diversity of these techniques is astounding. Only a few of them are presented here.

2.6.1 LIGADOS ENTRE NOTAS DISTINTAS

LIGADOS DESCENDENTES: Se pulsa el par correspondiente a la primera nota de la figura y luego se suelta, haciendo sonar la siguiente nota.

LIGADOS ASCENDENTES: Se pulsa el par correspondiente a la primera nota de la figura y luego se pisa para hacer sonar la siguiente nota.

2.6.1 PULL-OFF AND HAMMER-ON

PULL-OFF: The first note is plucked by the right hand. The second note is produced by "pulling-off" with a finger of the left hand.

HAMMER-ON: The first note is plucked by the right hand. The second note is produced by a finger of the left hand which "hammer-on" to a fret.

EJERCICIO 87 Ligados descendentes
Fragmento de "Punteado" (Ernesto Cavour)

EXERCISE 87
Pull-off

EJERCICIO 88 Ligados descendentes
Fragmento de "Mis llamitas" (E. Cavour)

EXERCISE 88
Pull-off

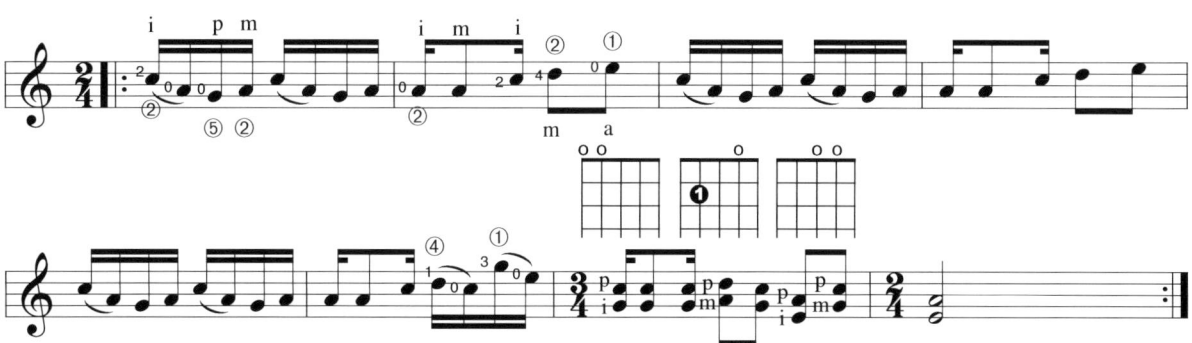

EJERCICIO 89   EXERCISE 89

a) Ligados ascendentes   *a) Hammer-on*

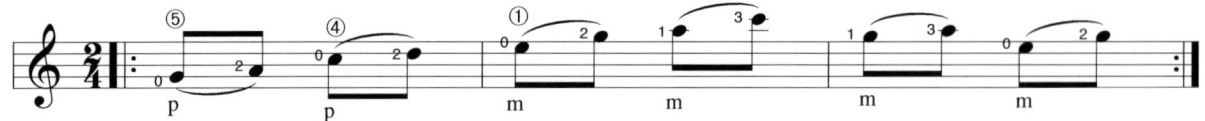

b) Ligados ascendentes y descendentes   *b) Hammer-on & Pull-off*

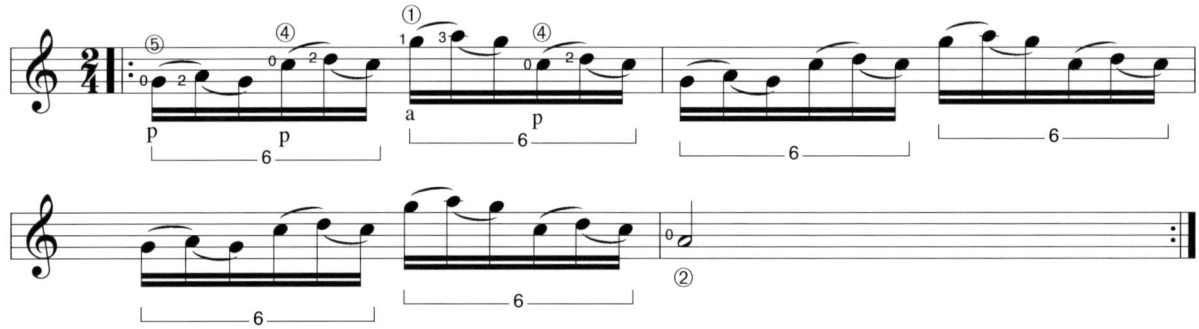

EJERCICIO 90   EXERCISE 90
Ligados descendentes   *Pull-off*

EJERCICIO 91   EXERCISE 91
Ligados descendentes.   *Pull-off*
Adaptación a la introducción de "Paloma" (Conrado García - César Junaro)

2.6.2 TRINO

Consiste en la pulsación de dos cuerdas en forma alternada y rápida con los dedos pulgar e índice o pulgar y anular. Se aplica en melodías simultáneas y en la partitura se escriben las letras "*tr*" sobre el par de notas que se desean trinar. El trino es de particular importancia expresiva en la interpretación del charango en los andes peruanos y es conocido con el nombre de "tipi".

2.6.2 TRILL

A trill is the rapid alternation between two notes plucked with the thumb and index finger or the thumb and the middle finger. This technique is applied in simultaneous melodies and is indicated by the symbol "tr" above the two notes to be trilled. The trill is of particular importance as a tool of musical expression in the Peruvian Andes and it is called "tipi".

EJERCICIO 92 — EXERCISE 92

Trino con cuerdas al aire — *Trill with "open" strings*

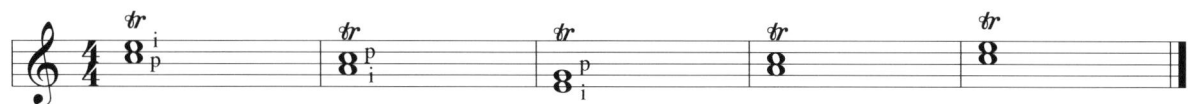

EJERCICIO 93 — EXERCISE 93

EJERCICIO 94 — EXERCISE 94

Se toca esta nota como un trémolo con pulgar e índice
This note is played as a tremolo with thumb and index fingers

EJERCICIO 95 — EXERCISE 95

Fragmento de "Pascua Linda"
(tradicional de Perú)

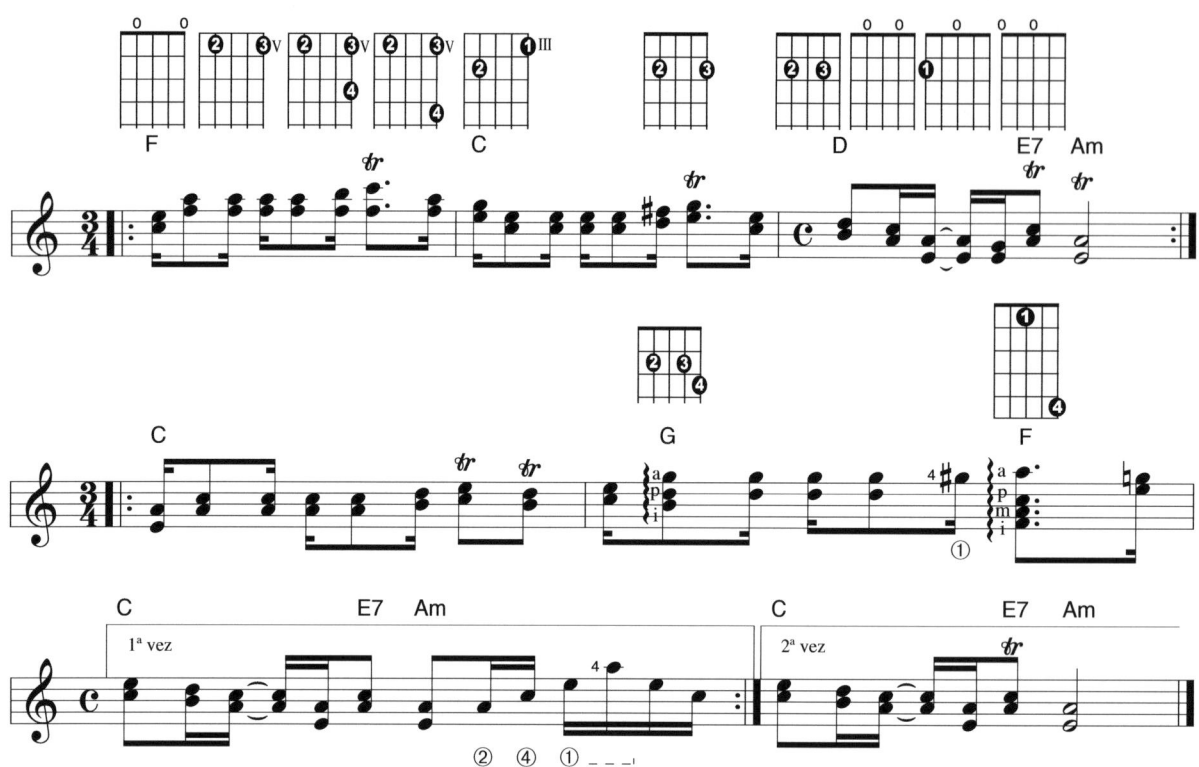

Observación

Trino sobre una sola cuerda

Es un ligado muy rápido que se escribe y se ejecuta como se indica:

Se escribe:

Se ejecuta:

(Ver introducción de "Estudio para charango")

Note

The single string trill

The single string trill is a fast pull-on/ pull-off that is written and played in the following manner:

It is written

It is played:

(refer to the introduction of "Estudio para charango")

2.6.3 ADORNOS

Son notas que se tocan rápidamente antes de la nota junto a la cual se escriben. En la partitura aparecen dibujadas como pequeñas notitas ligadas a la nota principal. Para el charango hemos inventado una terminología basada en definiciones convencionales.

2.6.3 ORNAMENTS

Ornaments are notes that are played quickly before the note that is written. In the score, ornaments appear as small notes tied to the principal note. We have invented a special notation system for the Charango:

EJERCICIO 96
Acciacatura

Es una nota que se toca rápidamente antes de la nota principal, se conoce también como apoyatura breve. Se ejecuta sobre un sólo par de cuerdas como si fuera un ligado descendente entre notas distintas, pero ejecutado rápidamente.

EXERCISE 96
Acciacatura

An acciacatura is a note that is played quickly before the principle note. It is also known as a fast pull-off. It is played on a single string (or pair of strings).

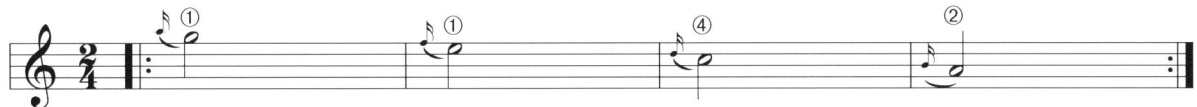

EJERCICIO 97

EXERCISE 97

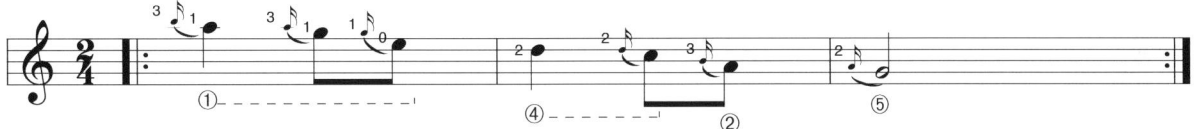

EJERCICIO 98
Mordente

Son dos notas rápidas que preceden a la nota junto a la que se escriben. Se ejecutan sobre un mismo par.

EXERCISE 98
Mordent

A mordent is a pair of two notes that proceed the principle note. It is played on a single string or pair of strings.

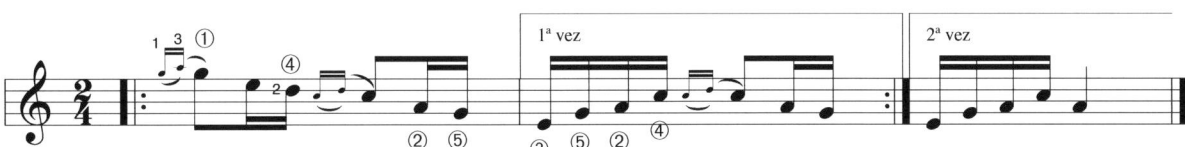

EJERCICIO 99
Acciacatura armónica

Es una acciacatura ligada a una de las dos voces siguientes. Se ejecuta como si se tratara de melodías simultáneas, es decir, pulsando dos pares de cuerdas pero con el pulgar primero.

EXERCISE 99
Harmonic acciacatura

The harmonic acciacatura is an acciacatura tied to only one of two principle voices. It is played as though the voices were separate: the thumb should pluck first with the hammer-on, the finger second.

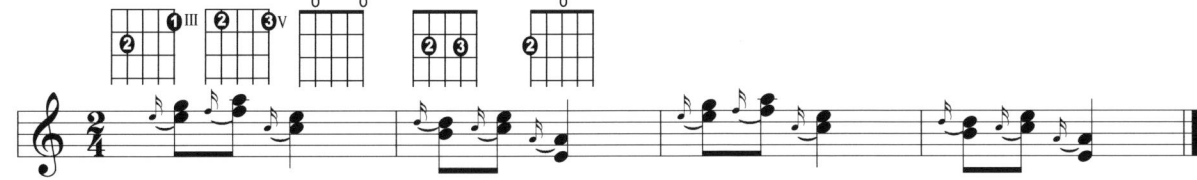

EJERCICIO 100   EXERCISE 100

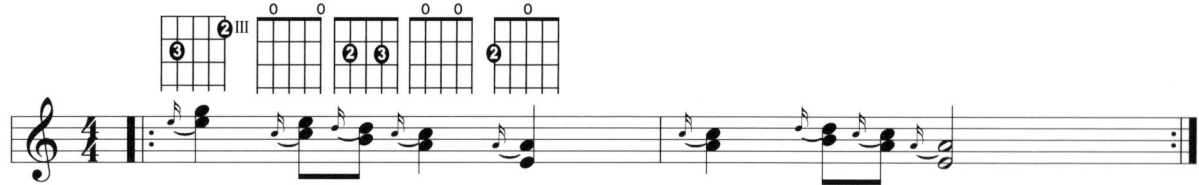

EJERCICIO 101
Acciacatura a dos voces

EXERCISE 101
Two-voiced acciacatura

Son dos acciacaturas simultáneas. Se ejecutan igual que la acciacatura normal preo sobre dos pares de cuerdas. Se usa el pulgar y otro dedo de la mano derecha, tal como en melodías simultáneas.

This is a combination of two simultaneous acciacaturas on two separate pairs of strings. It should be plucked by the thumb and finger at the same time.

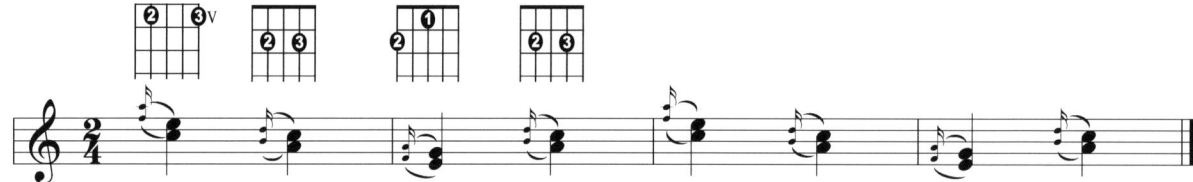

EJERCICIO 102   "Las obreras"

Este ejercicio permite practicar la acciacatura armónica y la acciacatura a dos voces.

EXERCISE 102

This exercise is designed to practice the harmonic acciacatura and the two-voiced acciacatura.

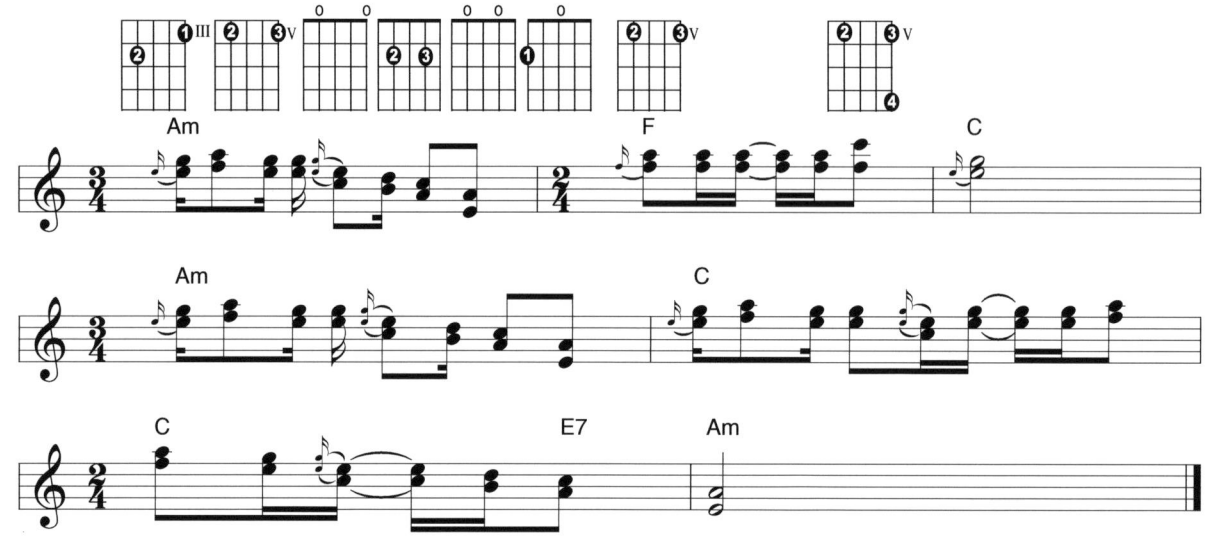

EJERCICIO 103
Mordente a dos voces

EXERCISE 103
Two-voiced mordent

Son dos mordentes simultáneos. Se ejecutan igual que el mordente normal pero sobre dos pares de cuerdas tal como las melodías simultáneas.

This is a combination of two simultaneous mordents on two separate pairs of strings.
It should be played as a simultaneous melody.

EJERCICIO 104
Acciacatura acompañada

Es una acciacatura normal pero acompañada de otra voz.

EXERCISE 104
Accompanied acciacatura

The accompanied acciacatura is an acciacatura accompanied by a second voice.

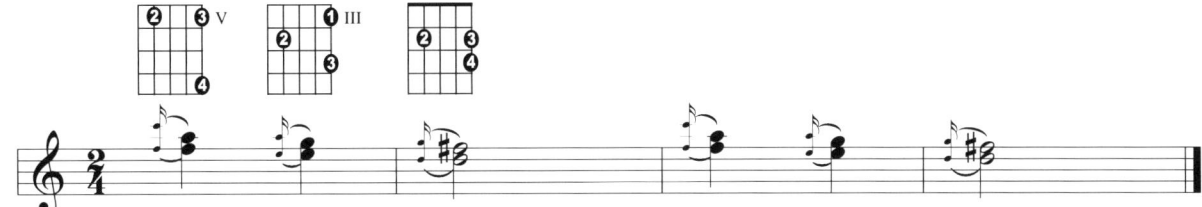

EJERCICIO 105
Acciacatura trémolo

El pulgar de la mano derecha pulsa un par y los dedos anular, medio e índice pulsan otro par. El pulgar y el anular pulsan al mismo tiempo. Se usa para adornar las melodías simultáneas.

EXERCISE 105
Tremolo acciacatura

The tremolo acciacatura is played in the following way: the thumb plucks a pair of strings and the index, middle and ring fingers pluck a second pair. The thumb and index finger pluck at the same time. This technique is used to ornament simultaneous melodies.

EJERCICIO 106
Ejercicio resumen

Fragmento "Dos palomitas" (J. Martínez A.)

EXERCISE 106
Exercise for review

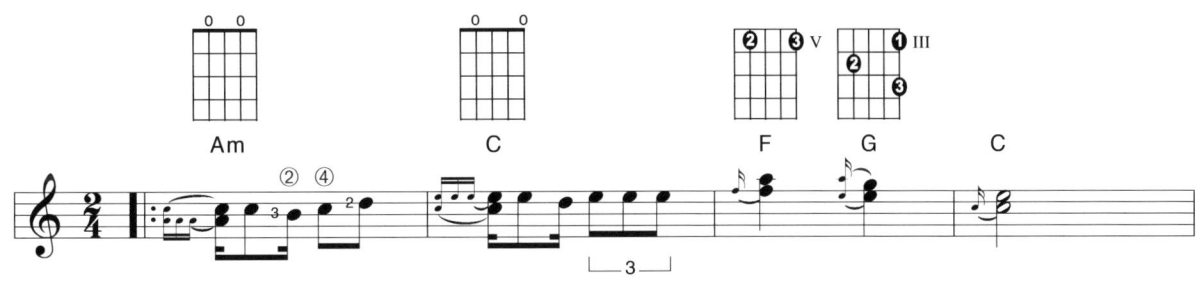

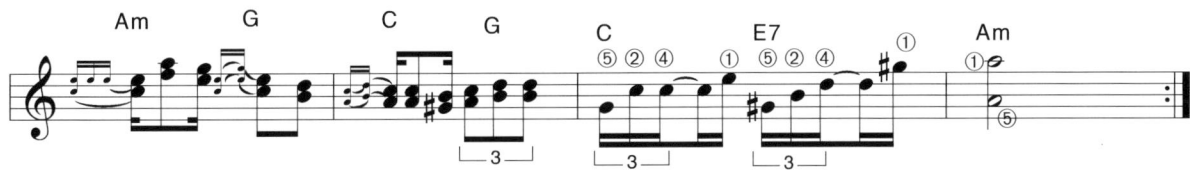

EJERCICIO 107 EXERCISE 107

Ejercicio resumen: *Exercise for review*

Flor de Sancayo
(tradicional de Perú)

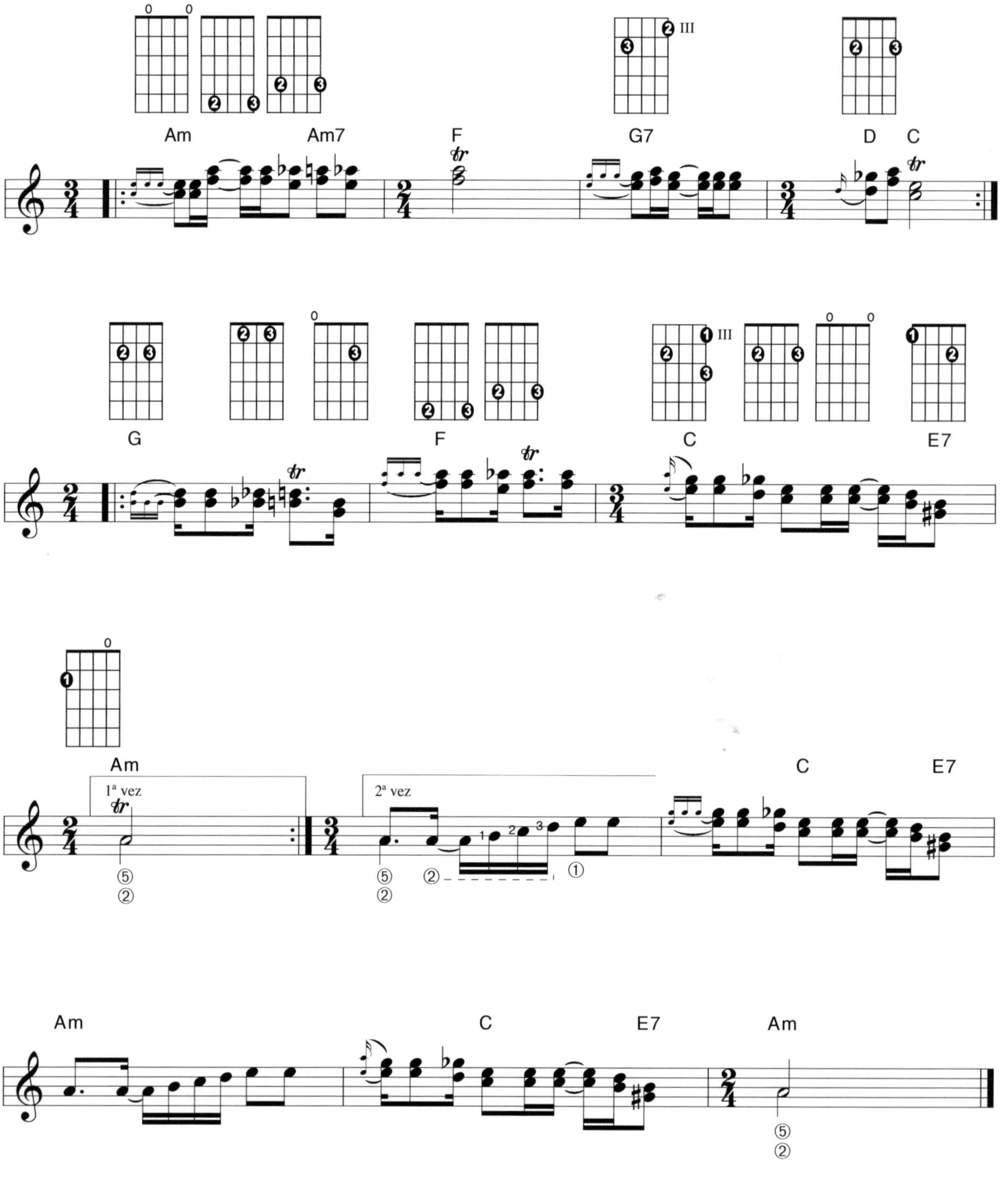

2.7 ARMÓNICOS

Los armónicos son efectos sonoros que se pueden obtener en la mayoría de los instrumentos musicales.

En el caso del charango, el efecto resultante es un sonido muy puro y cristalino como si se tratara de unas "campanitas".

2.7.1 ARMÓNICOS QUE SE OBTIENEN SIN PISAR LAS CUERDAS

Se coloca algún dedo de la mano izquierda sobre el traste XII, de tal manera que la yema del dedo apenas roce las cuerdas del par que simultáneamente se pulsa con algún dedo de la mano derecha.

Es posible obtener armónicos sobre otros trastes como el V ó VII pero en el charango suenan muy débiles.

El armónico del traste XII corresponde a la octava superior de la nota que genera la cuerda al aire.

Para anotar los armónicos, hemos adoptado uno de los símbolos usados en la guitarra, nos referimos al rombo (◆ ◇) que reemplaza a las cabezas de las notas y que indica que se toca la nota correspondiente pero suena la octava superior.

2.7 HARMONICS

Harmonics can be produced on the majority of musical instruments.

In the case of the Charango, the effect produced by this technique is a pure and "crystalline" sound that could be compared to the sound of little bells.

2.7.1 HARMONICS OBTAINED ON THE OPEN STRINGS

Place your finger over the XII fret in such a way that the flesh of the finger barely touches the strings. When plucked by the right hand, the strings should not sound muffled but rather bright and clear.

It is also possible to obtain harmonics on the V or VII frets, although they are very weak.

The harmonics on the XII fret sound an octave above the note generated by the "open" string.

In the scores of this method, a diamond-shaped note (◆ ◇) indicates a harmonic. These notes sound an octave above the pitch at which they are written.

EJERCICIO 108 / EXERCISE 108

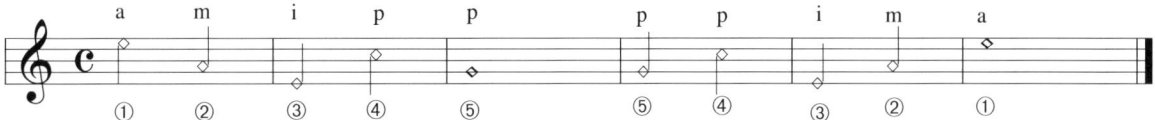

EJERCICIO 109

Colocar el dedo 4 de la mano izquierda rozando todas las cuerdas en el traste XII y pasar el pulgar de la mano derecha desde ⑤ a ①.

EXERCISE 109

Place finger 4 of the left hand lightly on the XII fret and strum downwards from pair ⑤ to pair ① with the thumb.

2.7.2 ARMÓNICOS QUE SE OBTIENEN PISANDO LAS CUERDAS

Son los que se obtienen pisando algún espacio del diapasón. En teoría, se puede obtener el armónico de cualquier nota; pero, en la práctica, el ámbito en el charango es bastante limitado.

A modo de ejemplo usaremos la nota "Do" del segundo par de cuerdas que, pisado en el tercer espacio genera su armónico cuando con el índice de la mano derecha se rozan las cuerdas del segundo par de cuerdas en el traste XV mientras simultáneamente se pulsan estas cuerdas con el dedo anular de la mano derecha.

Básicamente consiste en correr el punto de roce a partir del traste XII, tantos trastes como espacios sobre los que se pisa el par de cuerdas en cuestión.

2.7.2 HARMONICS OBTAINED ON THE FRET BOARD

In theory, it is possible to obtain a harmonic of any note on the fret board. In practice, however, many notes are difficult to play.

In order to demonstrate how a harmonic of a note on the fret board is obtained, let's take an example: C on the third fret of the second pair. The harmonic of this note can be obtained by placing the index finger of the right hand lightly on the XV fret of the second pair (12 frets above the third fret) and plucking with the ring finger.

In order to obtain harmonics of notes on the fret board it is possible to establish a "twelve fret rule": the harmonic is always produced by plucking twelve frets above the note played on the fret board.

EJERCICIO 110 / EXERCISE 110
Fragmento de "Campanitas" (Ernesto Cavour).

EJERCICIO 111 / EXERCISE 111
Fragmento de "Sipassy" (Roberto Márquez).

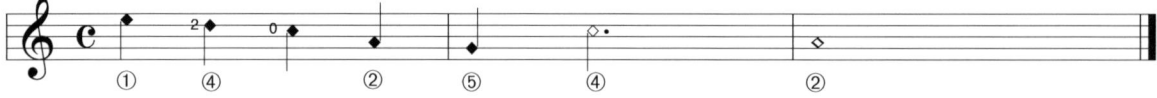

EJERCICIO 112 / EXERCISE 112
Fragmento de "Otoñal" (Italo Pedrotti).

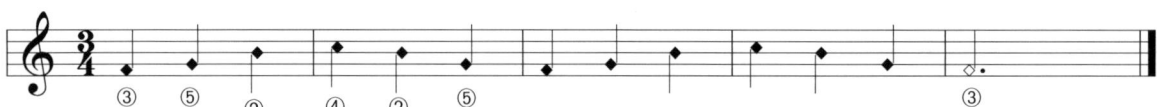

EJERCICIO 113 / EXERCISE 113
Fragmento final de "La Fiesta de la Tirana" (versión de Inti Illimani).

CAPÍTULO 3:
TRÉMOLO RASGUEADO

Es el recurso más característico del charango. consiste en la sucesión rápida de movimientos hacia arriba y abajo de la mano derecha sobre todas las cuerdas tocadas con el índice.

Para ejecutarlo bien (parejo y controlado), es fundamental la relajación de todo el brazo derecho. Cabe señalar que no es el brazo el que se mueve, sino la mano que, un poco abierta, debe girar libre en torno a la muñeca. Un buen trémolo se logra después de mucha práctica. La muñeca debe acostumbrarse a un movimiento que no le es habitual.

El objetivo de la ejercitación esta referido a:
1) "Tremolar" sin que se canse el brazo.
2) Lograr control sobre el ataque del trémolo (o comienzo) y el cierre (o final).
3) Lograr cambios de dinámica durante la ejecución del trémolo, vale decir, poder variar la intensidad según se requiera, y así dar expresividad a lo que se interpreta.
- El trémolo siempre se ejecuta sobre un acorde o una secuencia de acordes.
- Se indica con tres rayitas que cruzan la plica del acorde.
- La fuerza o intensidad se anota con los símbolos convencionales de dinámica (ver apéndice de teoría musical).

EJERCICIO 114
Con las cuerdas al aire (acorde de Am7), recorrer lentamente las cuerdas hacia abajo y hacia arriba con el dedo índice de la mano derecha.

EJERCICIO 115
Repetir la práctica anterior pero aumentando la rapidez del movimiento poco a poco (en general los trémolos se realizan a una rapidez constante, sin variación).

EJERCICIO 116
Siempre con las cuerdas al aire y manteniendo una rapidez fija, comenzar suavemente, aumentar la intensidad o fuerza (dinámica) y luego volver a un trémolo suave.

EJERCICIO 117
Ahora se mantiene constante la rapidez y la intensidad para controlar el ataque y el cierre del trémolo.

EJERCICIO 118
En el siguiente ejercicio, mantener constante la rapidez y la intensidad para practicar el cambio de acordes.

Importante: Evitar la rigidez del brazo y sobretodo del antebrazo derechos.

CHAPTER 3:
THE STRUMMED TREMOLO

This is the one of the techniques most characteristic of the Charango. It consists of a succession of rapid movements of the right hand upwards and downwards in which all the strings are sounded by the index finger.

The movement of the right hand in relation to the arm is essential to achieve an even and controlled strummed tremolo. The arm remains firm, while the hand – slightly open – moves freely at the wrist.

A good strummed tremolo is achieved only through practice. The wrist must become accustomed to an unusual movement.

The objectives of the following exercises are to:
1) *Play strummed tremolos without tiring the arm*
2) *Control the attack and closure of the strummed tremolo*
3) *Control the dynamic subtleties of the strummed tremolo*
- *The strummed tremolo is always played with a chord or a sequence of chords.*
- *It is indicated in the score by three slashes across the stem of a chord.*
- *The intensity of the strummed tremolo is indicated with conventional dynamic symbols (see the music theory apendix).*

EXERCISE 114
Slowly strum the open strings of the Charango upwards and downwards with the index finger.

EXERCISE 115
Repeat 114, gradually increasing the speed of the tremolo. (Generally speaking, the strummed tremolo is played at a constant tempo without variation).

EXERCISE 116
Maintaining a steady tempo, begin to change the intensity (the dynamic) of the strummed tremolo. Begin softly. Crescendo from ppp to fff and then back again.

EXERCISE 117
Now maintain both the velocity and the dynamic of the strummed tremolo constant and focus on controlling the attack and the closure.

EXERCISE 118
In the following exercise, maintain the velocity and the dynamic of the strummed tremolo constant and focus on changing chords smoothly and effortlessly.

Important note: be sure to maintain the right arm – and above all the right forearm – relaxed.

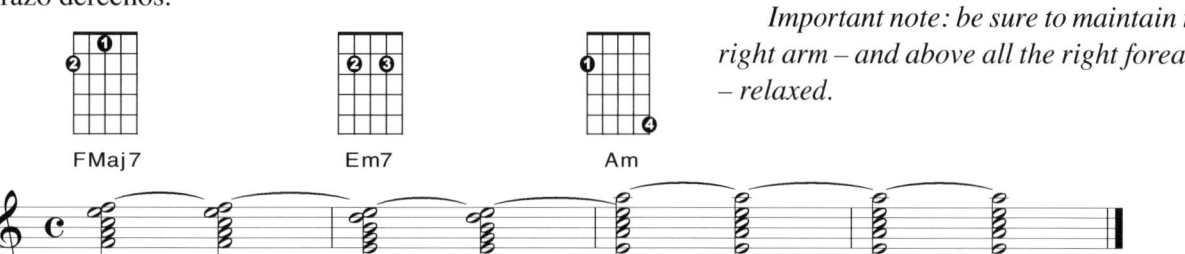

CAPÍTULO 4: REPIQUES

El trémolo y el repique son recursos muy característicos del charango. El repique, en cierto modo, es una porción breve de trémolo, que define claramente la personalidad rítmica del instrumento y lo diferencia notoriamente de la guitarra al momento de rasguear.

Para anotar el repique, hemos elegido la letra "R". Cabe señalar que tanto el repique como el trémolo se ejecutan siempre sobre acordes.

CHAPTER 4: REPIQUES

The strummed tremolo and the repique are two of the most important Charango techniques. Essentially, the repique is a small portion of a strummed tremolo. It is one of the techniques that most differentiates the strumming practice of the Charango from that of the guitar.

In the scores of this method, the letter "R" indicates repique. Both strummed tremolos and repiques are played with chords.

REPIQUE DE CUATRO MOVIMIENTOS / THE FOUR MOVEMENT REPIQUE

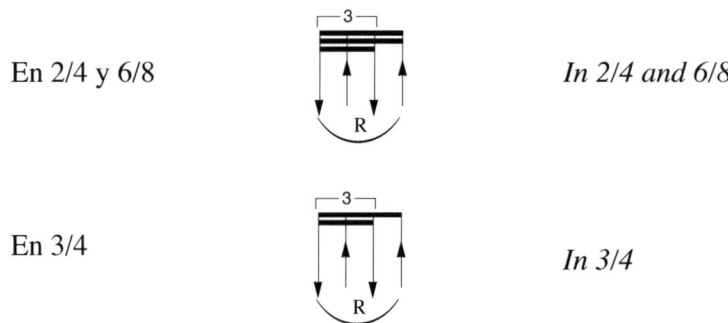

En 2/4 y 6/8 / In 2/4 and 6/8

En 3/4 / In 3/4

Notar que en este repique el último movimiento es hacia arriba.

Note that in this repique the last movement is played upwards.

REPIQUE DE CINCO MOVIMIENTOS / THE FIVE MOVEMENT REPIQUE

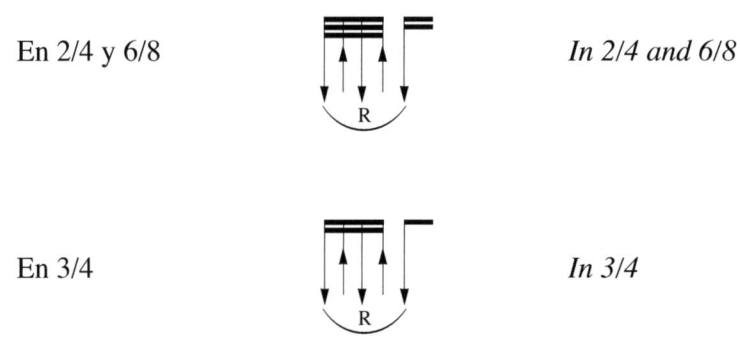

En 2/4 y 6/8 / In 2/4 and 6/8

En 3/4 / In 3/4

Este repique es sutilmente más largo que el repique de cuatro movimientos. Notar que el último movimiento es hacia abajo. Dependiendo del contexto en el que se encuentre el repique, el quinto movimiento en un compás de 6/8 podrá ser una corchea o una semicorchea.

This five movement repique is slightly longer than the four movement repique. Note that the last movement is made downwards. Depending on the context in which this repique is used, the fifth movement in 6/8 may be either an eighth note or a sixteenth note in length.

EJERCICIO 119.

Practicar el repique de cuatro movimientos con Am o cualquier otro acorde, aumentando gradualmente la rapidez.

EXERCISE 119

Practice the four movement repique in Am – or with any other chord. Gradually increase the speed at which it is played.

EJERCICIO 120.

Practicar el repique de cinco movimientos con Am o cualquier otro acorde, aumentando gradualmente la rapidez.En adelante los ejercicios se pueden practicar con cualquier acorde. sin embargo, para centrar la atención en la mano derecha, aconsejamos un acorde sencillo de Am. Para cada ejercicio existe una cantidad determinada de compases, sin embargo aconsejamos practicar muchas más veces cada uno.

EXERCISE 120

Practice the five movement repique in Am – or with any other chord. Gradually increase the speed at which it is played. The following exercises can be played with any chord. In order that you focus the entirety of your attention on the right hand, however, we suggest that you play the relatively simple Am. The exercises should be repeated multiple times.

EJERCICIO 121.

Para facilitar la lectura de este ejercicio, se han escrito silencios en vez de figuras que indiquen la prolongación del sonido.

EXERCISE 121

In order to simplify the notation of this exercise, the prolongation of the last movement of each repique has been replaced by a sixteenth and a quarter note rest.

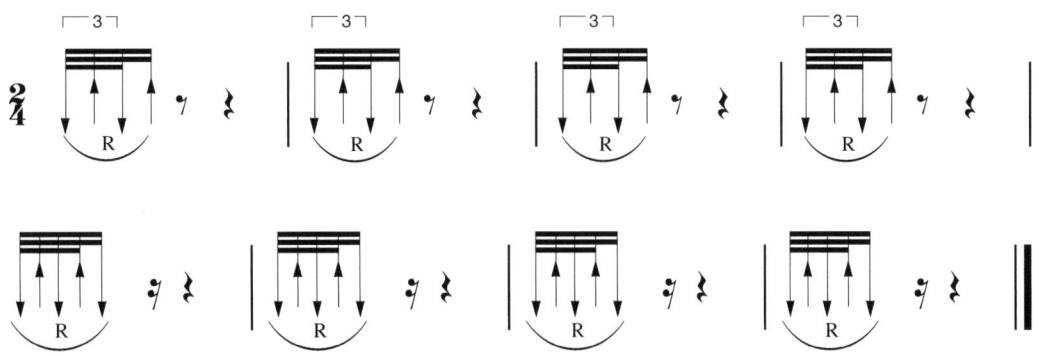

4.1 REPIQUES EN COMPASES DE 2/4   4.1 REPIQUES IN 2/4

EJERCICIO 122   EXERCISE 122

EJERCICIO 123   EXERCISE 123

EJERCICIO 124   EXERCISE 124

EJERCICIO 125   EXERCISE 125

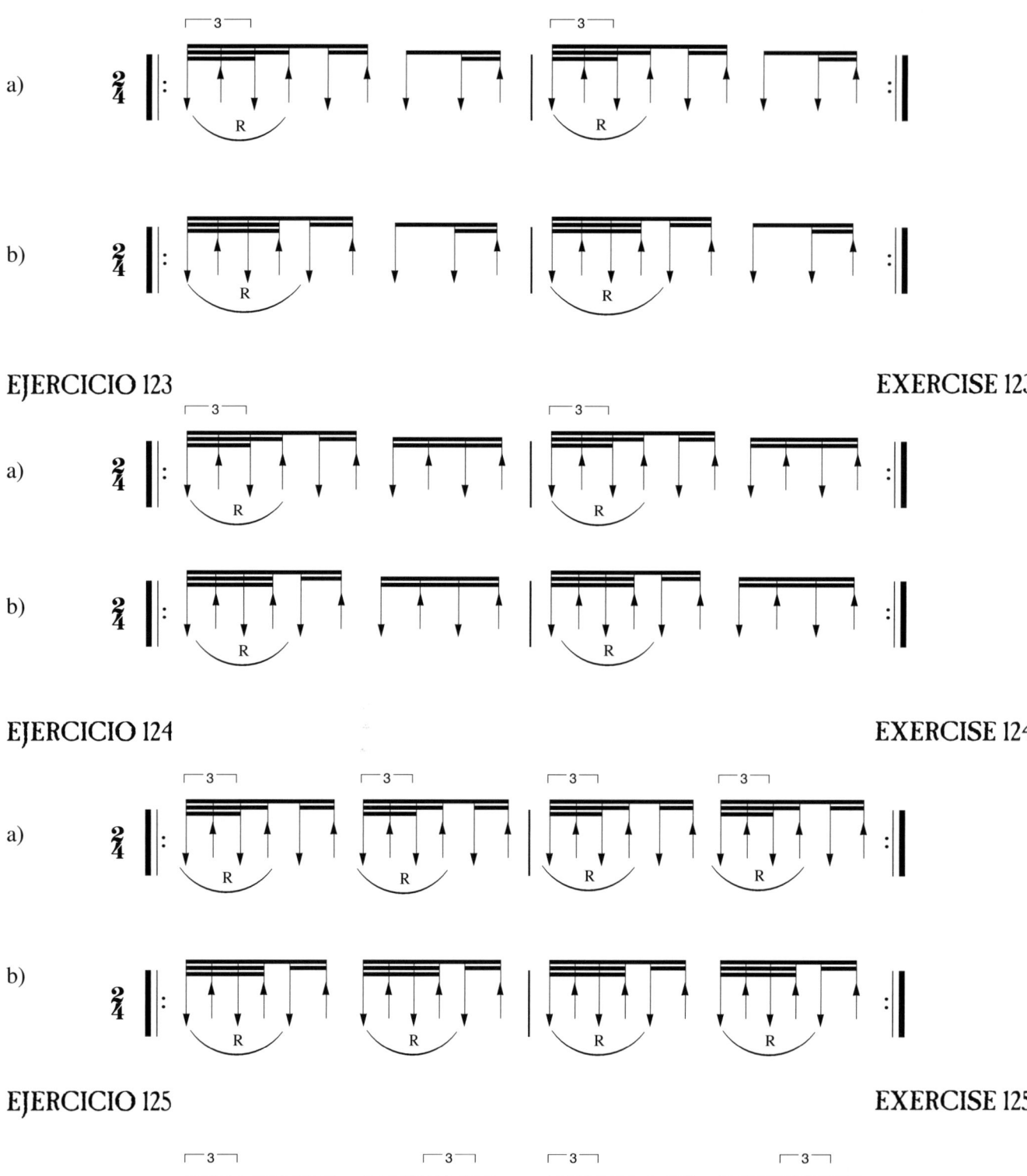

EJERCICIO 126 — EXERCISE 126

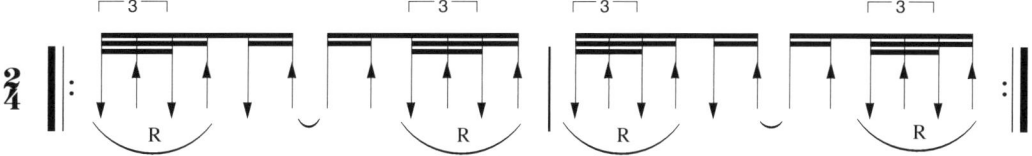

EJERCICIO 127 — EXERCISE 127

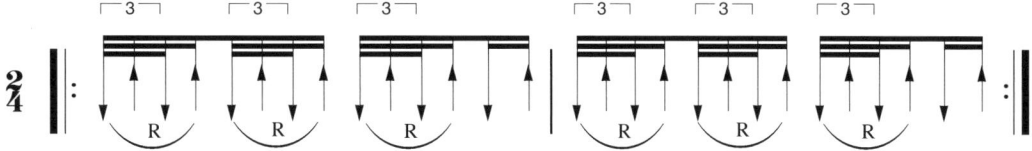

EJERCICIO 128 — EXERCISE 128

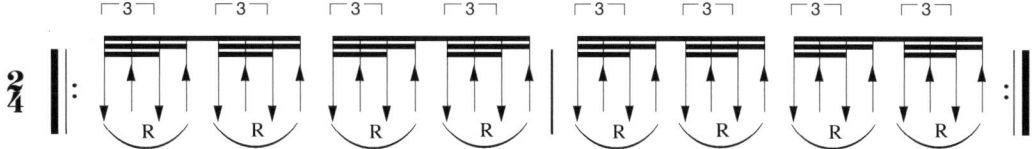

EJERCICIO 129 — EXERCISE 129

Combinación de ambos repiques sin cambio de acordes.

A combination of both "Repiques" without a change of chords.

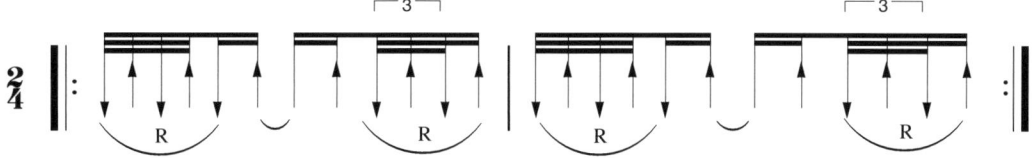

EJERCICIO 130 — EXERCISE 130

Secuencias de dos compases con cambio de acordes.

Two measure sequences with chord changes.

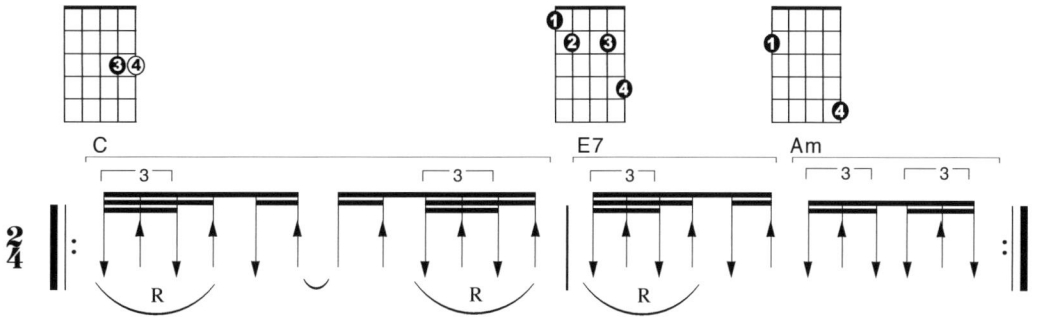

EJERCICIO 131 — EXERCISE 131

EJERCICIO 132 — EXERCISE 132

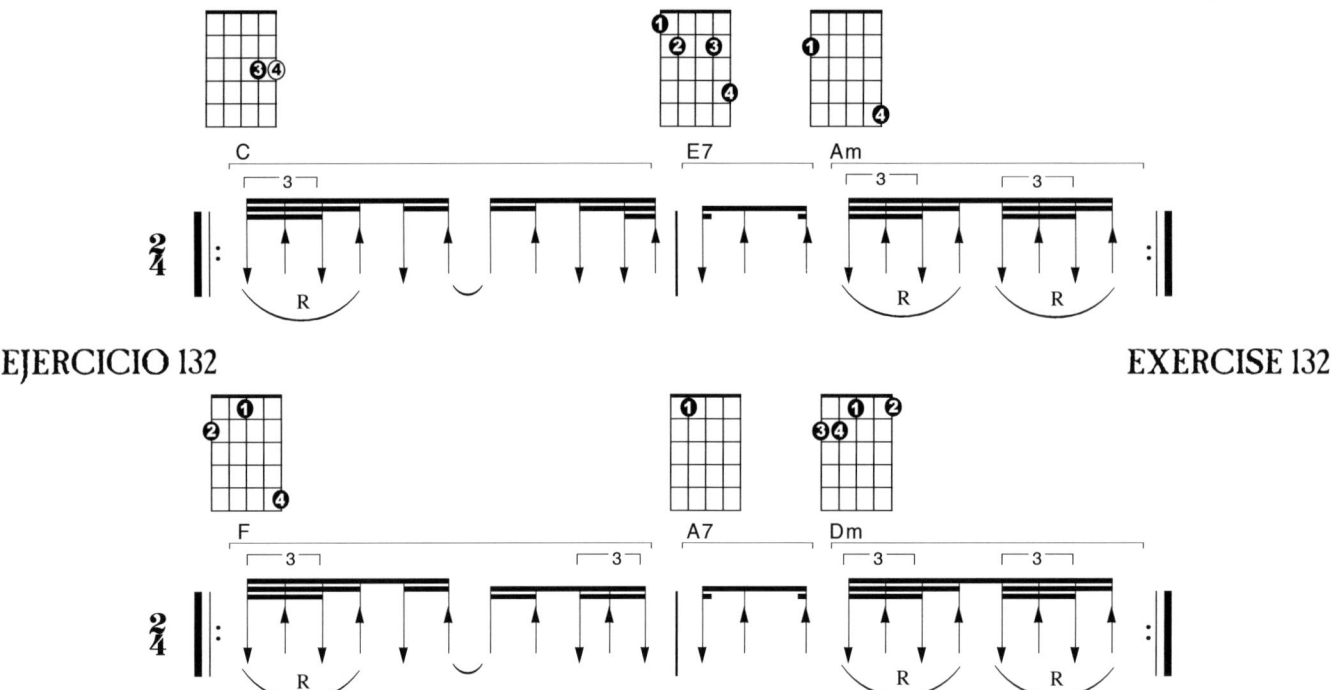

EJERCICIO 133 — EXERCISE 133

Fragmento de "Estudio para Charango" (M. Nuñez).

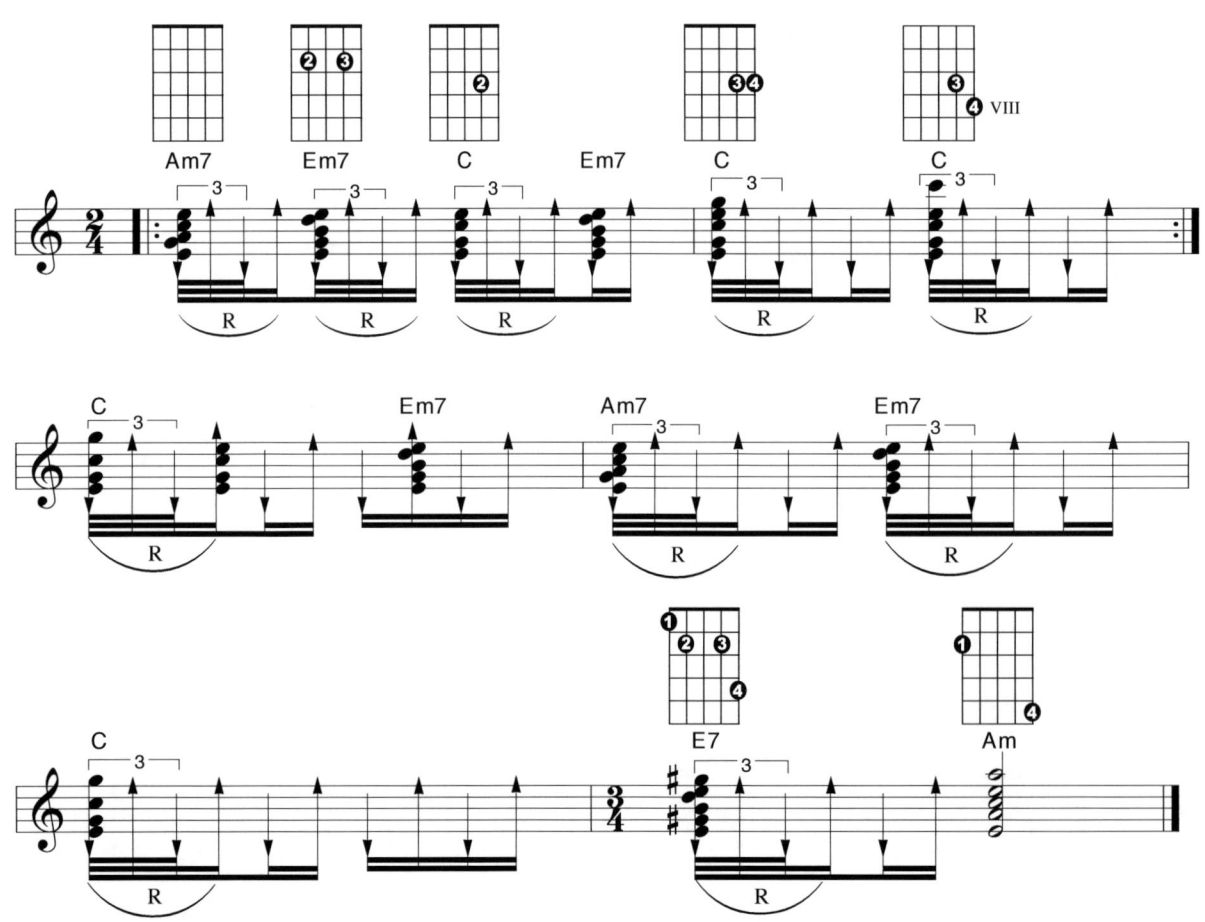

EJERCICIO 134 — EXERCISE 134

Fragmento de "Mis llamitas" (E. Cavour).

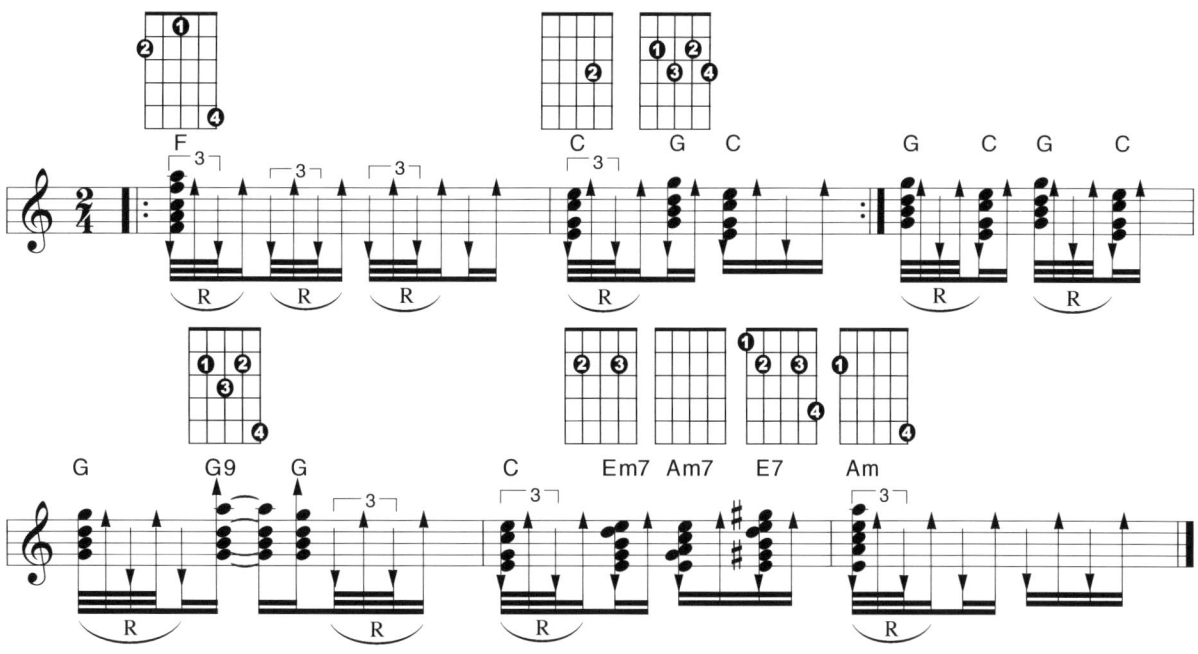

EJERCICIO 135 — EXERCISE 135

Adaptación de "El pastor" (José Segovia/Conrado García-Arak Pacha).

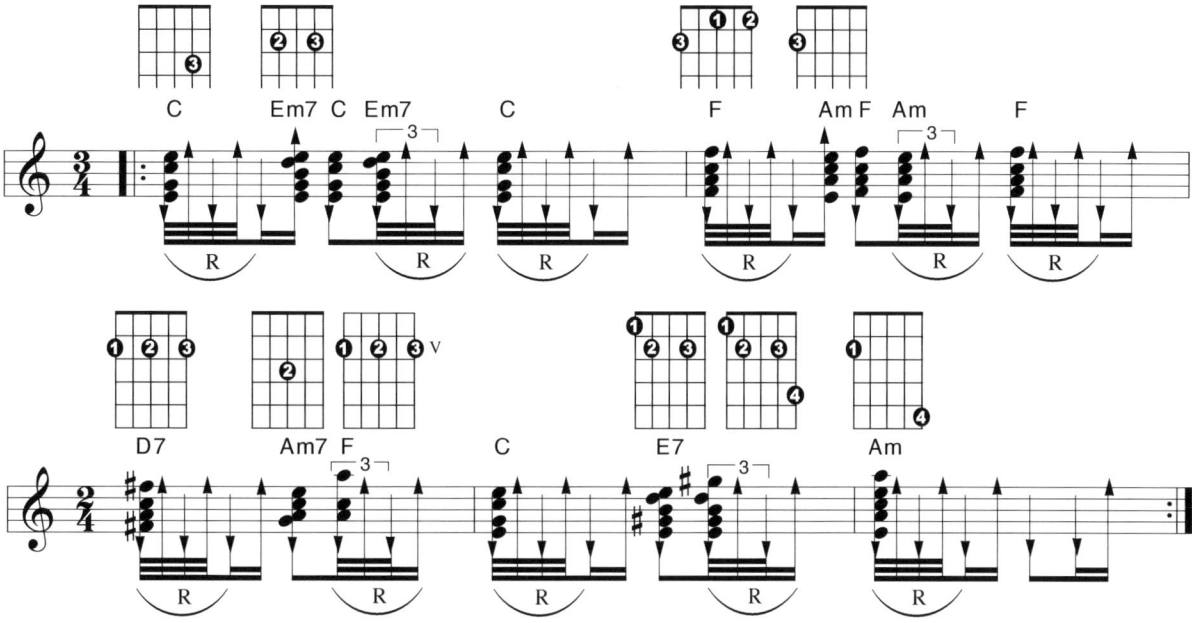

Nota: Cabe destacar que en el huayno anterior, como sucede en muchos casos, aparecen compases de 3/4 combinados con compases de 2/4 sin que por ello cambie el carácter del ritmo de huayno.

Esta situación es muy común en la música folklórica andina, (en estos casos el repique en el compás de 3/4 se escribe igual que en el compás de 2/4).

Note: The Huayno above, as is the case with many pieces in this genre, utilizes both the time signatures of 2/4 and 3/4. It should be noted that the duration of the measure has no effect whatsoever on the rhythm of the music.

Such alternation between time signatures is common in Andean music.

4.2 REPIQUES EN COMPASES DE 3/4

Por lo general, cuando en un ritmo de 6/8 existe una sección donde intervienen repiques, las acentuaciones cambian, originando una "hemiola" o cambio de métrica a 3/4.

4.2 REPIQUES IN 3/4

In general, when repiques are played in a piece in 6/8, a hemiola is generated between the accents of the repique in 3/4 and the pulse of the time signature.

EJERCICIO 136 / EXERCISE 136

a)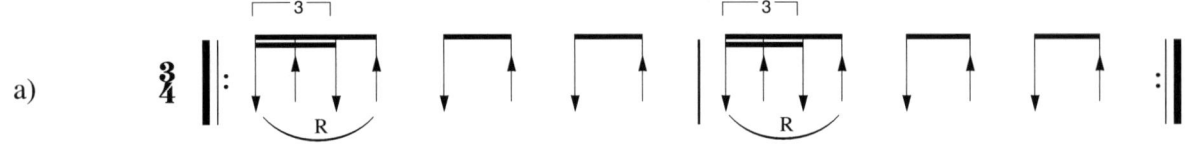

b)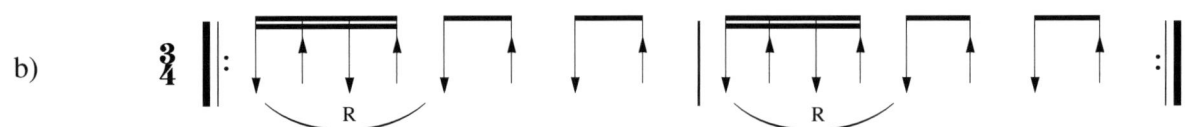

EJERCICIO 137 / EXERCISE 137

a)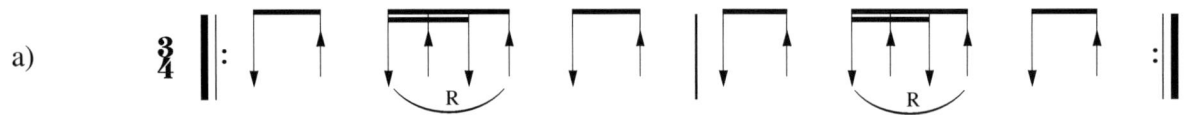

b)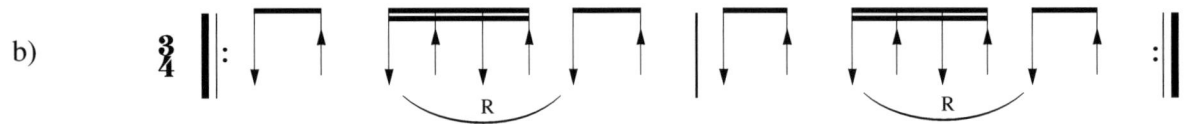

EJERCICIO 138 / EXERCISE 138

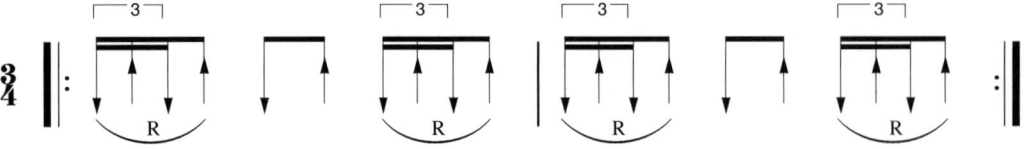

EJERCICIO 139 / EXERCISE 139

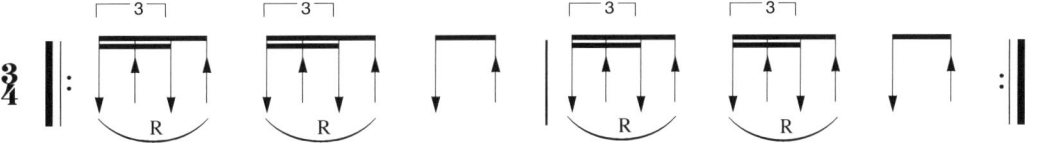

EJERCICIO 140 / EXERCISE 140

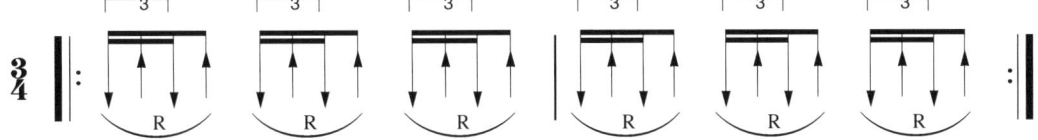

EJERCICIO 141 / EXERCISE 141

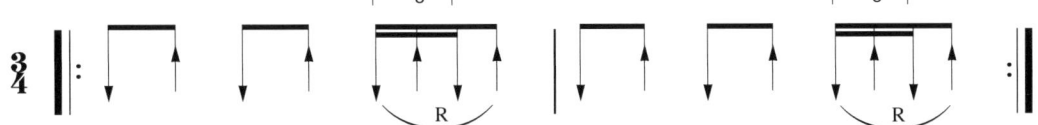

EJERCICIO 142 / EXERCISE 142

Combinación de ambos repiques. / *Repique combination.*

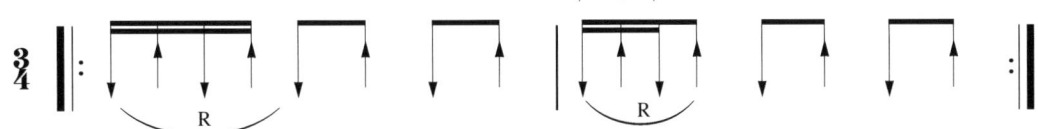

EJERCICIO 143 / EXERCISE 143

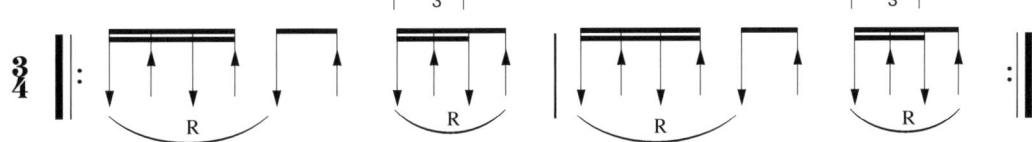

EJERCICIO 144
Secuencias de dos compases.

EXERCISE 144
Two measure sequences.

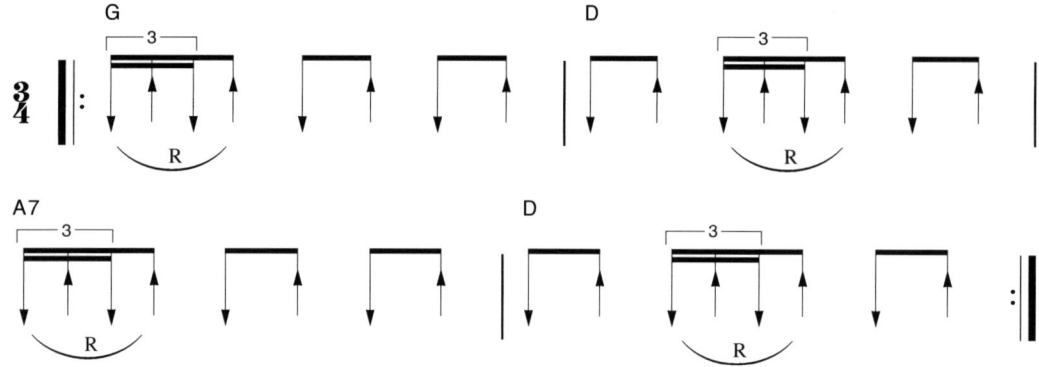

EJERCICIO 145

EXERCISE 145

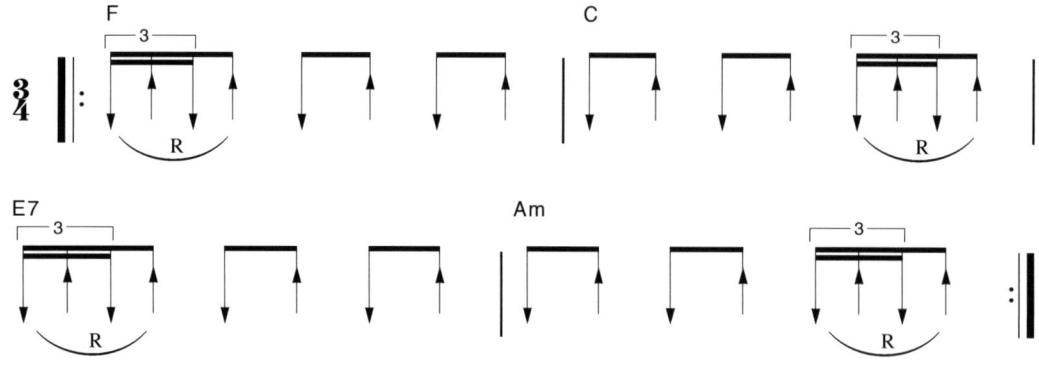

EJERCICIO 146

EXERCISE 146

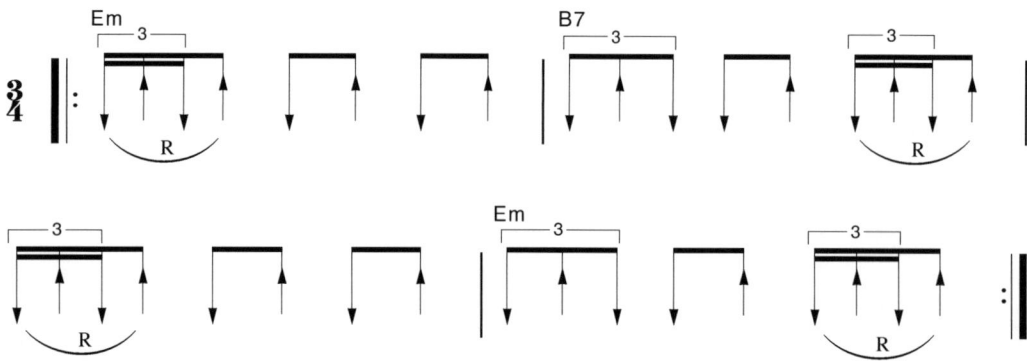

EJERCICIO 147
Repique desfazado (a contratiempo).

EXERCISE 147
Repique on the off-beat.

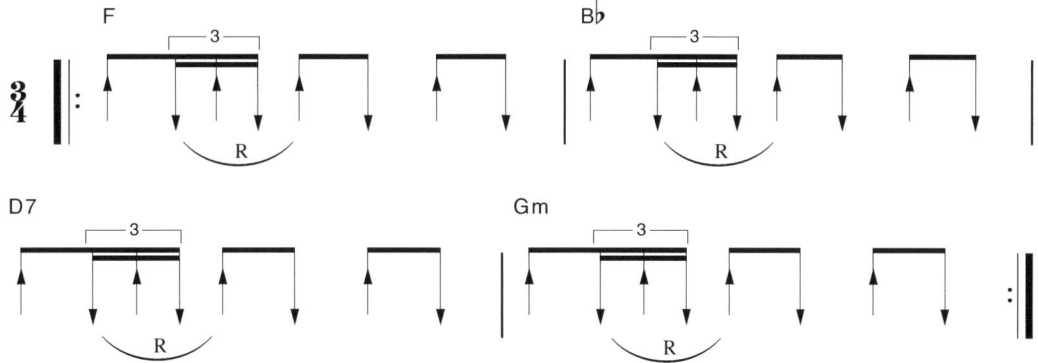

EJERCICIO 148

EXERCISE 148

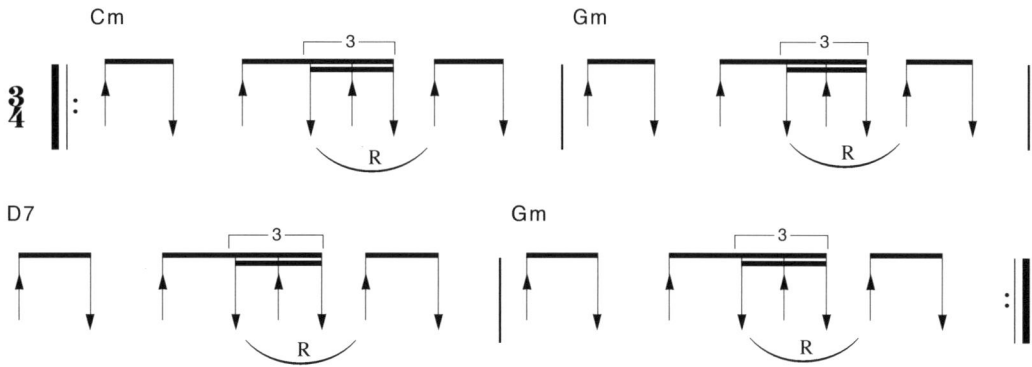

EJERCICIO 149

EXERCISE 149

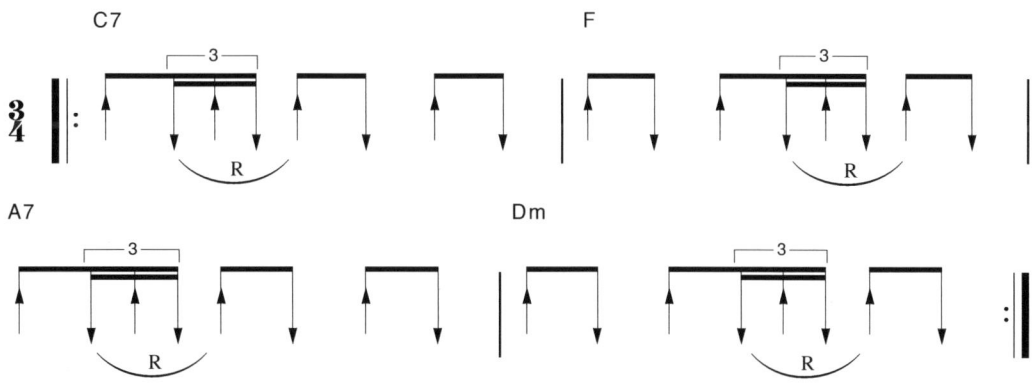

EJERCICIO 150
EXERCISE 150
Introducción de "Subida" (E. Cavour / Versión de H. Durán)

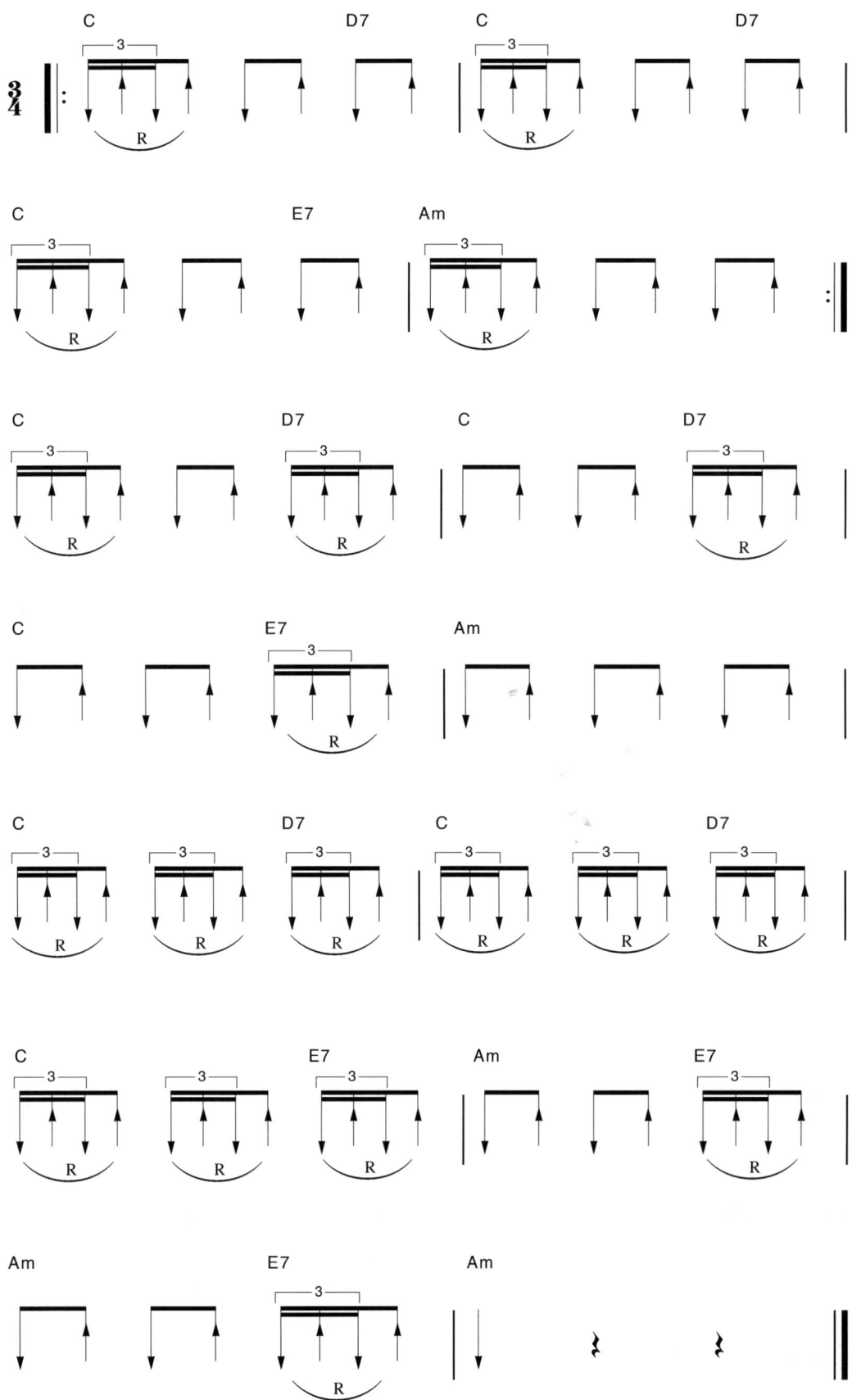

EJERCICIO 151

Fragmento de "Manzanitas" (Horacio Durán).

EXERCISE 151

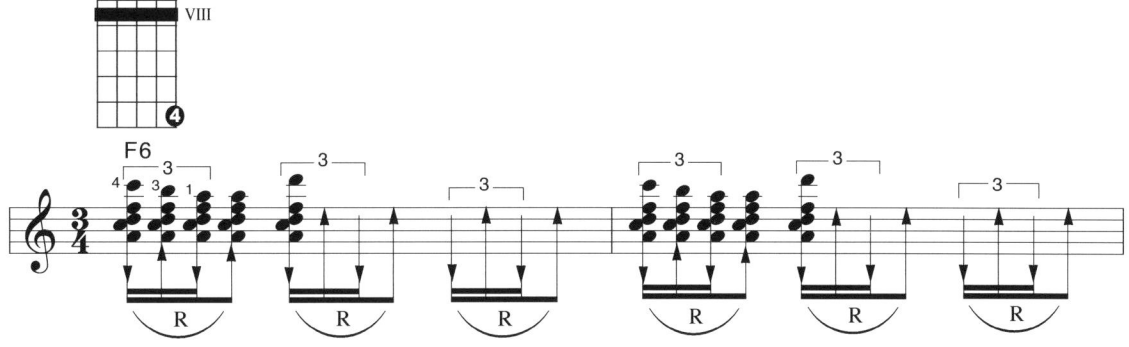
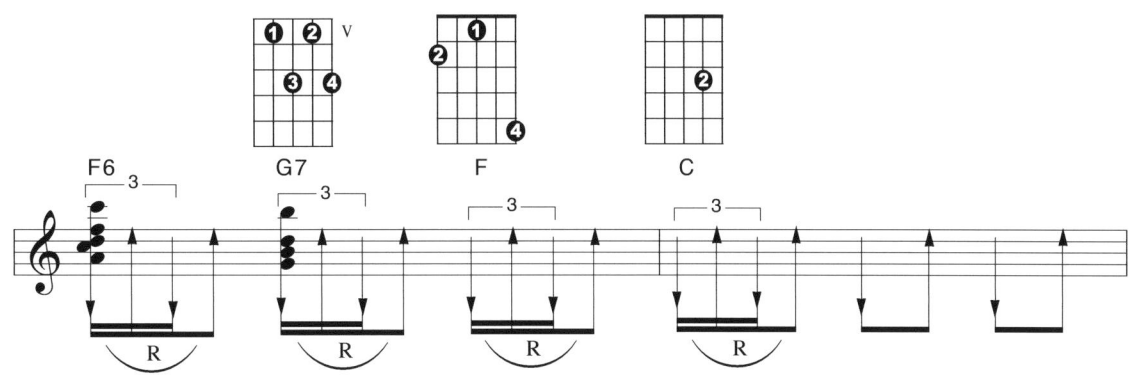
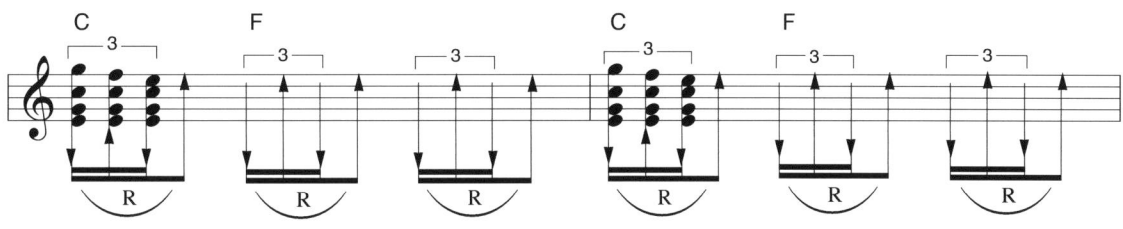
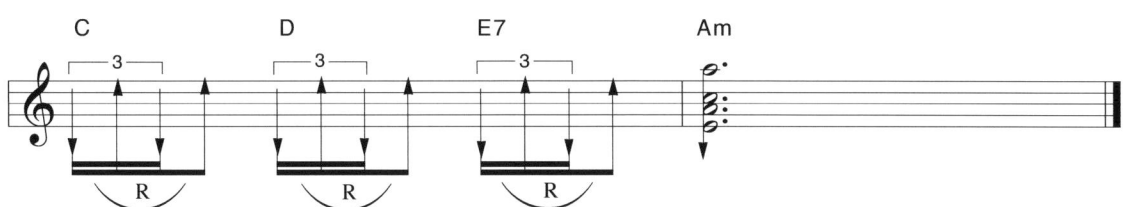

EJERCICIO 152 — EXERCISE 152

Fragmento de "Sipassy" (Roberto Márquez-Illapu).

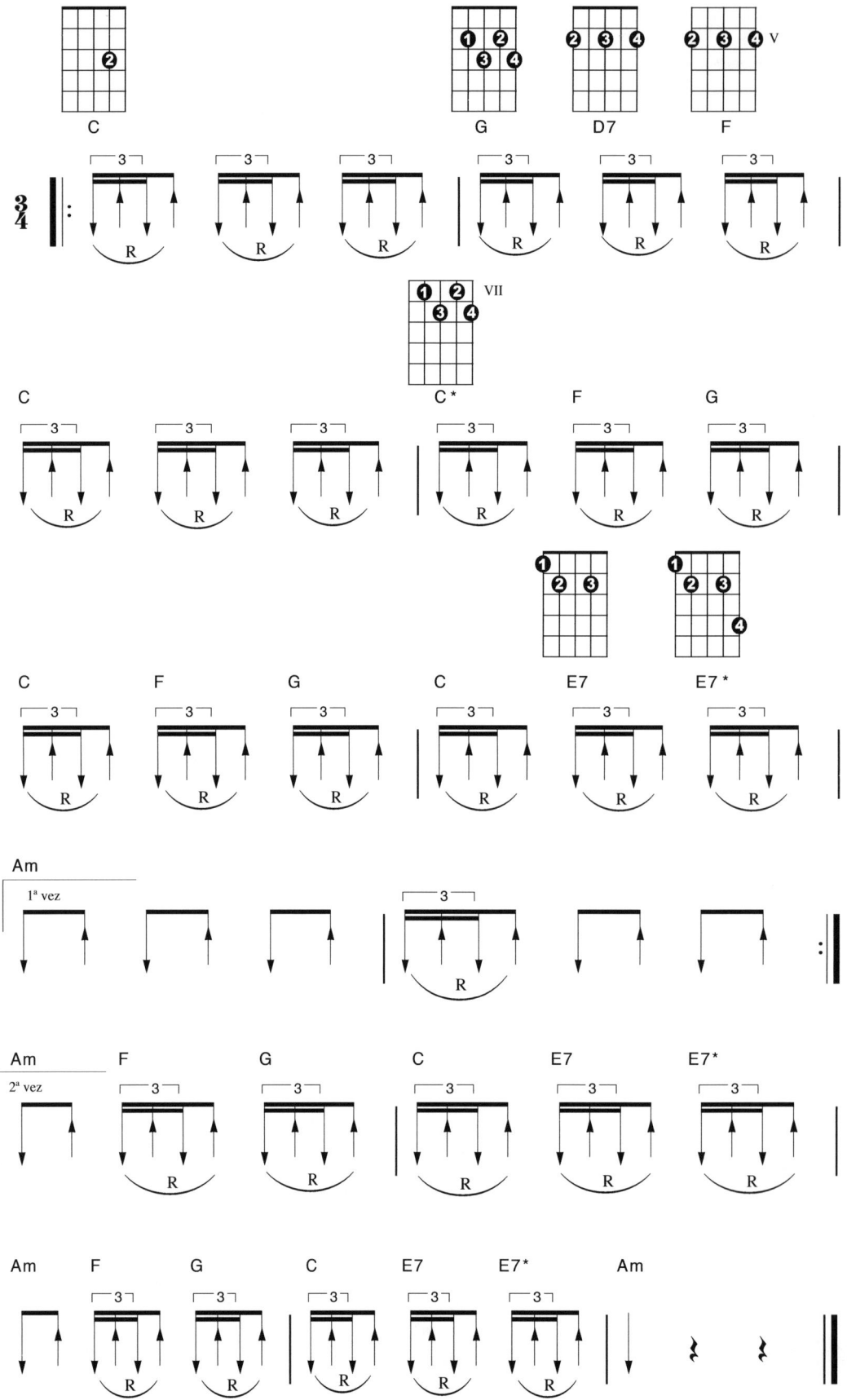

EJERCICIO 153

Utilización de la base armónica de "Ventolera" para la ejercitación del repique, trémolo y repique desfazado.

EXERCISE 153

In this exercise, the chord changes of "Ventolera" are used as the basis for a series of repiques, tremolos and "out-of-phase" repiques.

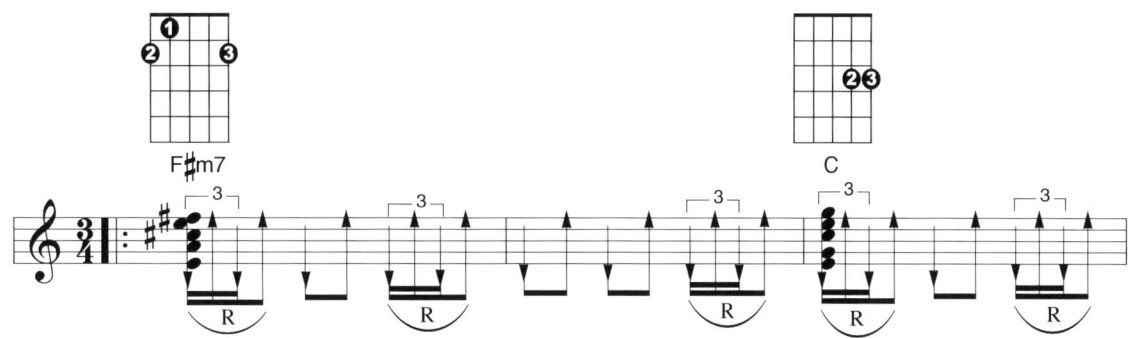

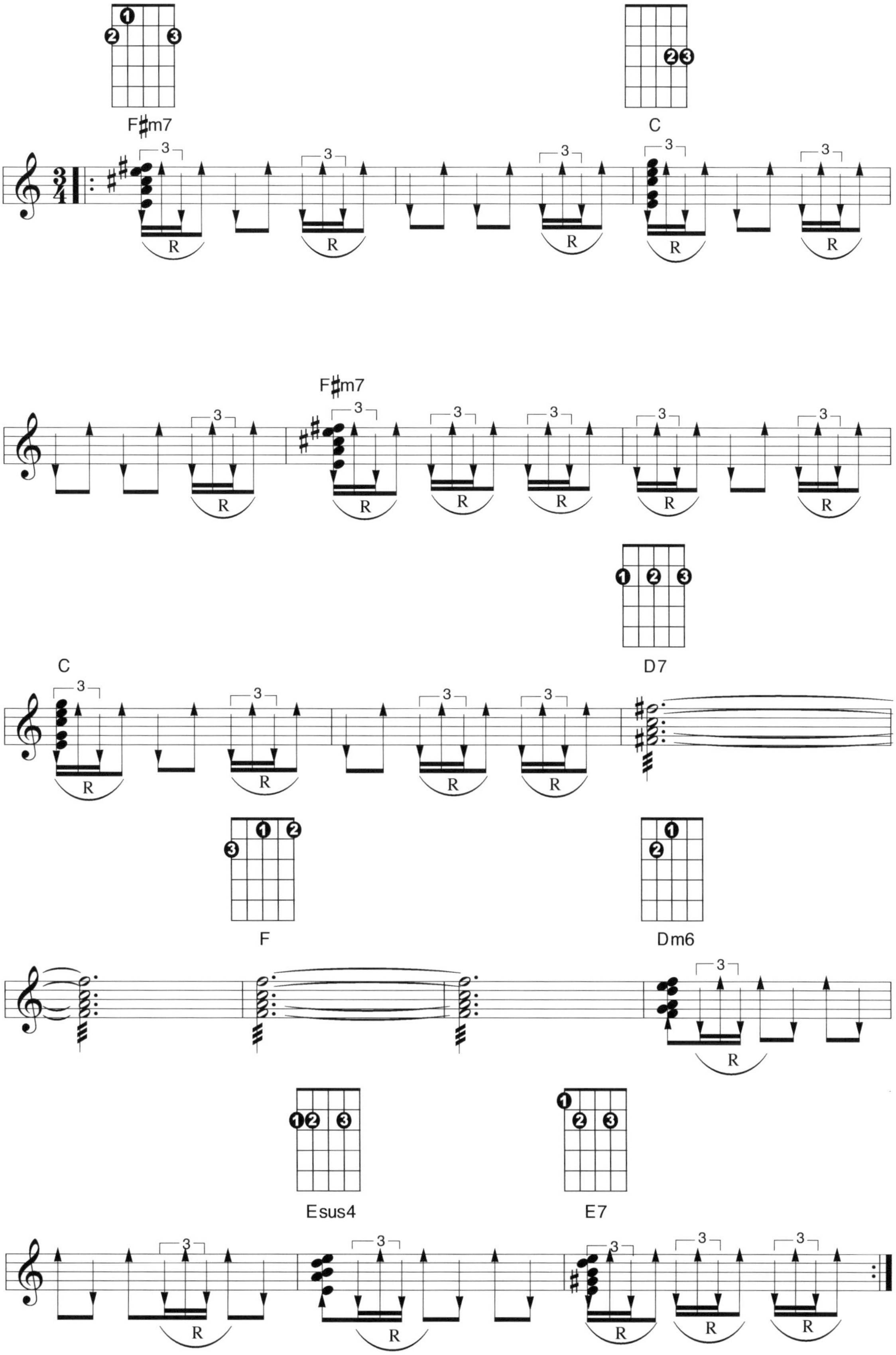

4.3 REPIQUES EN COMPASES DE 6/8   4.3 REPIQUES IN 6/8

EJERCICIO 154   EXERCISE 154

EJERCICIO 155   EXERCISE 155

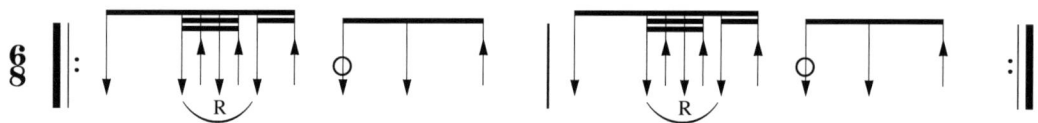

EJERCICIO 156   EXERCISE 156

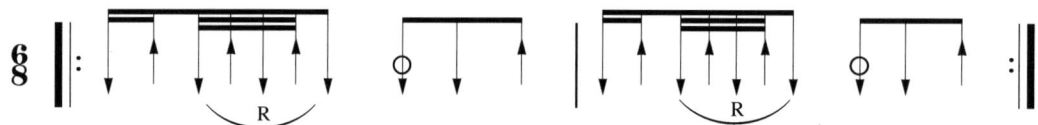

EJERCICIO 157   EXERCISE 157

EJERCICIO 158   EXERCISE 158

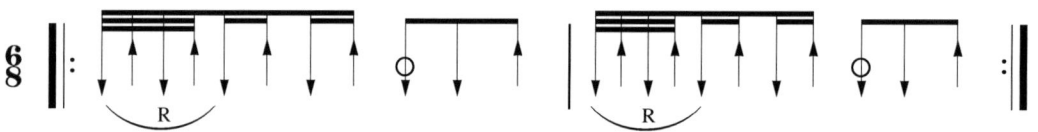

EJERCICIO 159   EXERCISE 159

EJERCICIO 160 / EXERCISE 160

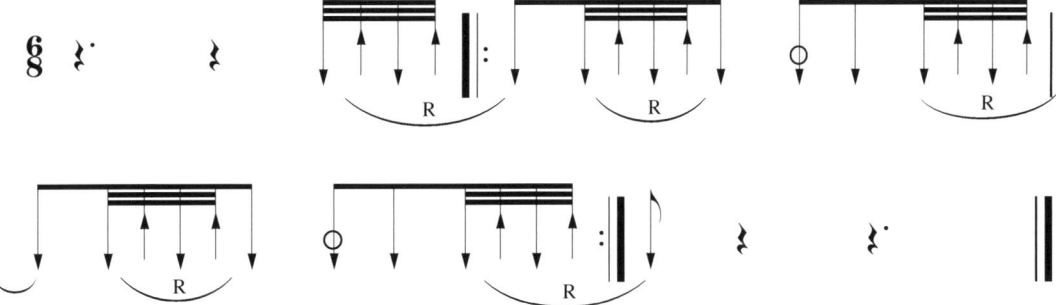

EJERCICIO 161 / EXERCISE 161

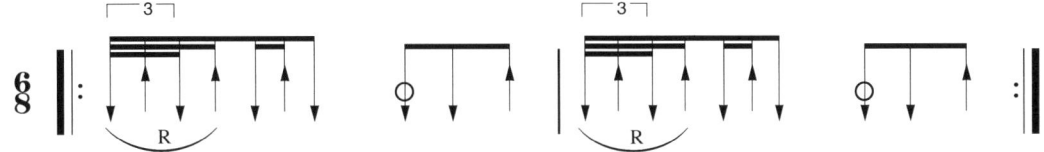

EJERCICIO 162 / EXERCISE 162

En este ejercicio y los siguientes el último golpe del repique de cuatro movimientos es más largo (en vez de una semi-corchea es una corchea).

In the following exercises, the last strum of the four movement "repique" is the longest. (Originally a sixteenth note, it is now an eighth note in duration).

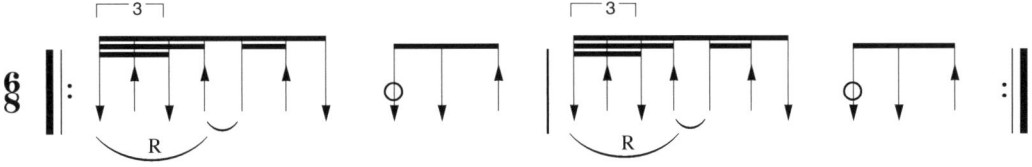

EJERCICIO 163 / EXERCISE 163

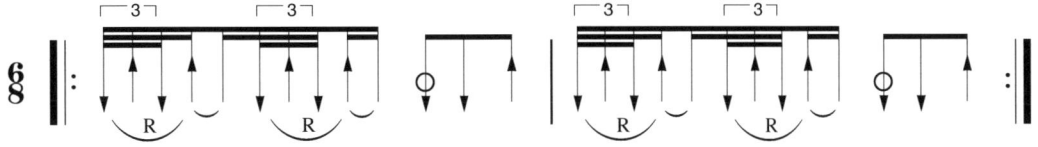

Para facilitar la lectura se ha escrito el mismo ejercicio de manera distinta.

Exercise 163 has been rewritten below in the hopes of making the lesson easier.

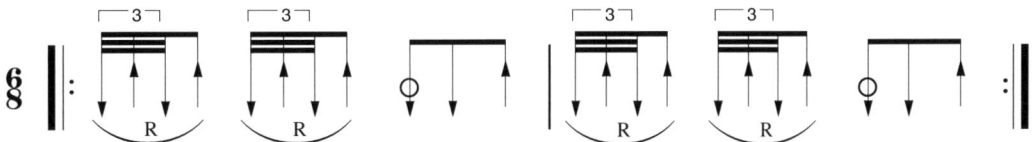

EJERCICIO 164 — EXERCISE 164

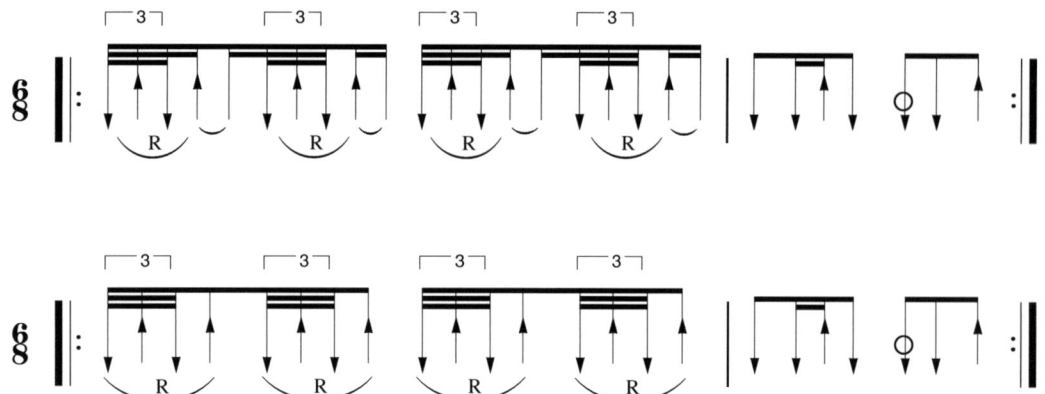

EJERCICIO 165 — EXERCISE 165

Acompañamiento de "Calambito temucano" (Violeta Parra).

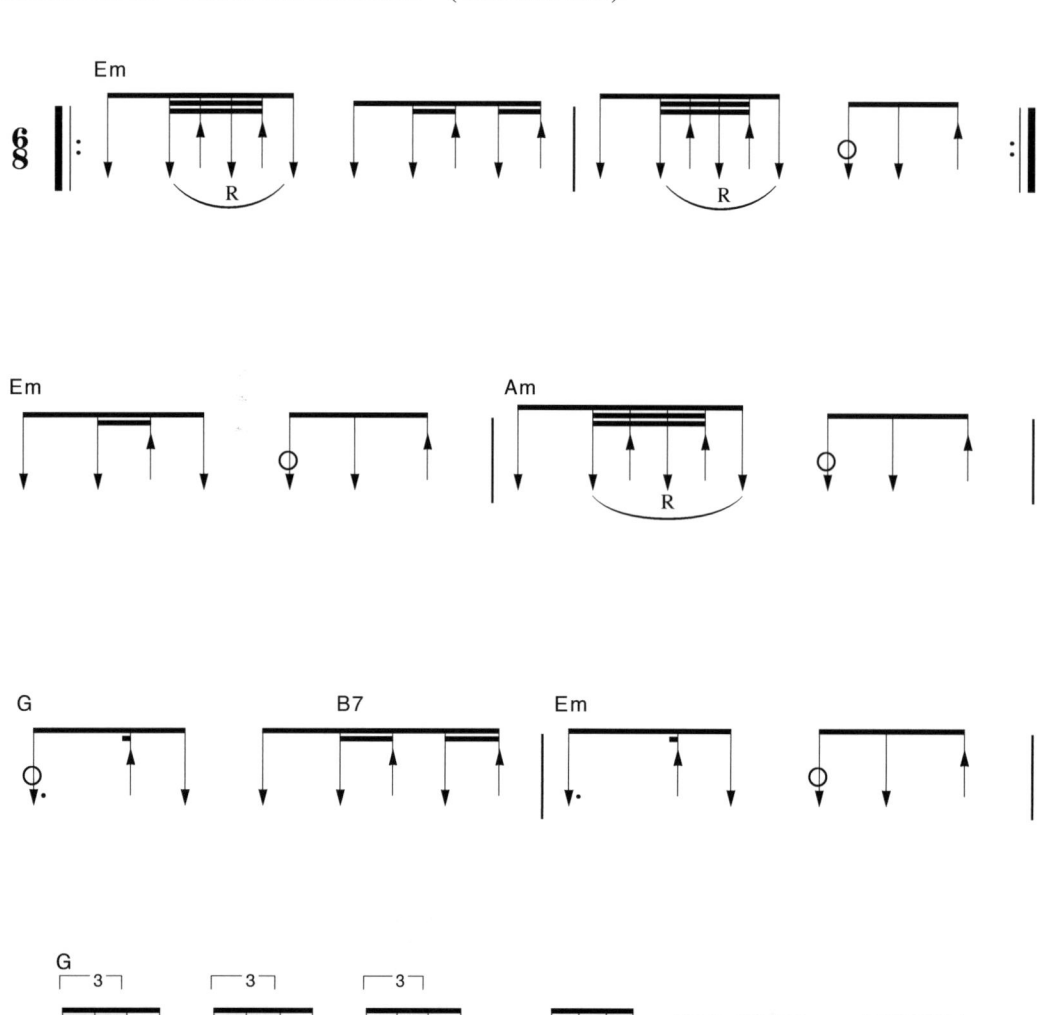

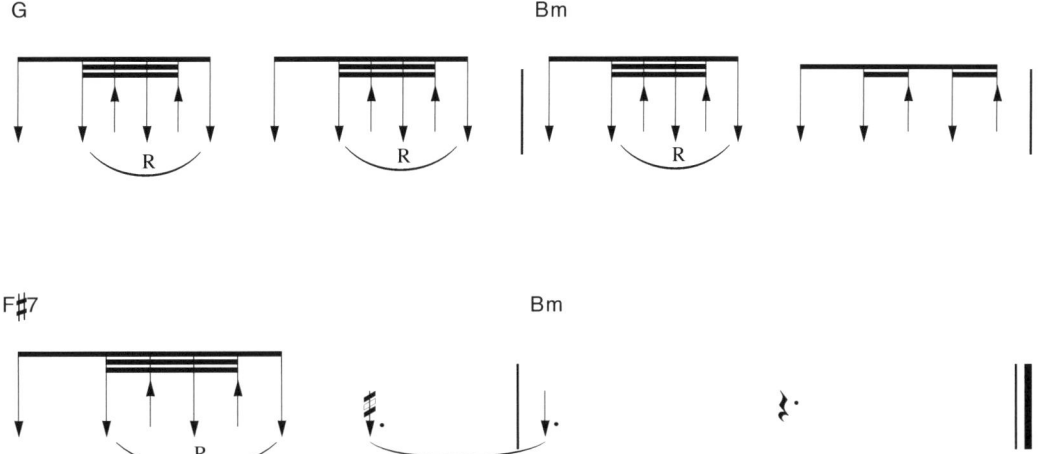

EJERCICIO 166   EXERCISE 166
Estribillo de "La Cocinerita" (Versión de Víctor Jara).

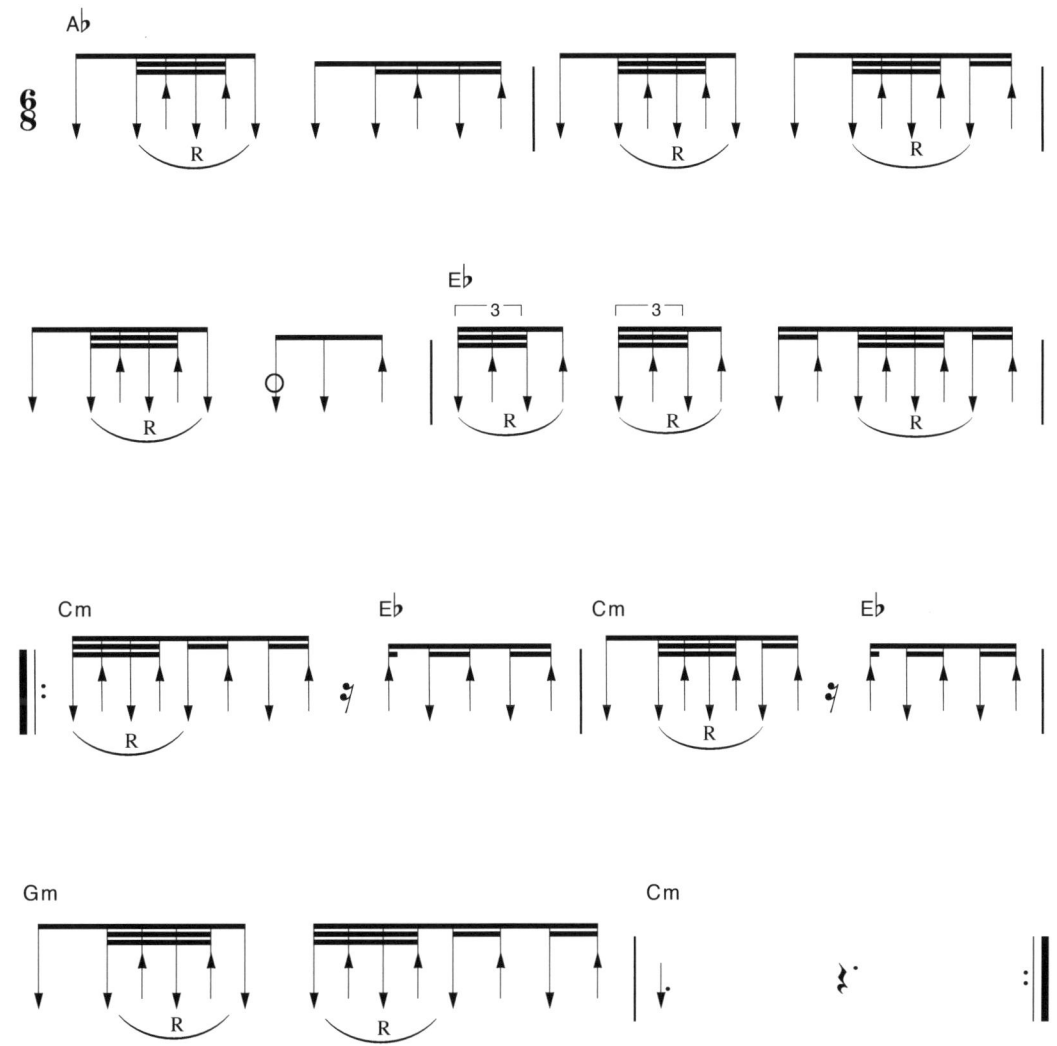

CAPÍTULO 5:
OTROS PATRONES RÍTMICOS

En este capítulo intentamos acercarnos a formas más elaboradas en lo que se refiere al rasgueo de patrones rítmicos. Proponemos los siguientes patrones para que cada charanguista los combine de manera libre y creativa

CHAPTER 5:
ADDITIONAL RHYTHMIC PATTERNS

The intention of this chapter is to explore several special strumming patterns. We encourage students of this method to combine these patterns freely and creatively.

5.1 PATRONES RÍTMICOS EN 2/4
PRIMER PATRÓN

5.1 RHYTHMIC PATTERNS IN 2/4
FIRST PATTERN

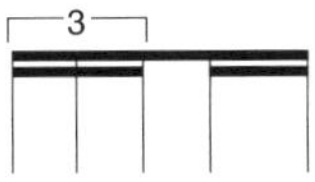

EJERCICIO 167 / EXERCISE 167

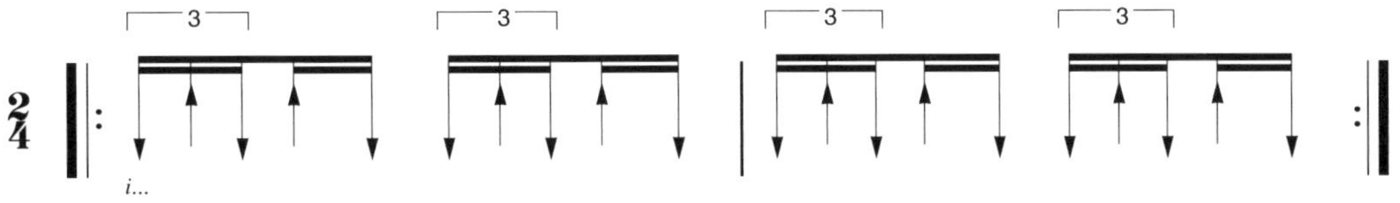

EJERCICIO 168 / EXERCISE 168

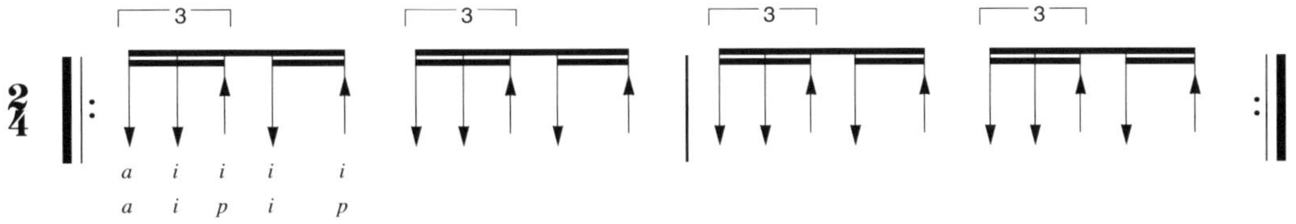

EJERCICIO 169 / EXERCISE 169

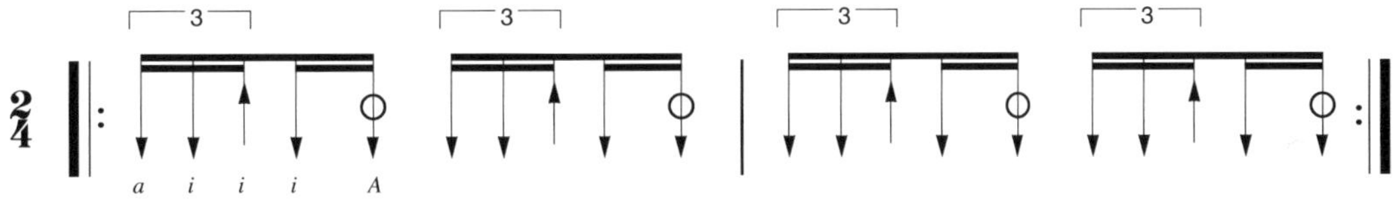

SEGUNDO PATRÓN / SECOND PATTERN

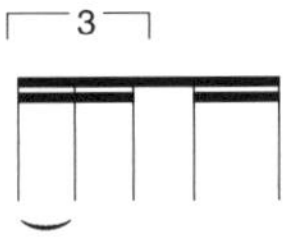

Para la práctica hemos escogido cinco maneras distintas de rasguearlo (fijarse en las flechitas y en los dedos de la mano derecha).

The exercises 167-170 present five different ways to strum this rhythm. Pay attention to the direction of the arrows and the fingering for the right hand.

EJERCICIO 170 / EXERCISE 170

EJERCICIO 171 / EXERCISE 171

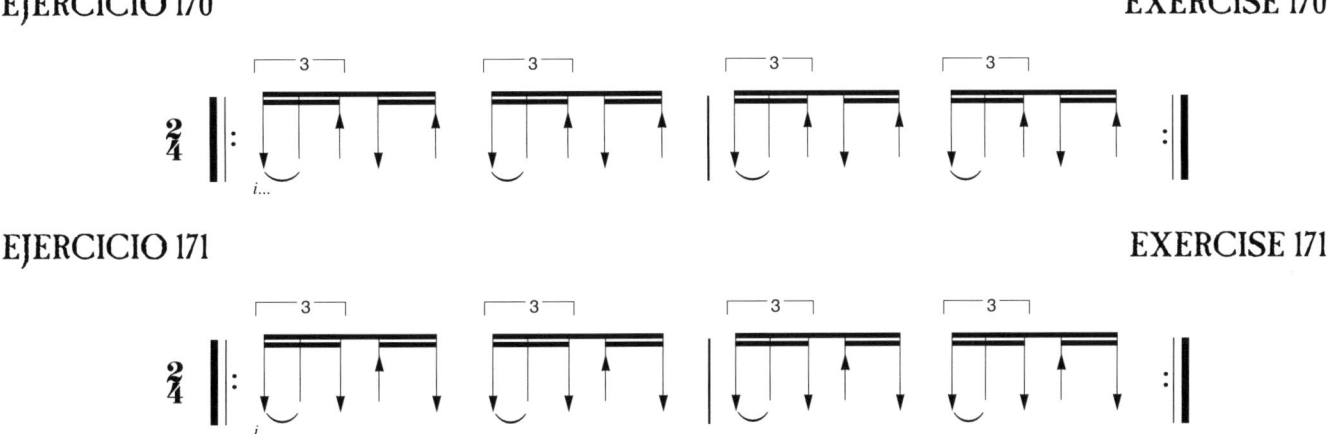

EJERCICIO 172 / EXERCISE 172

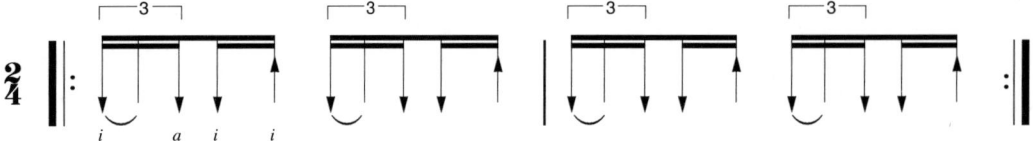

EJERCICIO 173 / EXERCISE 173

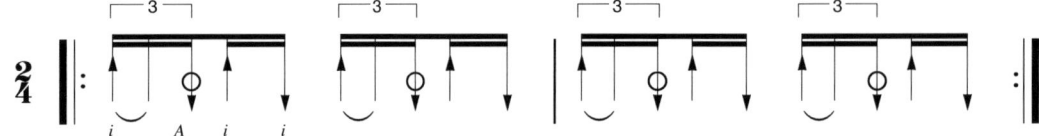

EJERCICIO 174 / EXERCISE 174

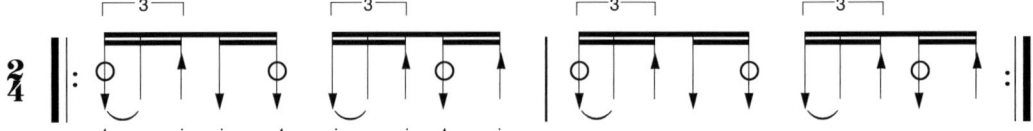

TERCER PATRÓN / THIRD PATTERN
EJERCICIO 175 / EXERCISE 175

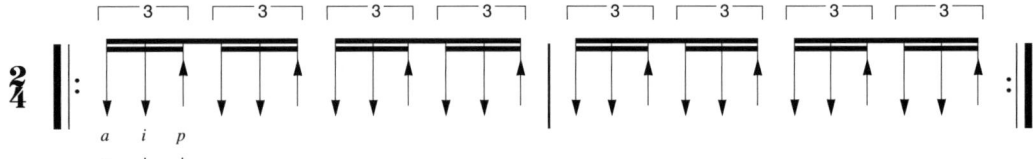

CUARTO PATRÓN / FOURTH PATTERN
EJERCICIO 176 / EXERCISE 176

COMBINACIÓN DE LOS PATRONES ANTERIORES

Proponemos siete combinaciones. invitamos a cada charanguista a realizar todas las combinaciones que desee, es por esta razón que hemos omitido a propósito la digitación.

COMBINATIONS OF EARLIER RHYTHMIC PATTERNS

The following exercises present seven different rhythmic combinations. We encourage the students of this method to discover new combinations for themselves. For this reason we have not included fingerings.

EJERCICIO 177 / EXERCISE 177

EJERCICIO 178 / EXERCISE 178

EJERCICIO 179 / EXERCISE 179

EJERCICIO 180 / EXERCISE 180

EJERCICIO 181 / EXERCISE 181

EJERCICIO 182 / EXERCISE 182

EJERCICIO 183 / EXERCISE 183

EJERCICIO 184

Fragmento de "Estudio para charango" (M. Nuñez).

EXERCISE 184

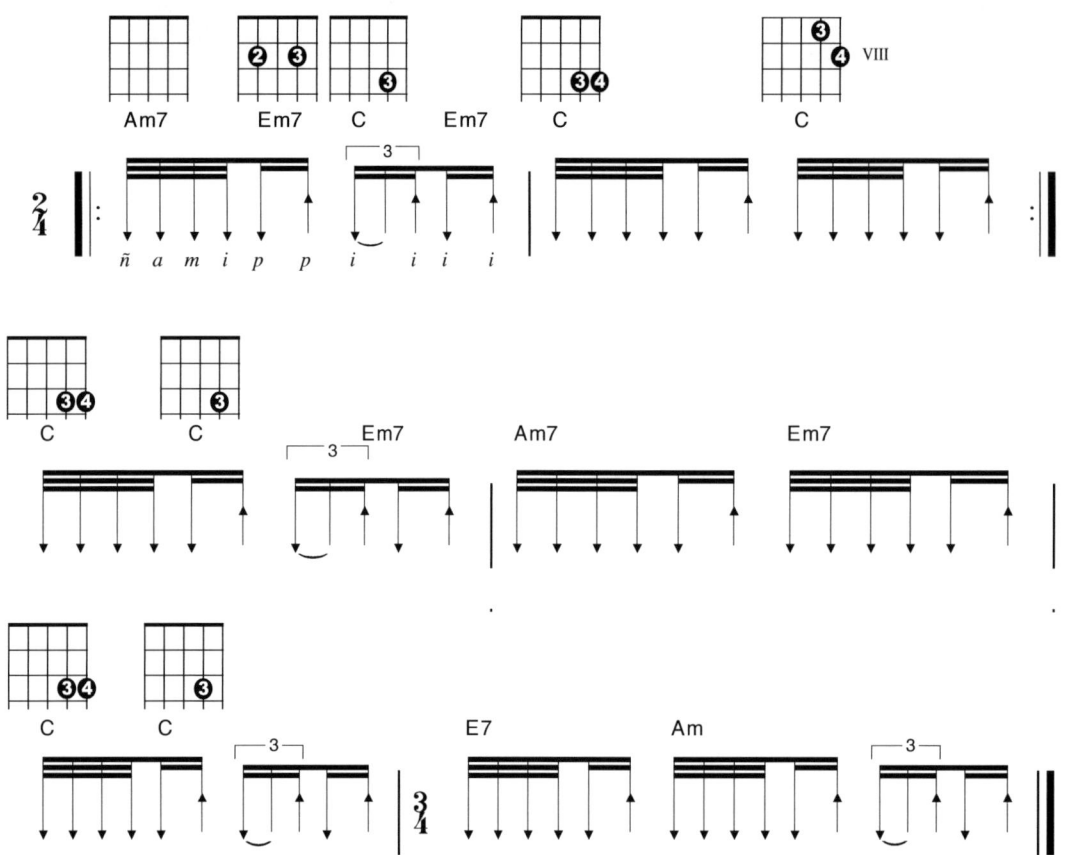

EJERCICIO 185
PAPEL DE PLATA (Huayno tradicional)

EXERCISE 185
SILVER PAPER

Em   D9 G6
Papel de plata quisiera
A   G6   Bm7 Em
plumita de oro tuviera
Em   D9 G6
para escribir una carta
A   G6   Bm7 Em
a mi negra más querida.

Em D9   G6
¡Ay! palomitay
       A   G6
¡Ay! corazoncito
A   G6
hasta cuando estaré
    Bm7 Em
yo sufriendo.

I'd like paper of silver

I wish I had a pen of gold

To write a letter

to the black woman I love the most.

¡Ay! Little dove

¡Ay! little heart

How long I will

I be suffering.

Nota: para este ejercicio y el siguiente recomendamos escuchar el disco compacto.

Note: for this and the following exercises we recomended listening to the accompanying CD

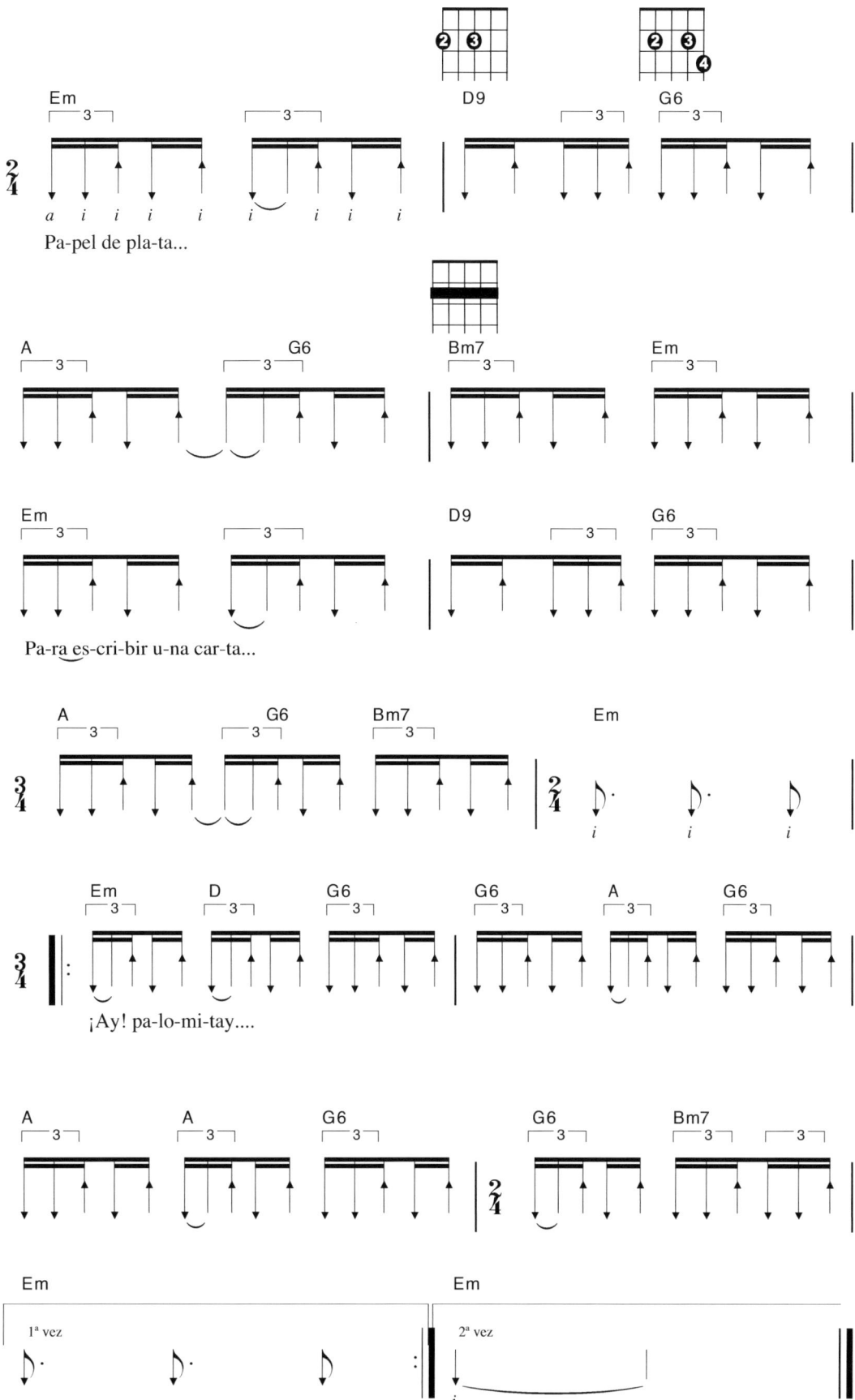

EJERCICIO 186
ME VOY, ME VOY
(Huayno tradicional - Arak Pacha)

C
Me voy, me voy
para no volver
palomita
      Am
me voy, me voy.

C
Si tu quieres
que vuelva
para el otro año
    Am
espérame.

Practicar primero sin cambio de acordes.

EXERCISE 186
I'M GOING AWAY, I'M GOING AWAY

I'm going away, I'm going away
Never to return
Little dove
I'm Going away, I'm going away.

If you want
me to return
Next year
then wait for me.

Practice first without changing chords.

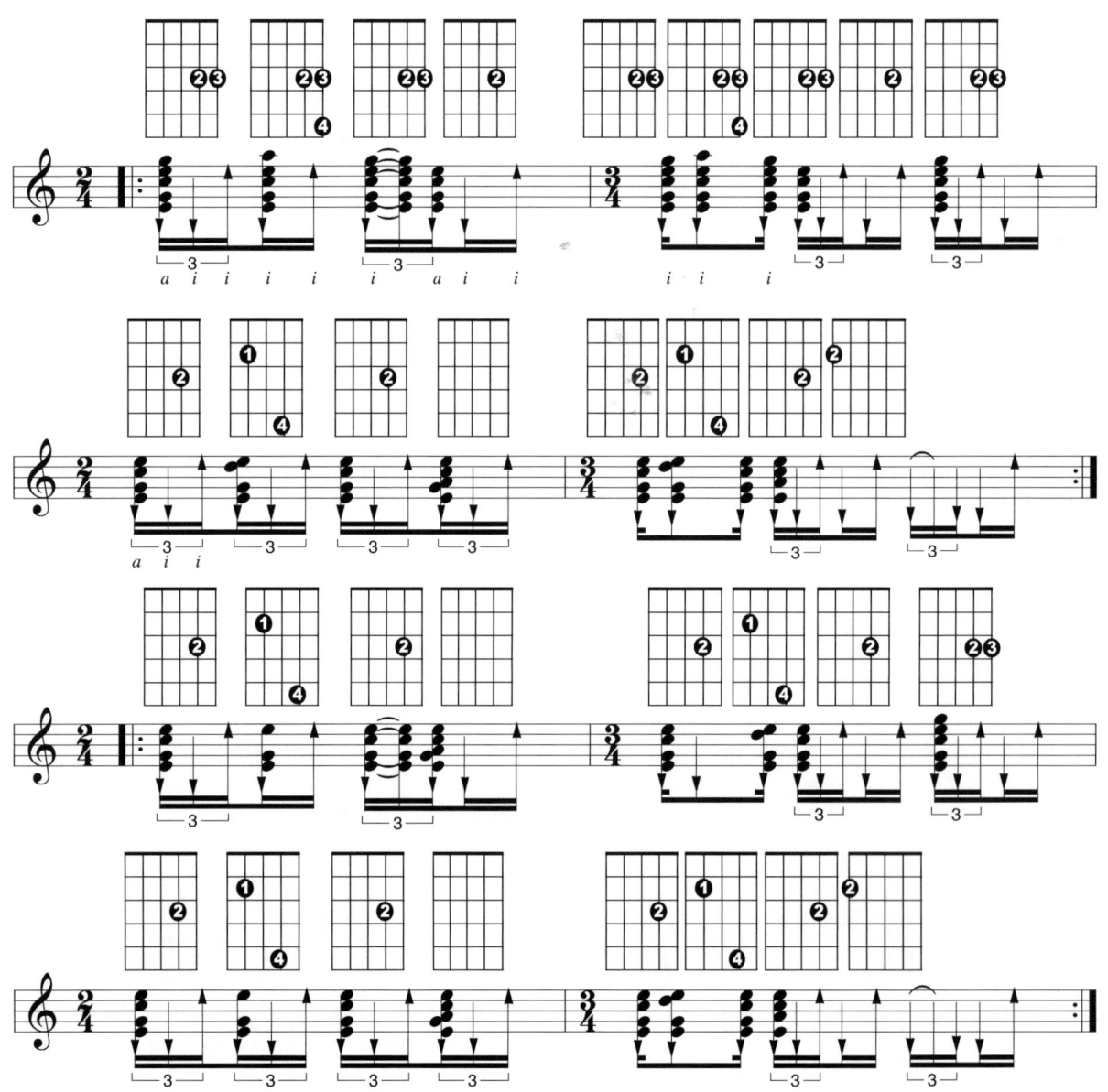

5.2 PATRONES RÍTMICOS EN 6/8 Y 3/4

En estos ejercicios cada módulo abarca un compás entero y a veces dos.

5.2 PATTERNS IN 6/8 AND 3/4

In the following exercises, each module is one or two measures long. We have suggested fingerings for each one.

PRIMER PATRÓN / FIRST PATTERN

EJERCICIO 187 — EXERCISE 187

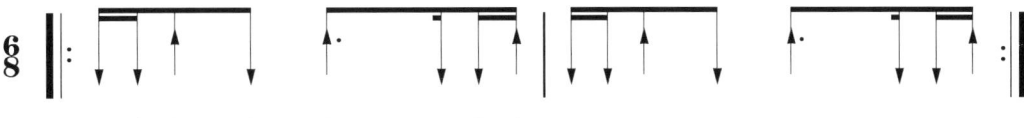

EJERCICIO 188 — EXERCISE 188

SEGUNDO PATRÓN / SECOND PATTERN

EJERCICIO 189 — EXERCISE 189

TERCER PATRÓN / THIRD PATTERN

EJERCICIO 190 — EXERCISE 190

CUARTO PATRÓN / FOURTH PATTERN

EJERCICIO 191 — EXERCISE 191

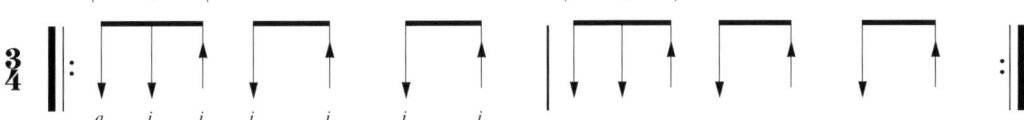

QUINTO PATRÓN
EJERCICIO 192

FIFTH PATTERN
EXERCISE 192

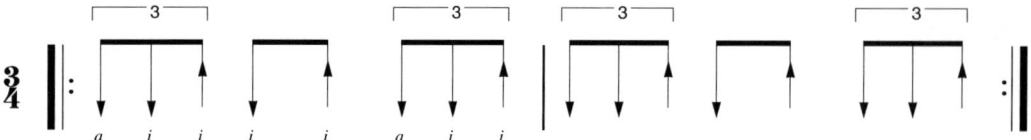

SEXTO PATRÓN
EJERCICIO 193

SIXTH PATTERN
EXERCISE 193

SÉPTIMO PATRÓN
EJERCICIO 194

SEVENTH PATTERN
EXERCISE 194

OCTAVO PATRÓN
EJERCICIO 195

EIGHTH PATTERN
EXERCISE 195

NOVENO PATRÓN
EJERCICIO 196

NINTH PATTERN
EXERCISE 196

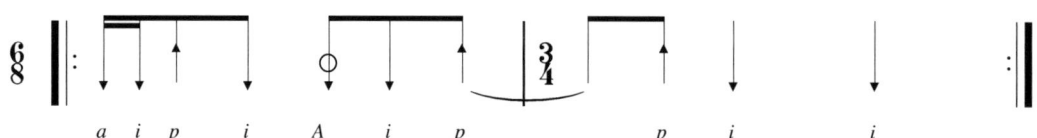

COMBINACIÓN DE LOS PATRONES ANTERIORES
EJERCICIO 197

PATTERN COMBINATIONS
EXERCISE 197

EJERCICIO 198 — EXERCISE 198

EJERCICIO 199 — EXERCISE 199

EJERCICIO 200 — EXERCISE 200

Fragmento de " Campanitas" (A. Domínguez)

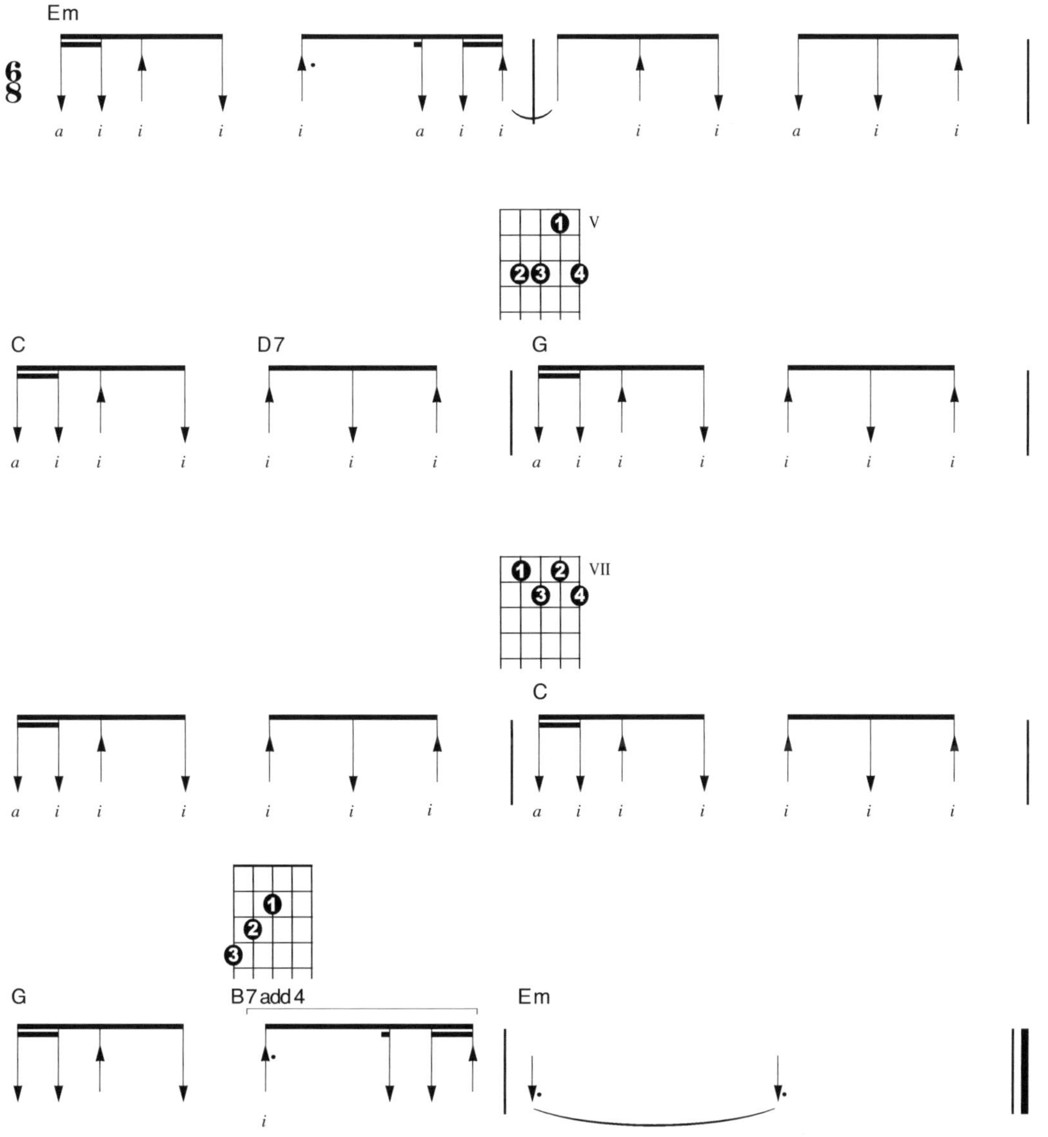

EJERCICIO 201
GOLPEAR DE BOMBOS
(Chacarera de Chango Ramírez / Versión de Jaime Torres)

EXERCISE 201
BEATING THE DRUM

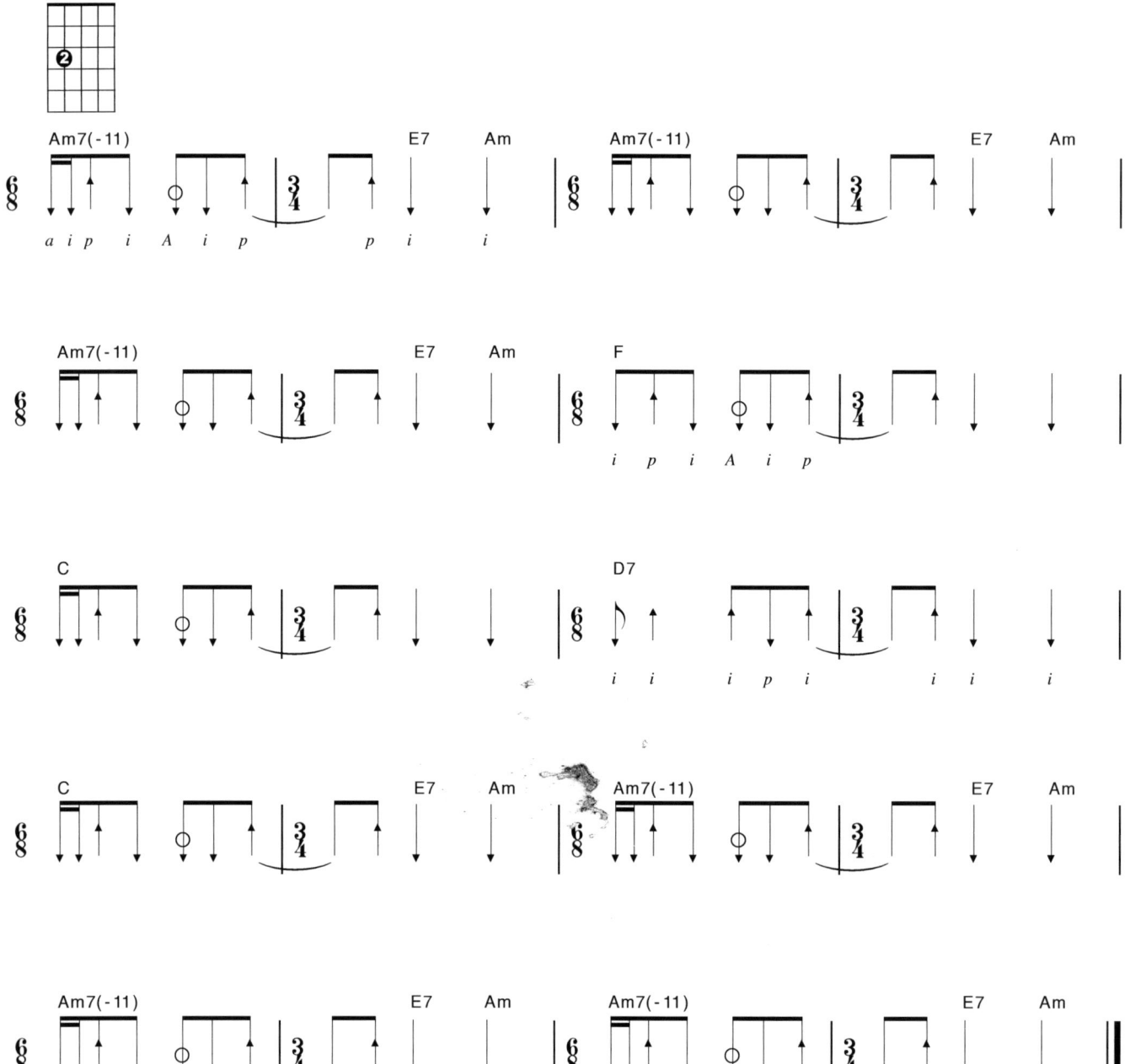

CAPITULO 6:
REPERTORIO

Hemos seleccionado veintitrés composiciones para charango creadas a partir del instrumento.

Este es nuestro primer paso en la búsqueda de llevar el nutrido y variado repertorio charanguístico actual a la escritura musical convencional.

En el caso de aquellas piezas musicales donde no se ha escrito la parte correspondiente a la guitarra, la clave americana indica el acompañamiento armónico que puede realizar el guitarrista. En el caso de "Estudio para Charango" y en el de aquellas piezas donde sí se ha escrito la guitarra, la clave americana indica los acordes del charango.

Cuando la clave americana esté acompañada de uno o más asteriscos (*), significa que se trata de las distintas inversiones del mismo acorde.

CHAPTER 6:
REPERTORY

In the following section, we have included twenty-three compositions for Charango.

This publication is very important to us as it represents a first step towards the establishment of the Charango repertory in conventional notation.

In the case of those pieces for wich no corresponding guitar part has been included, the chord changes above the staff are intended as a guide for guitar accompaniment. For those pieces in which the guitar part has been written, the chord changes are intended as a guide for the charango player.

When the key signature is accompanied by one or more asterix (*) this indicates different inversions of the same chord.

This page has been left blank to avoid awkward page turns.

Estudio para Charango

Mauro Nuñez

© Mauro Núñez, arreglo de Ernesto Cavour, versión de Horacio Durán
Transcripción de H. Durán e I. Pedrotti

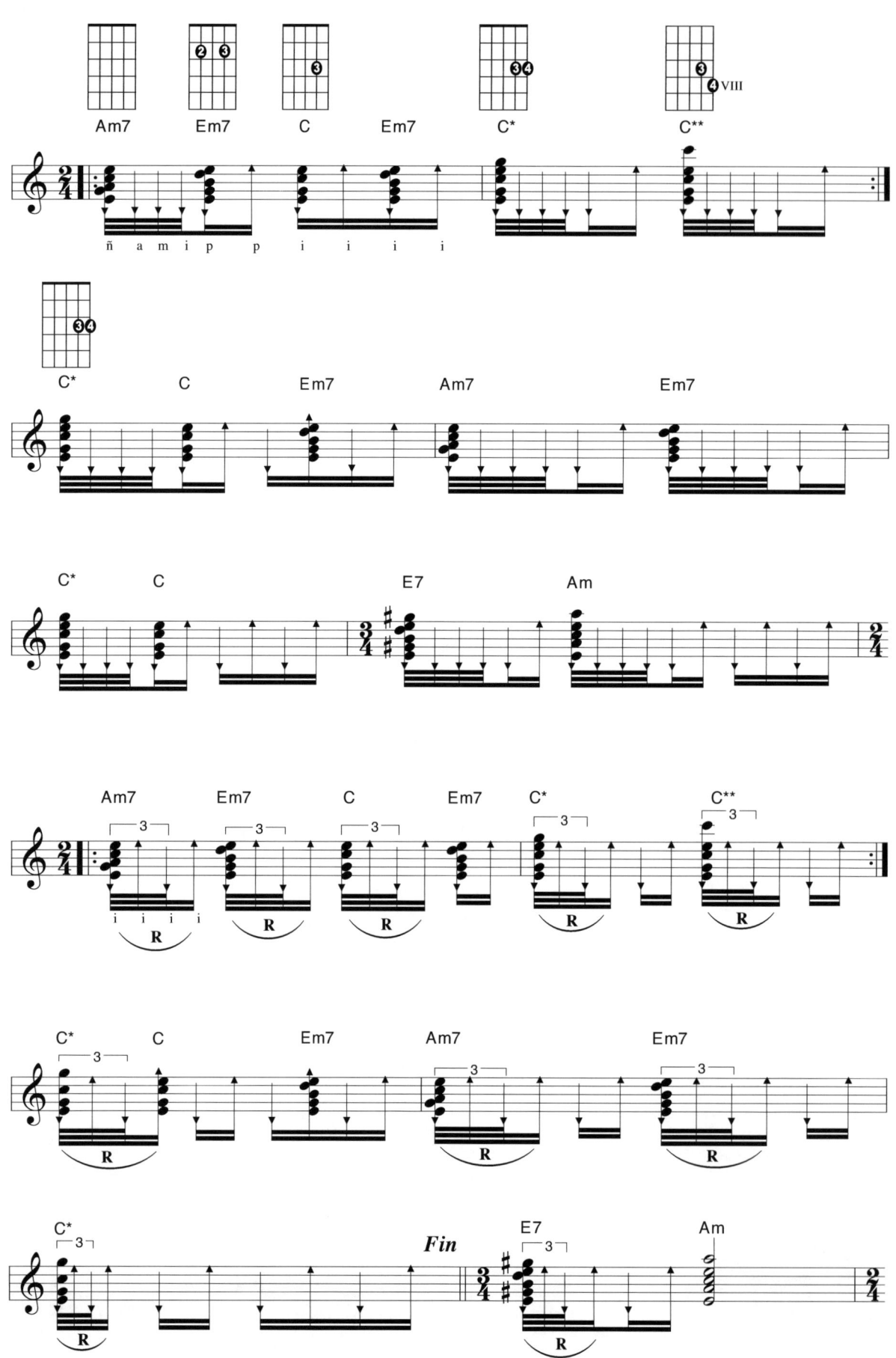

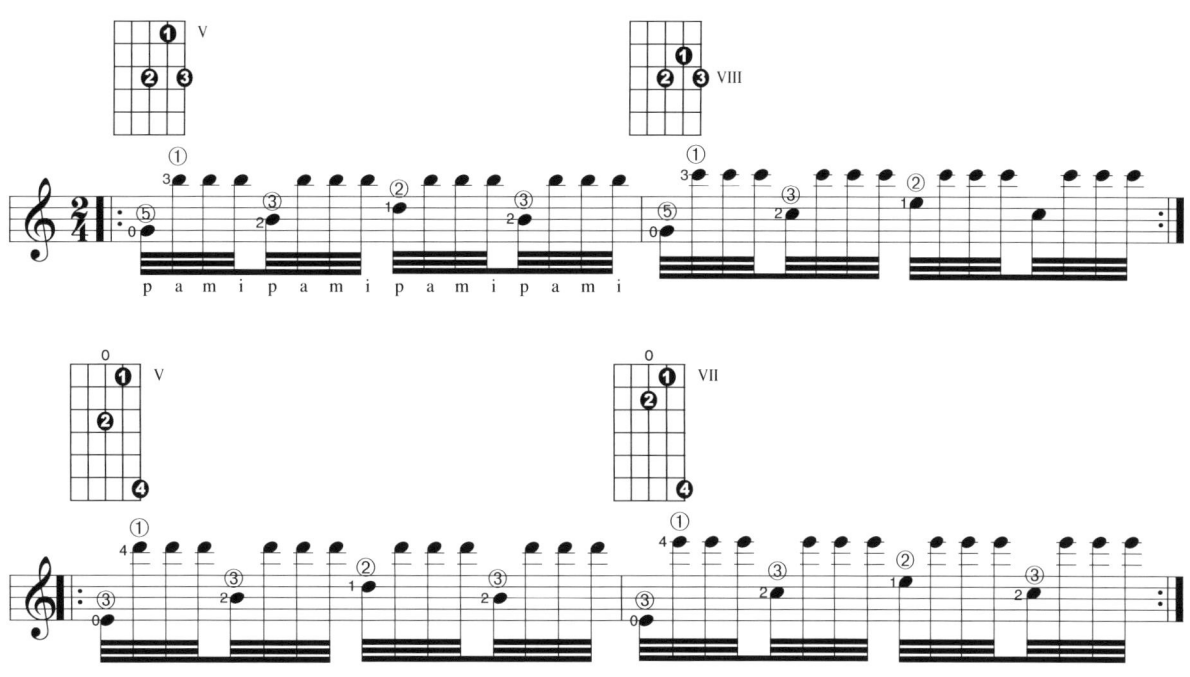

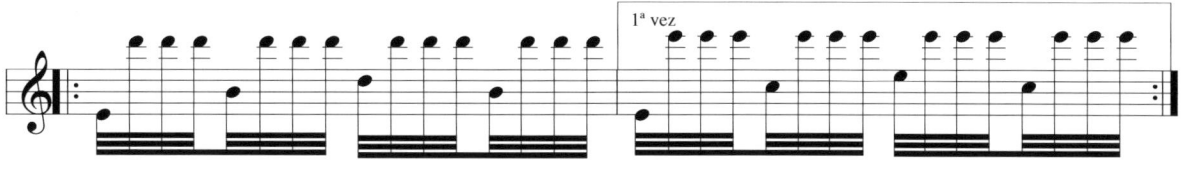
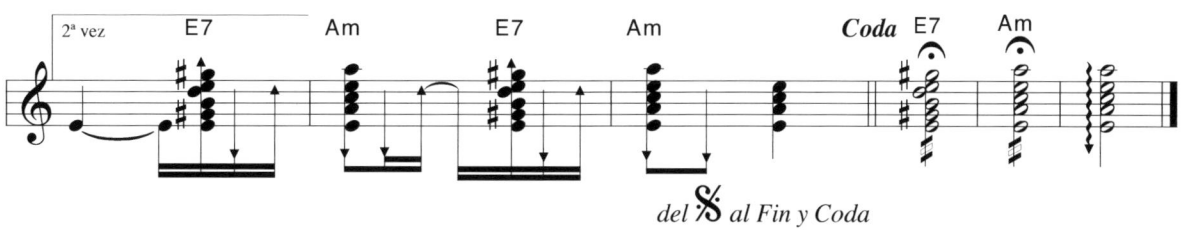

Subida

Ernesto Cavour

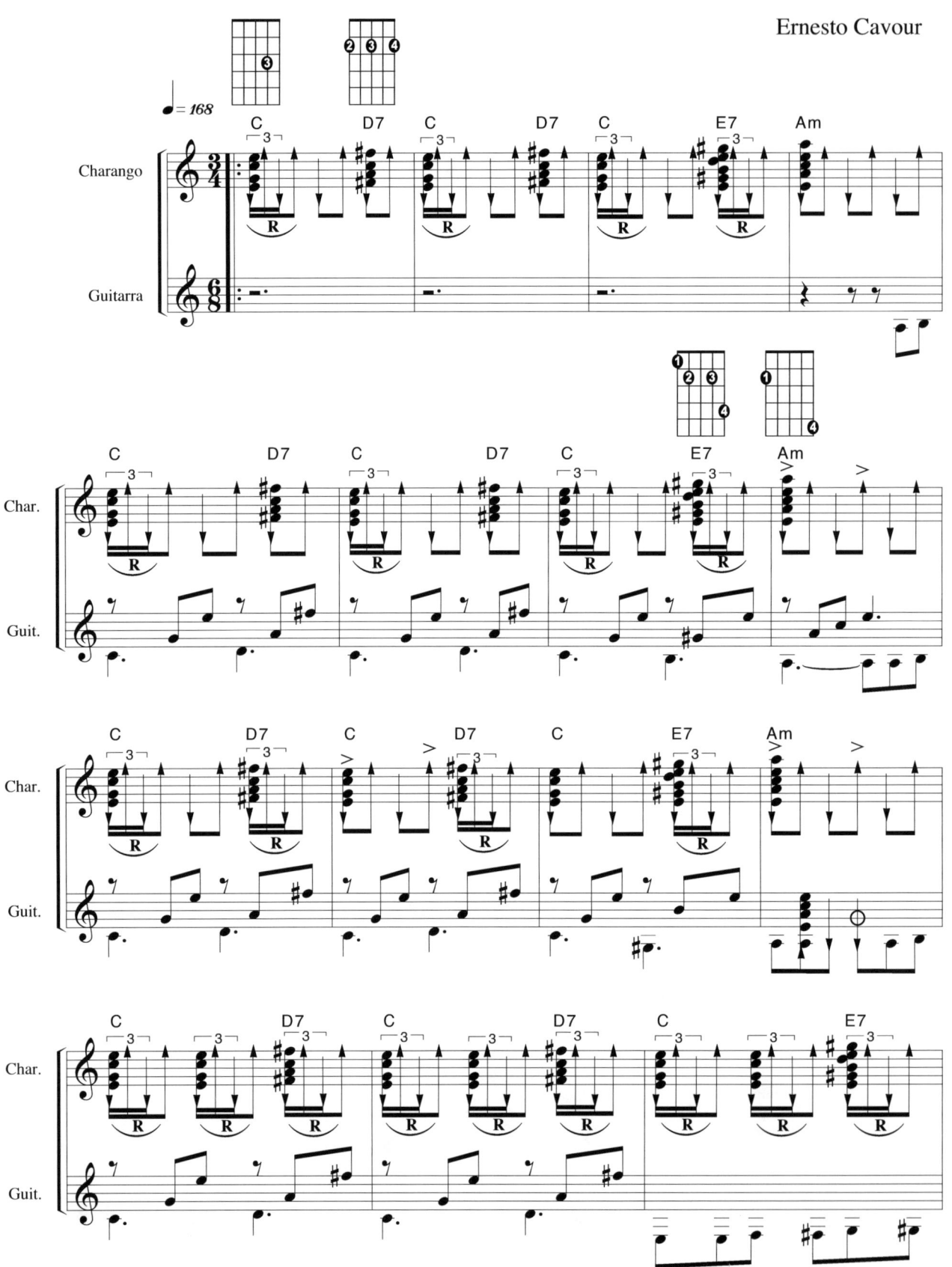

© Ernesto Cavour
Versión de H. Salinas - H. Durán
Transcripción de H. Durán, I. Pedrotti y R. Invernizzi

Escarcha y Sol

Escrita en Am; para ser interpretada con un charango afinado en Em.
This piece was written in Am to be played on Em tuned charango.

Horacio Durán

© Horacio Durán

Campanitas

Alfredo Domínguez

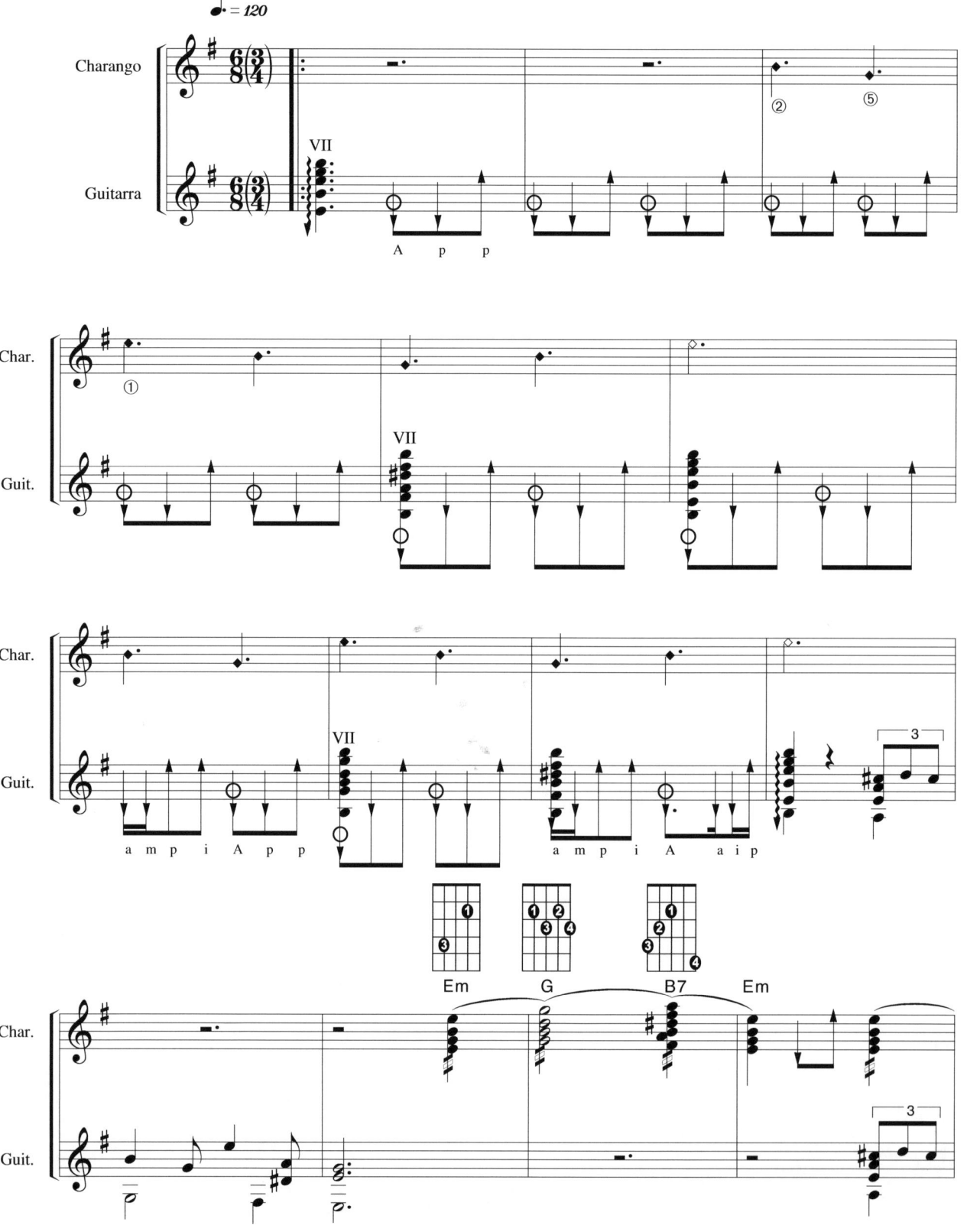

© Alfredo Domínguez
Versión de H. Durán y H. Salinas
Transcripción de H. Durán, I. Pedrotti y R. Invernizzi

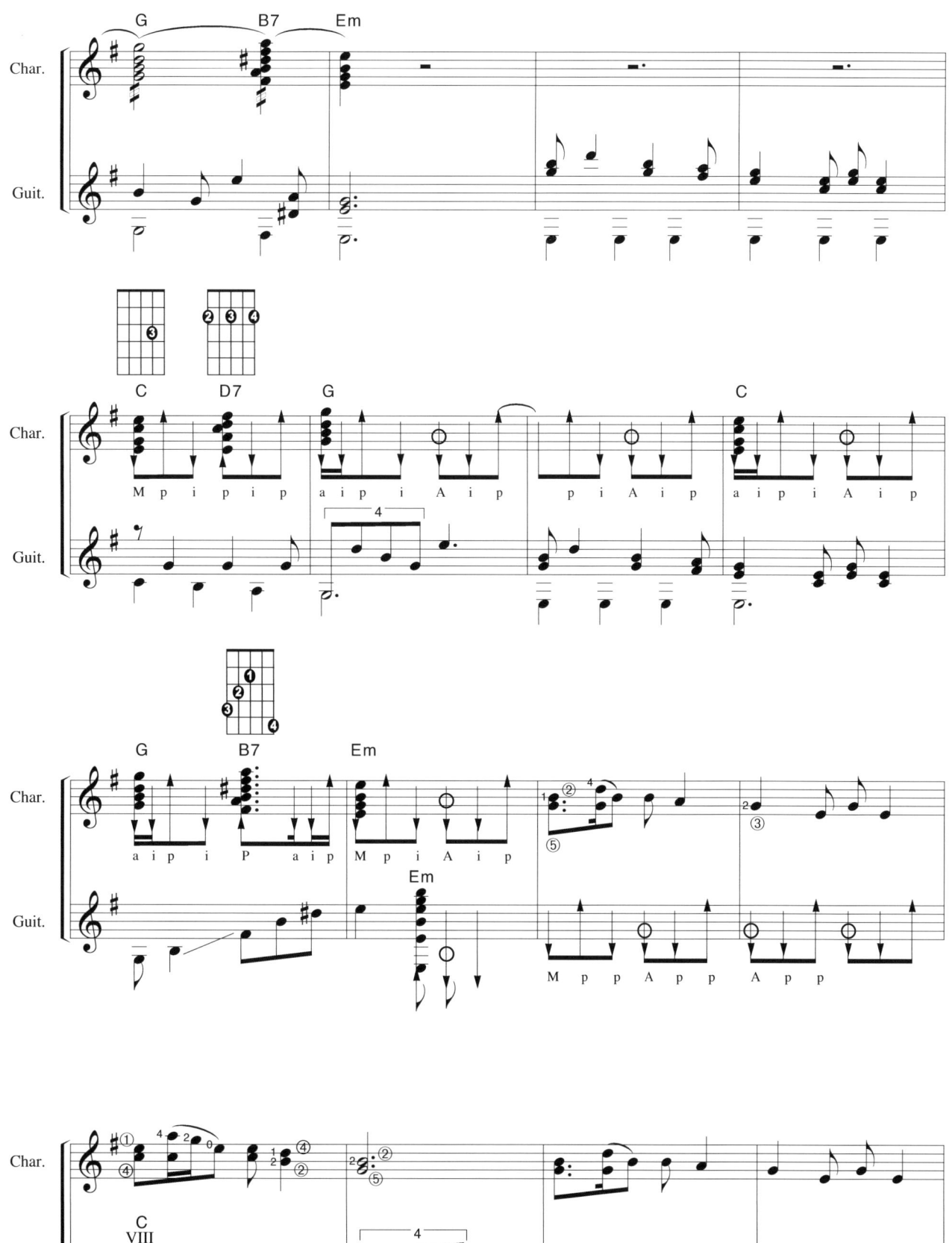

Mis Llamitas

Ernesto Cavour

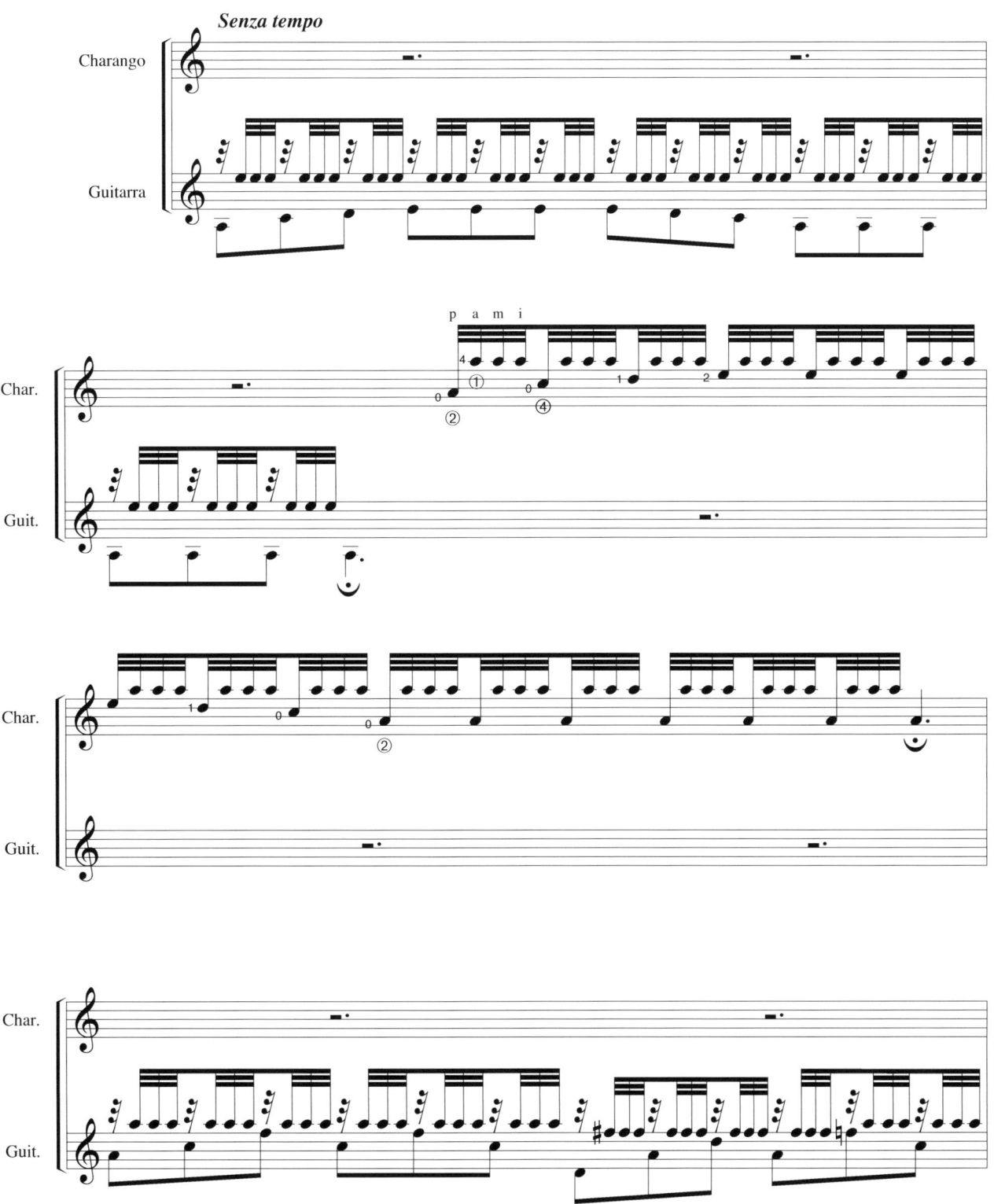

© Ernesto Cavour
Versión de H. Durán y H. Salinas
Transcripción de H. Durán, I. Pedrotti y R. Invernizzi

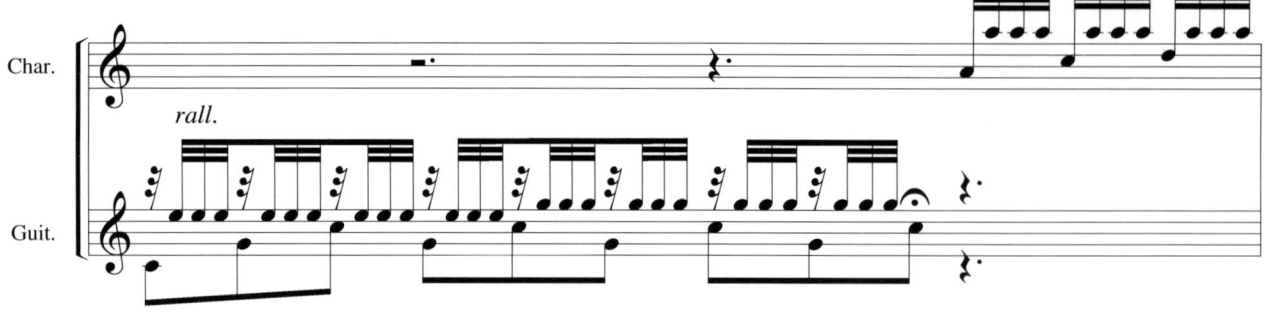

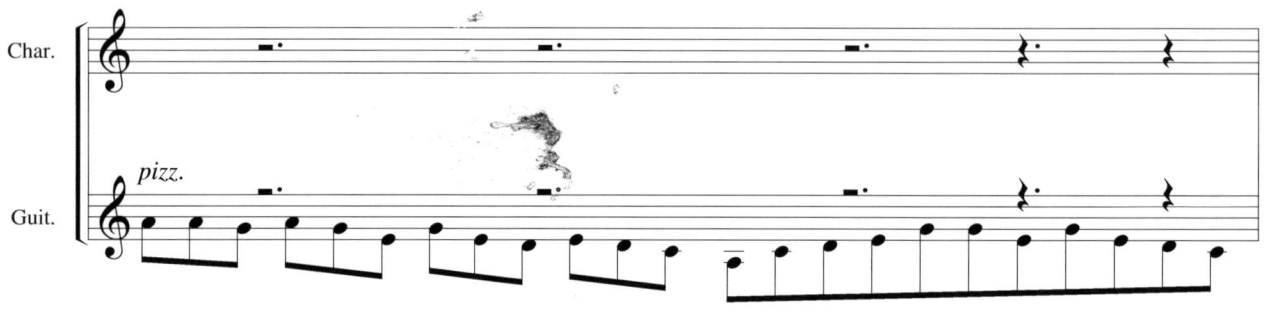
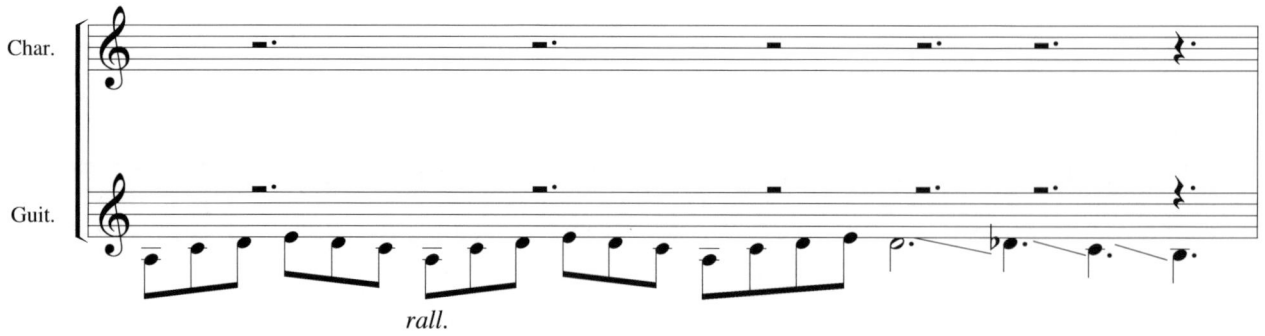

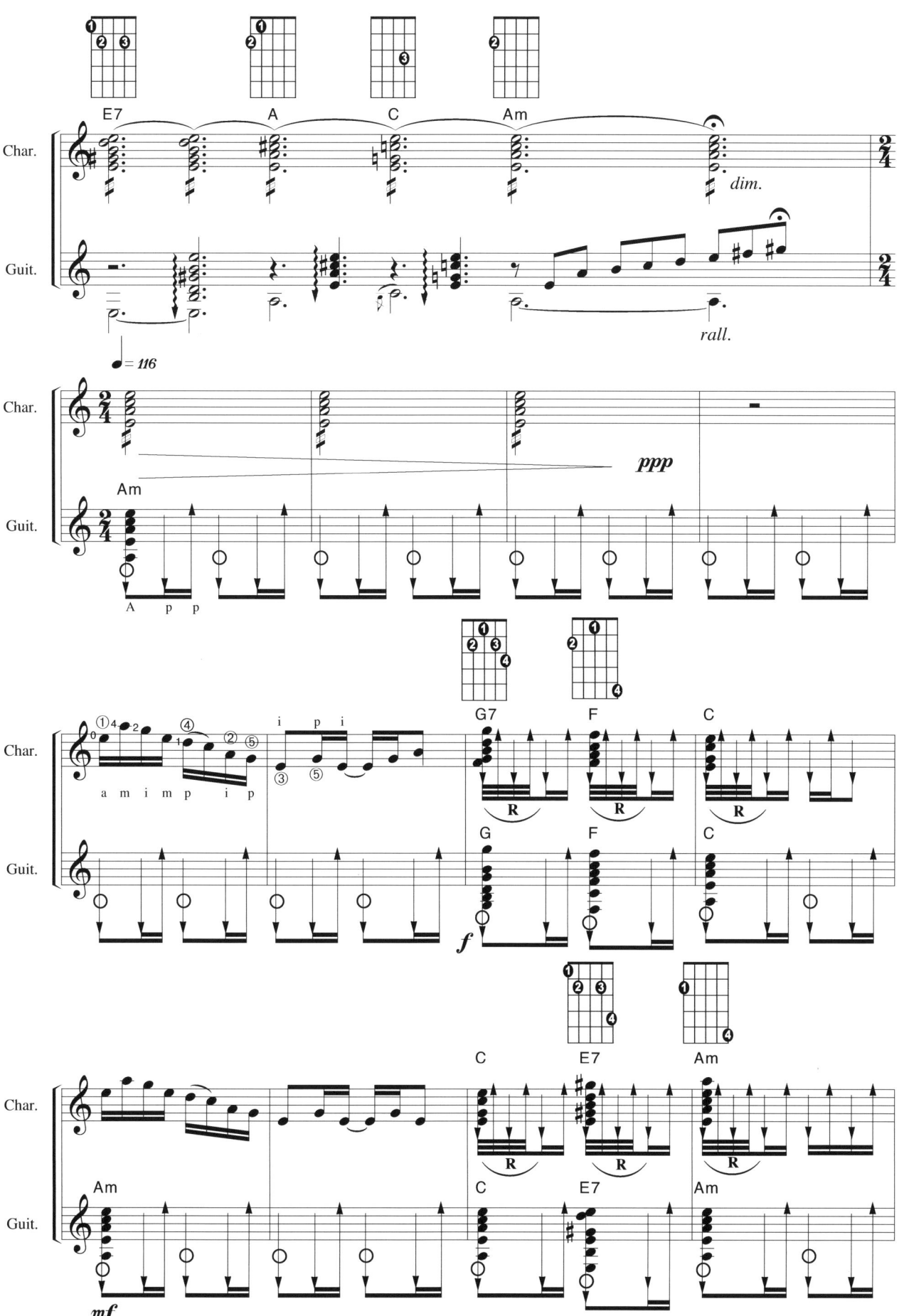

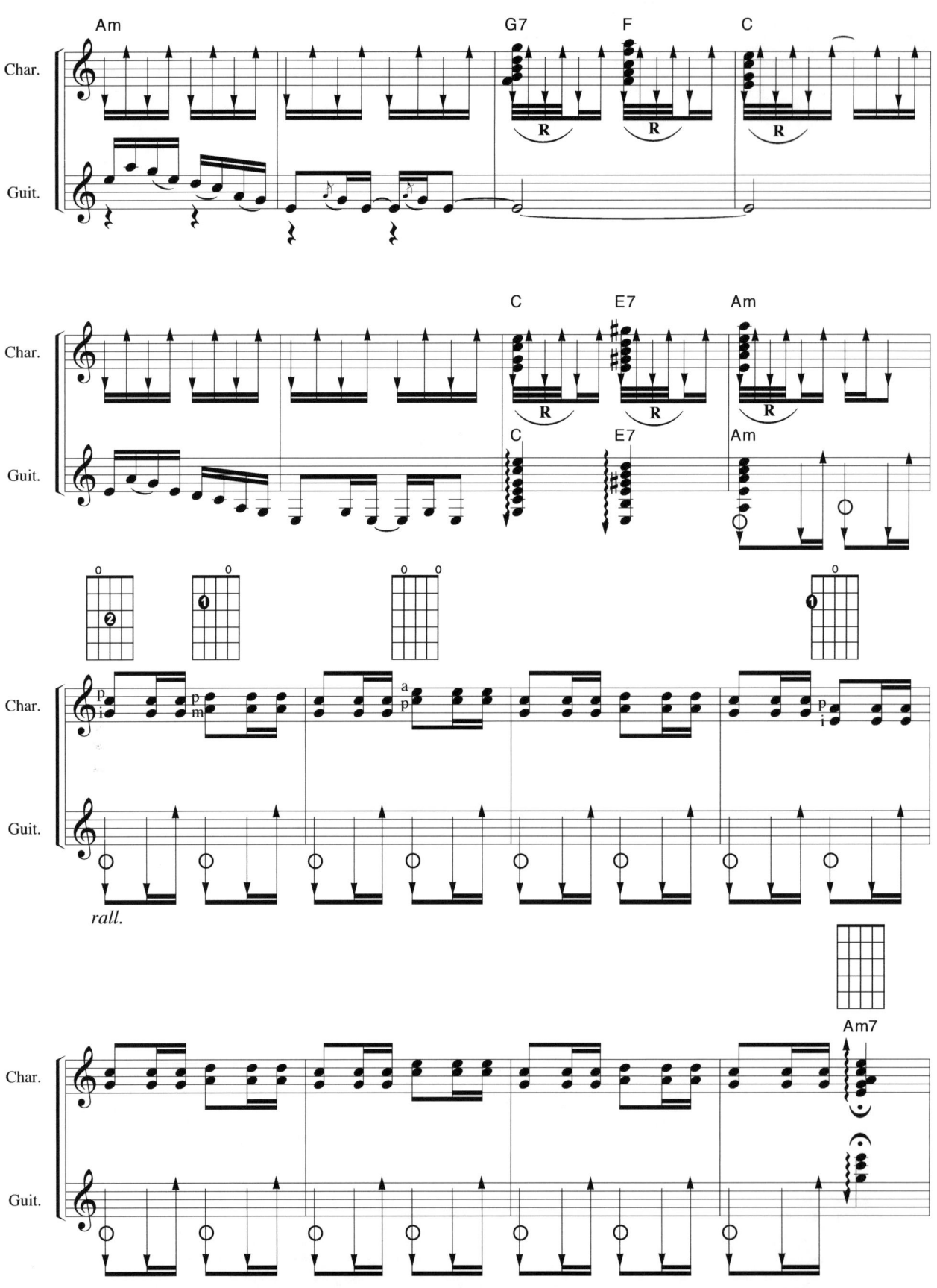

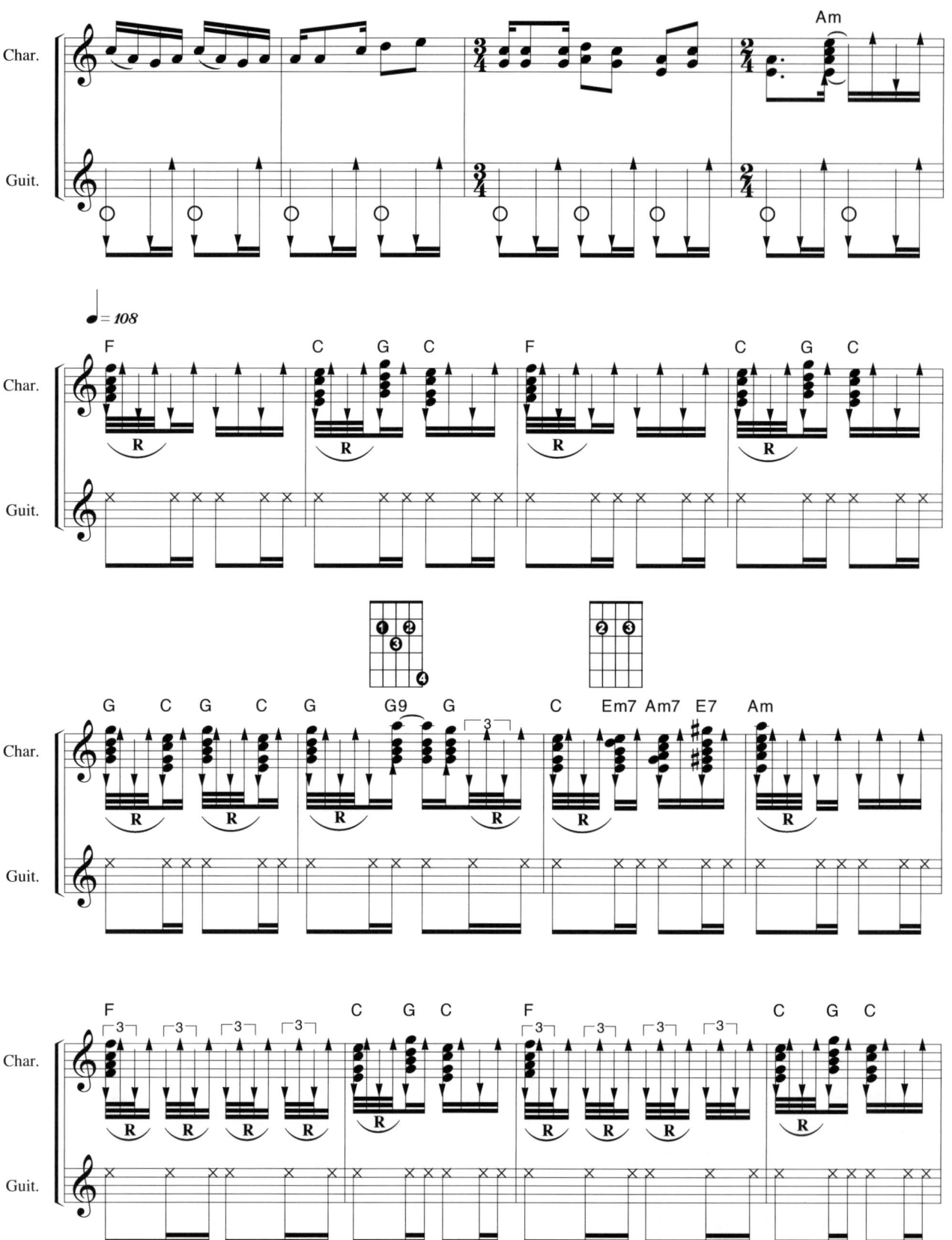

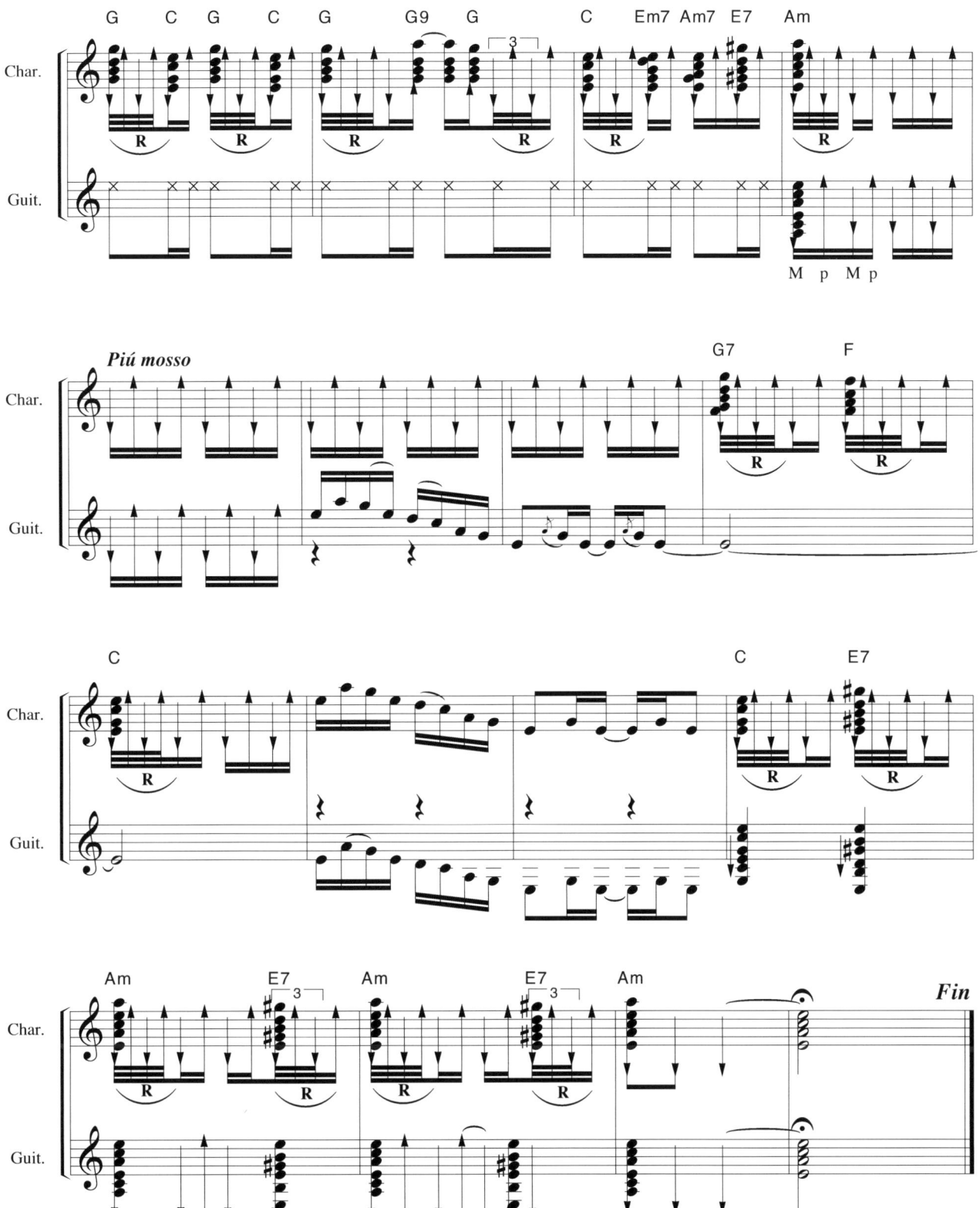

Vuelo de Parinas

César Palacios

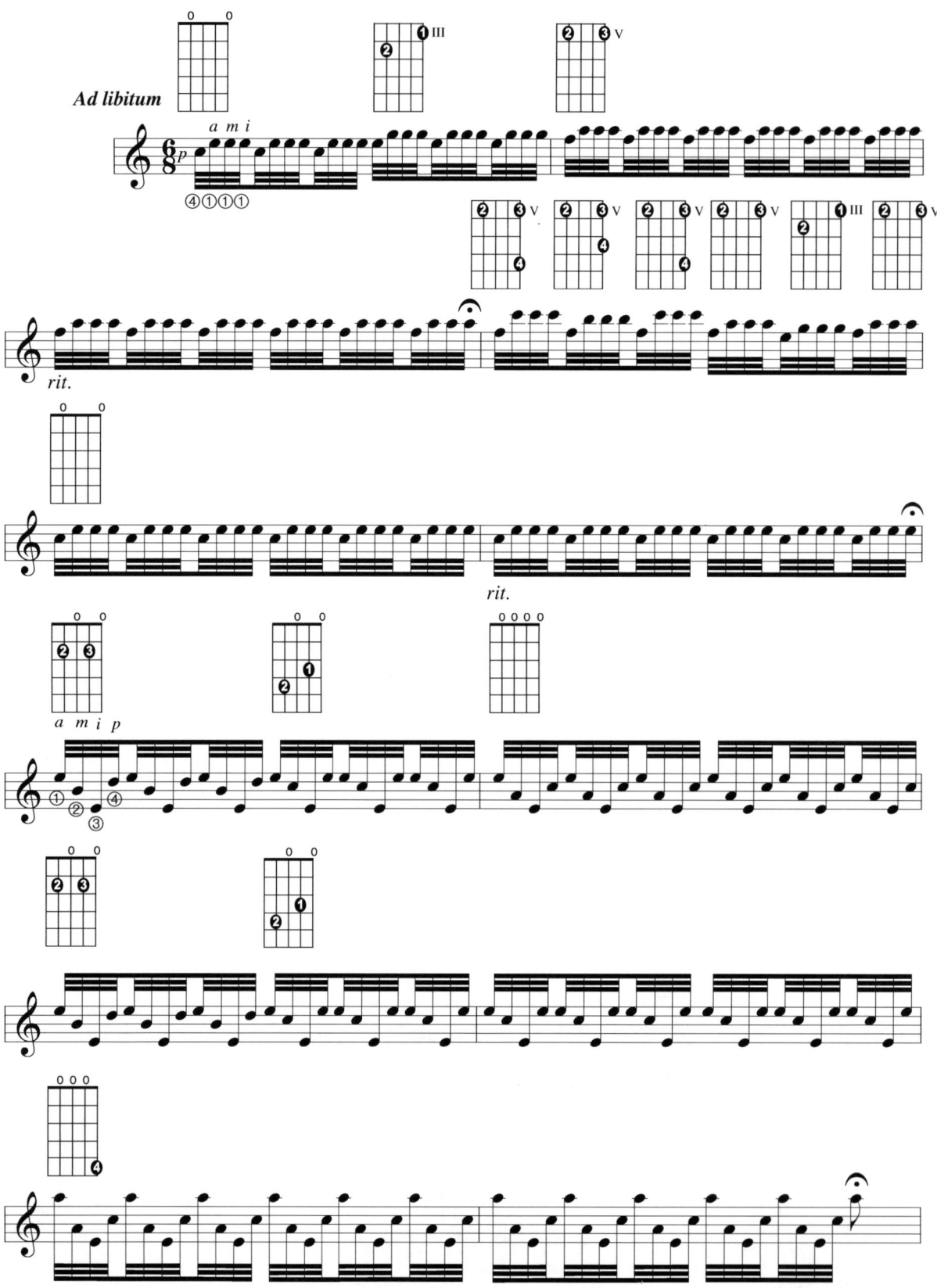

© César Palacios
Versión de Italo Pedrotti

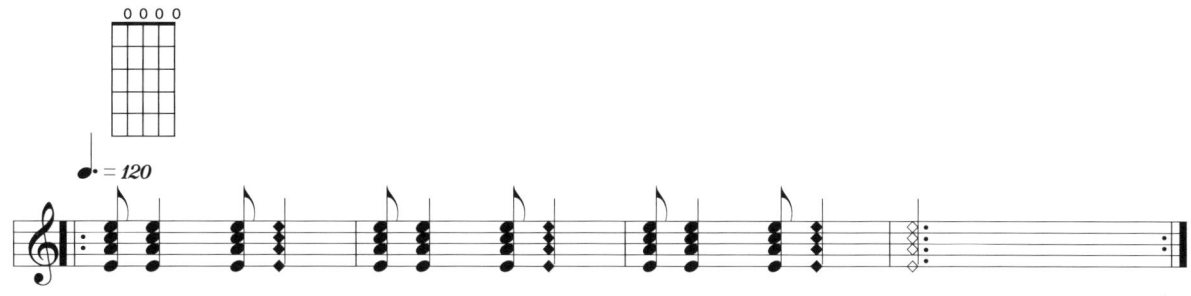
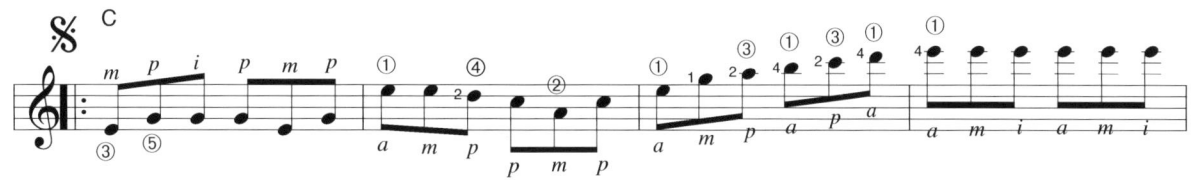
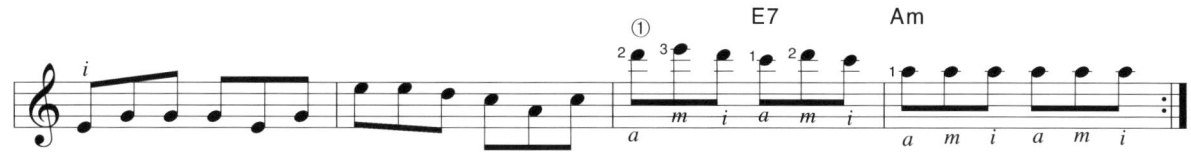
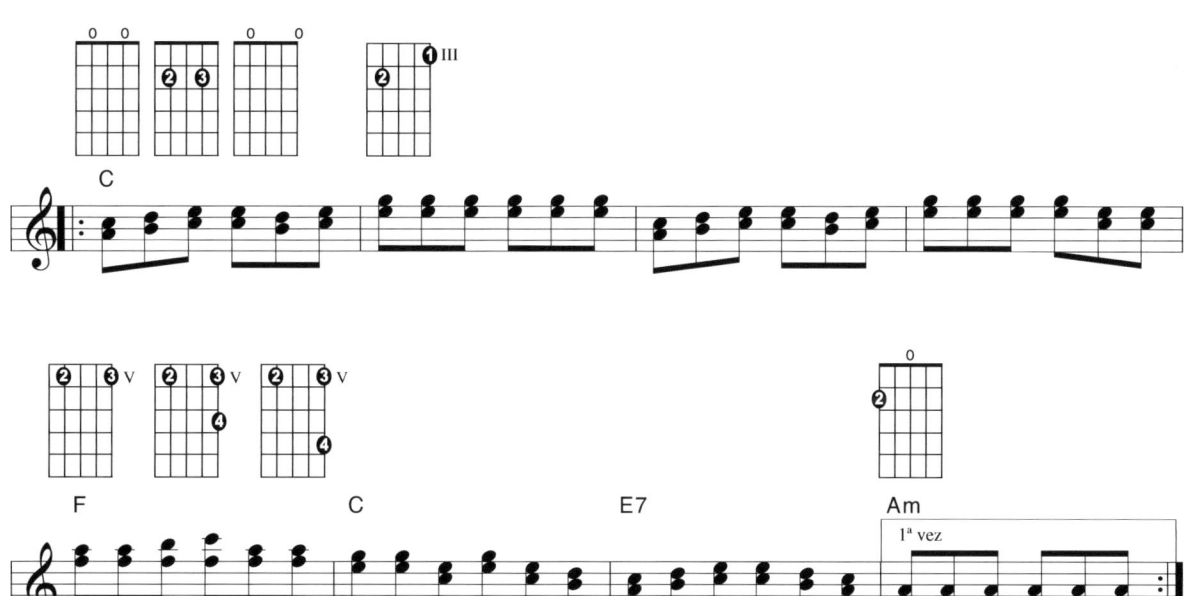

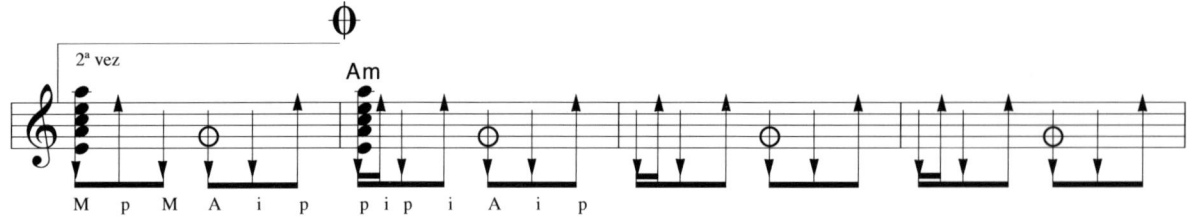
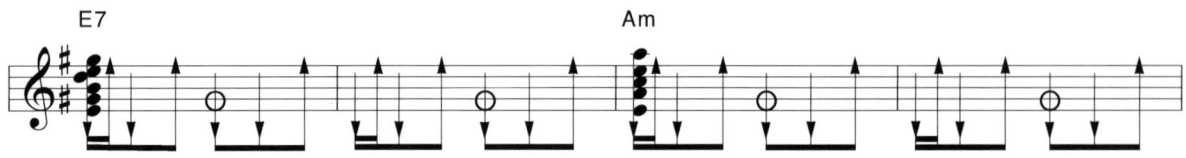
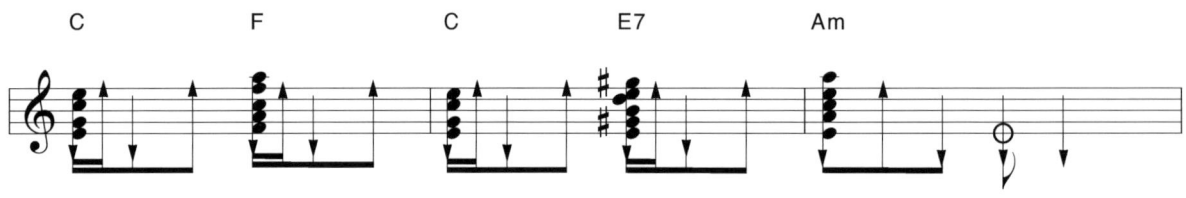
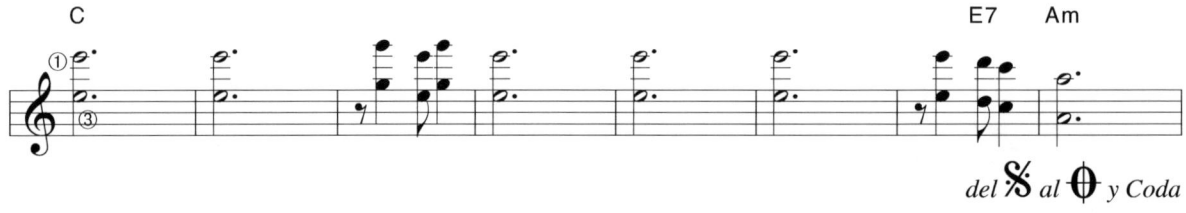

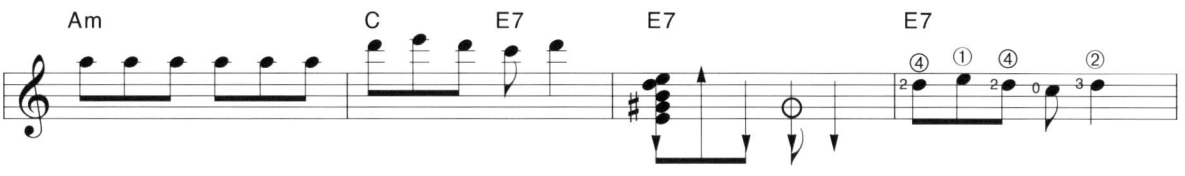
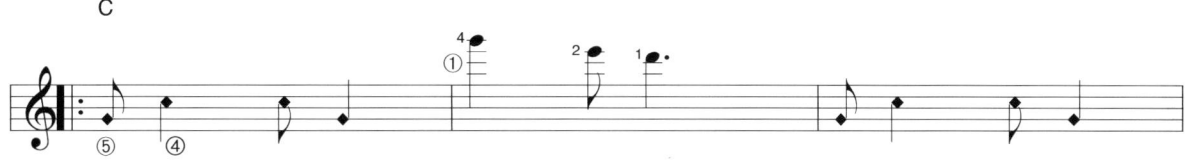

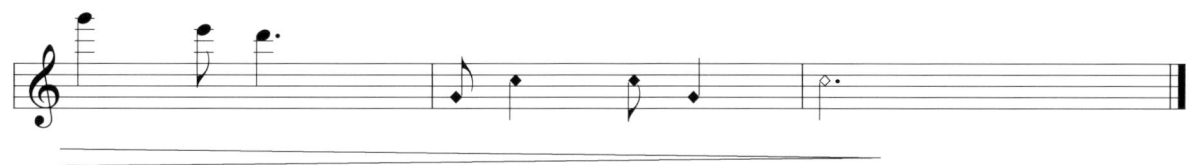

Rosita de Pica

Héctor Soto

© Héctor Soto
Transcripción de Italo Pedrotti

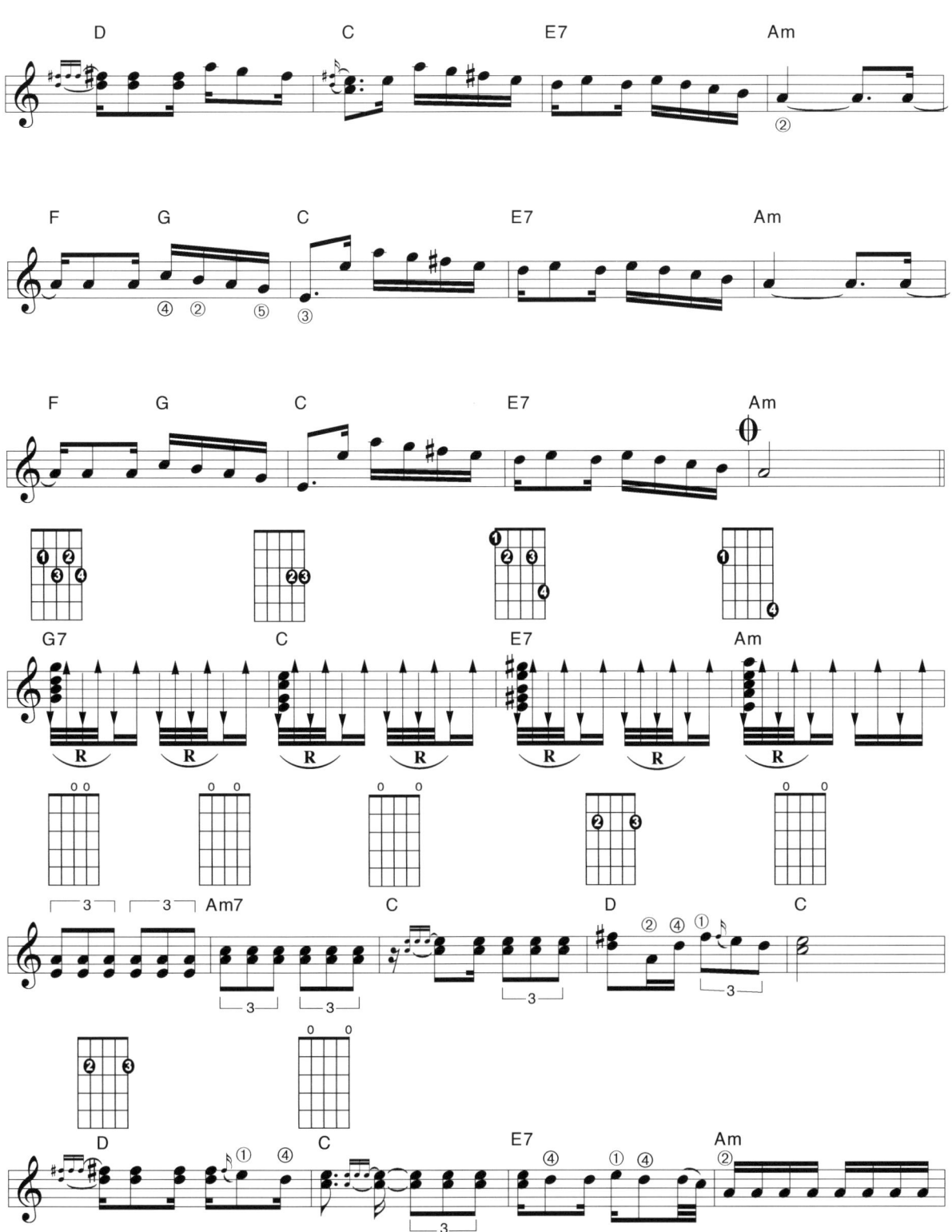

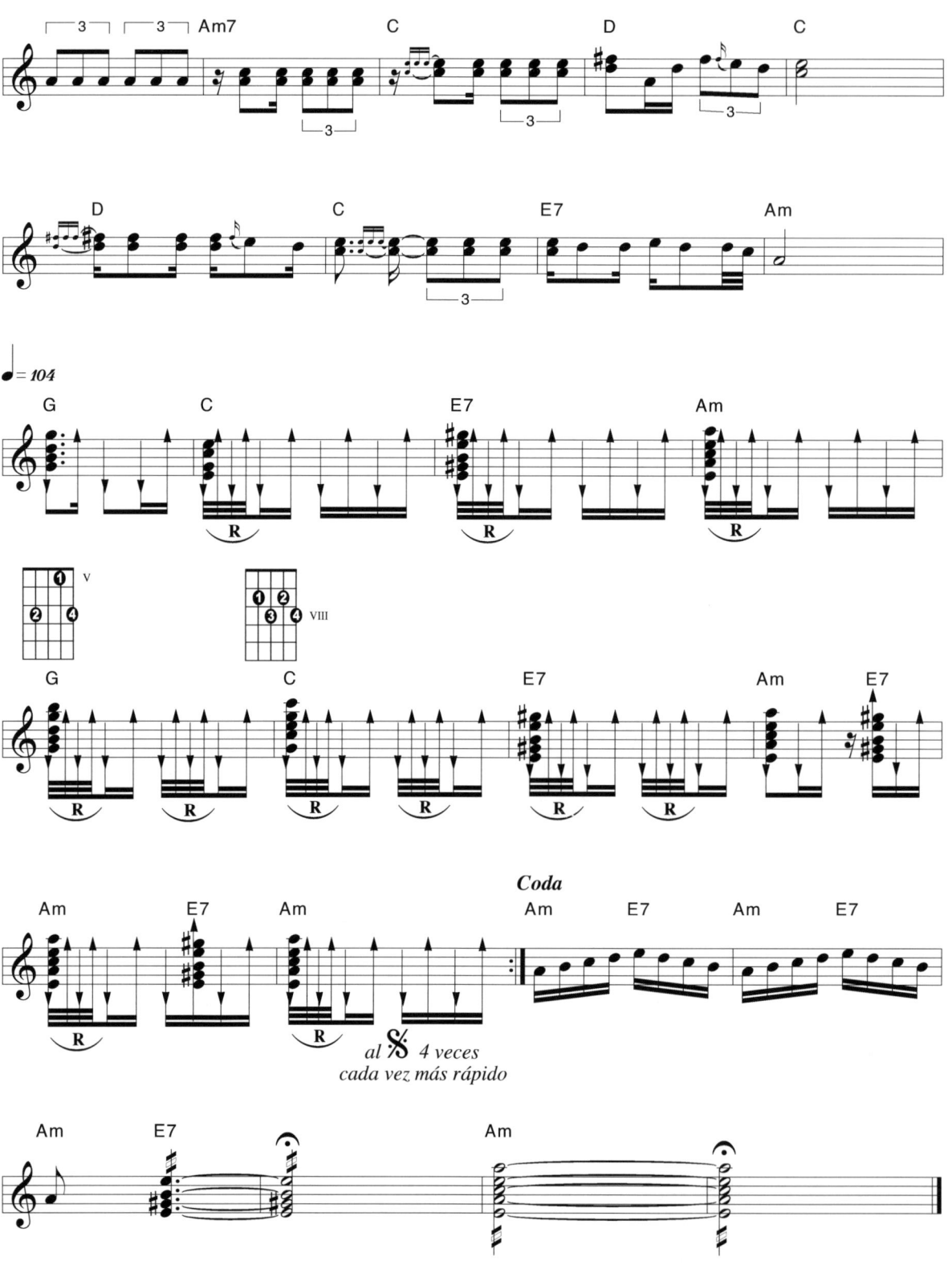

Don Esteban

Horacio Durán

Tonada Triste

Escrita en Am para ser interpretada con un charango afinado en Em (2 1/2 tonos más bajo)
This piece was written in Am to be played on Em tuned charango

Horacio Durán

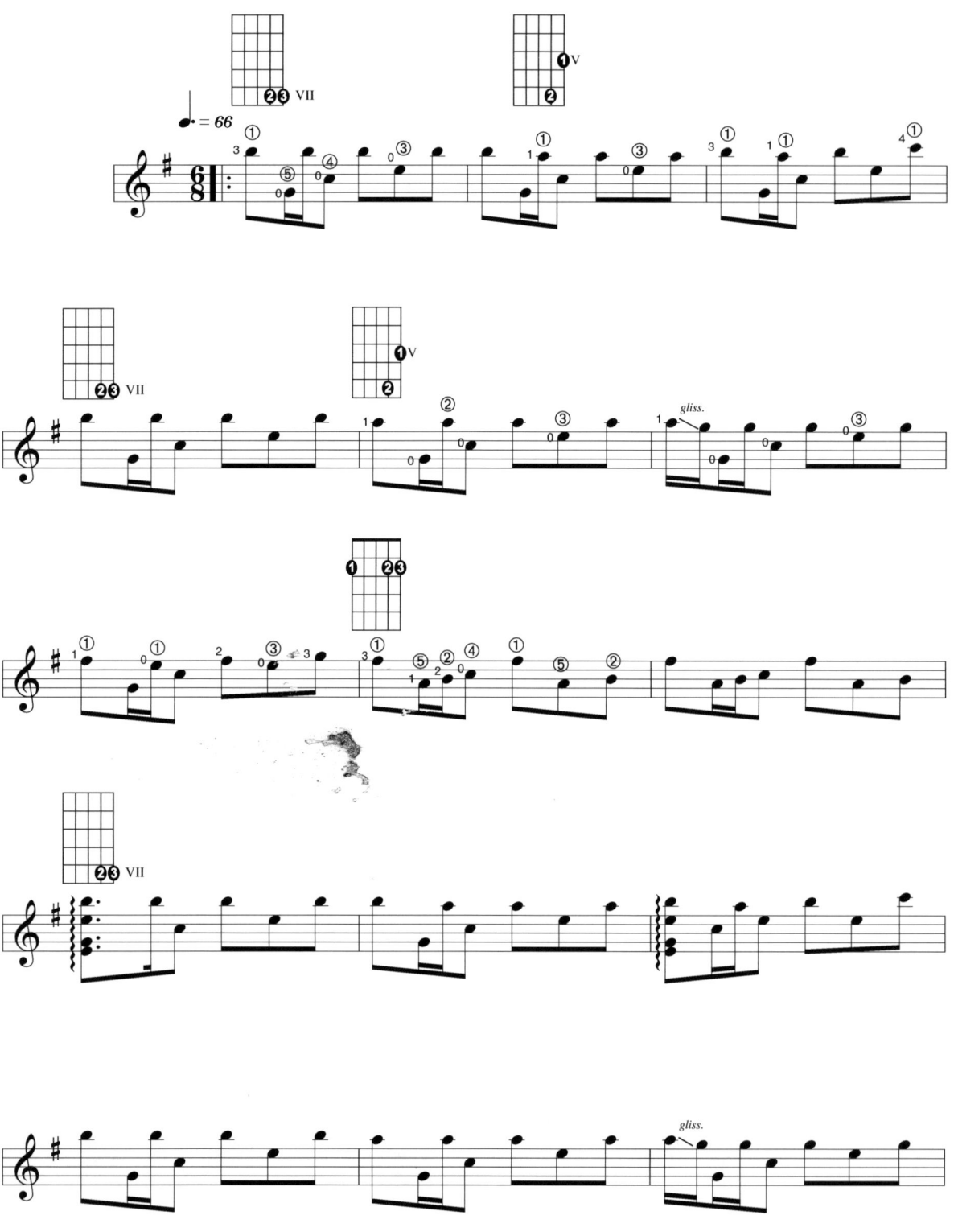

© Horacio Durán

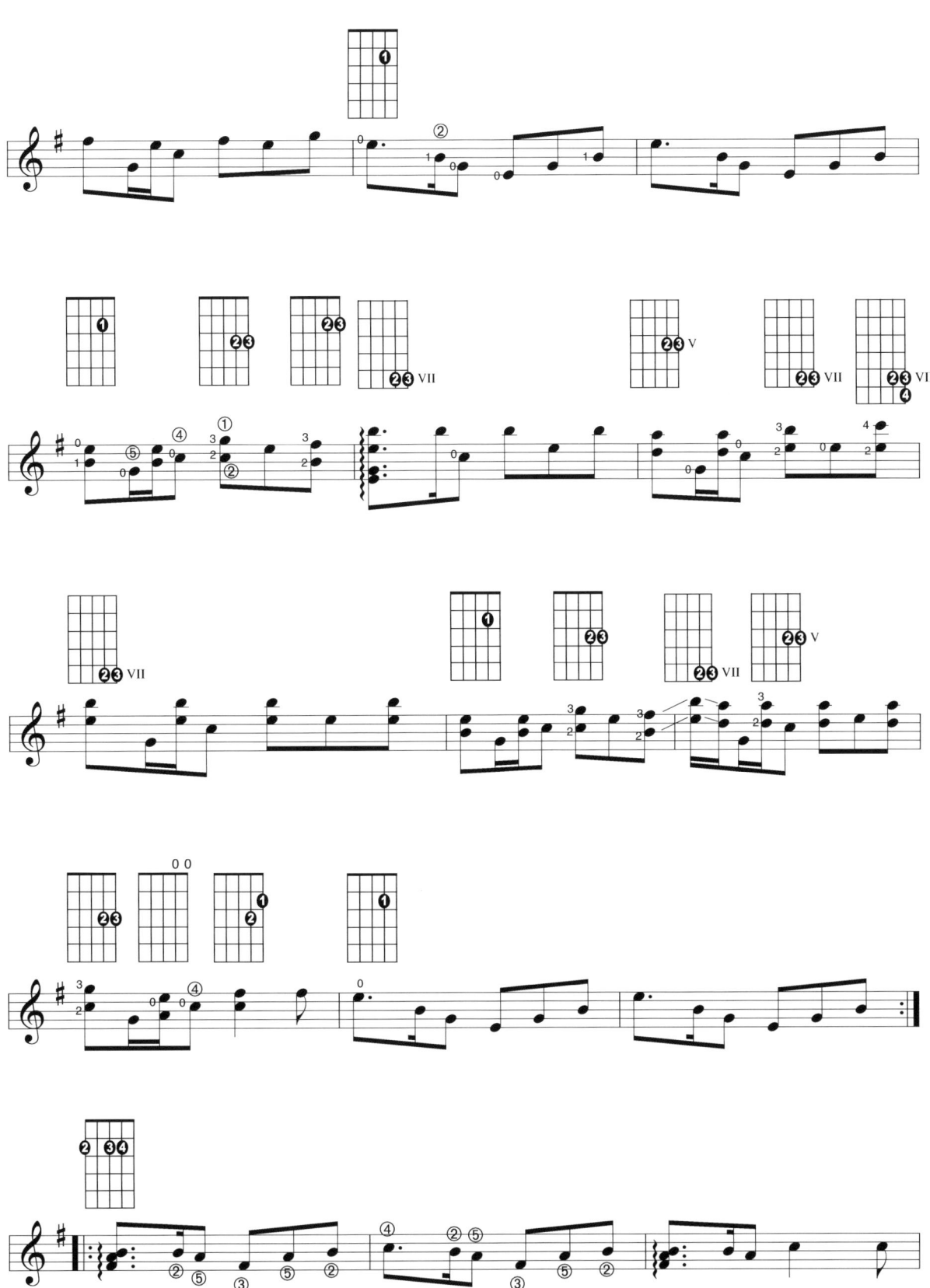

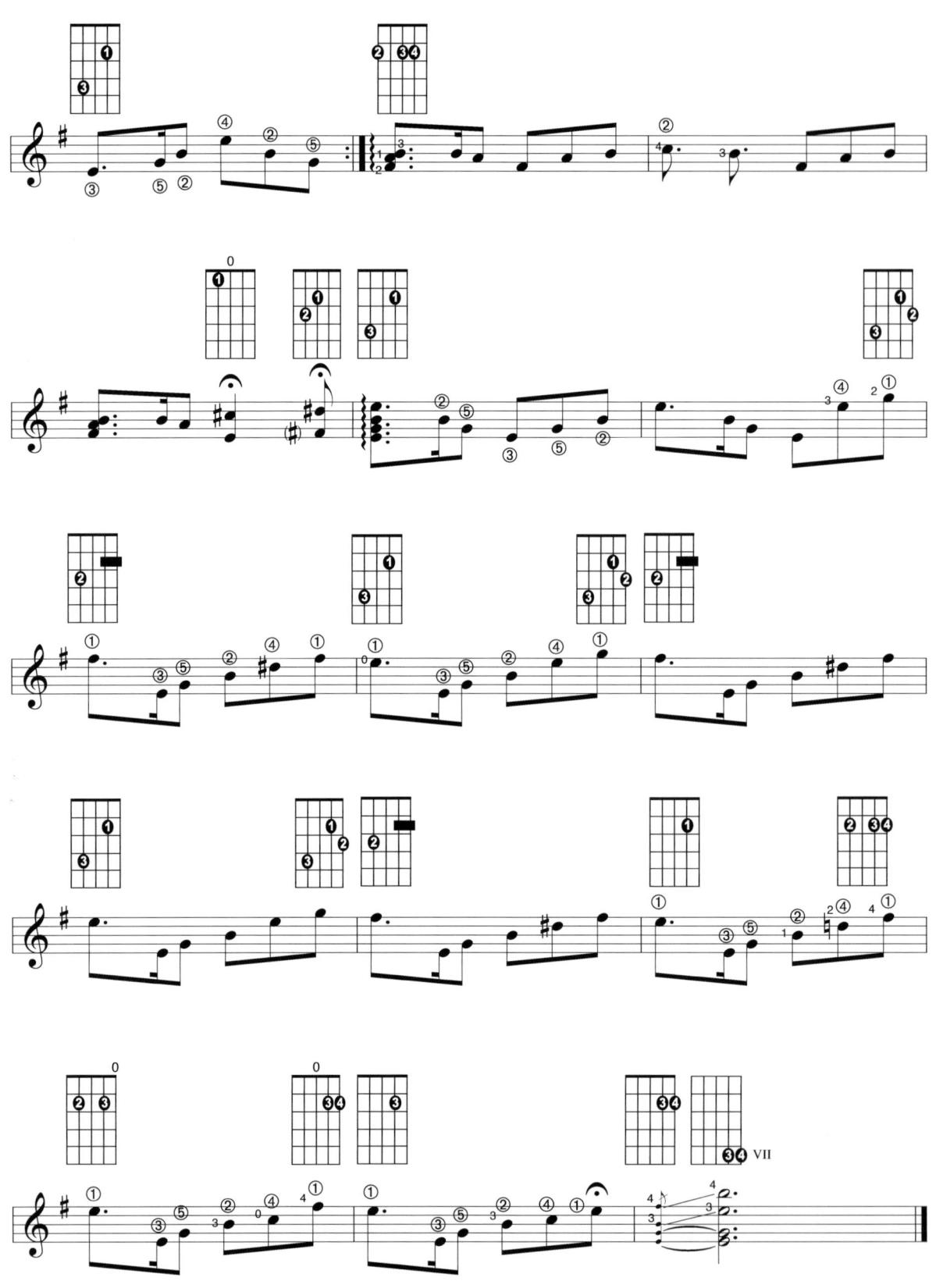

Khespiña

Héctor Soto

Introducción Guitarra

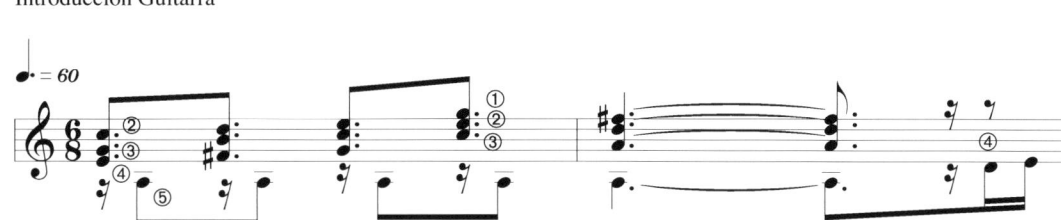

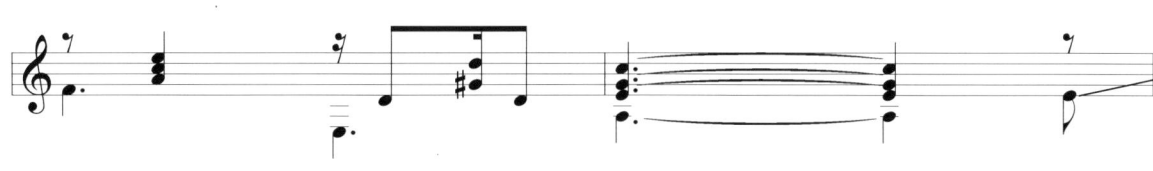

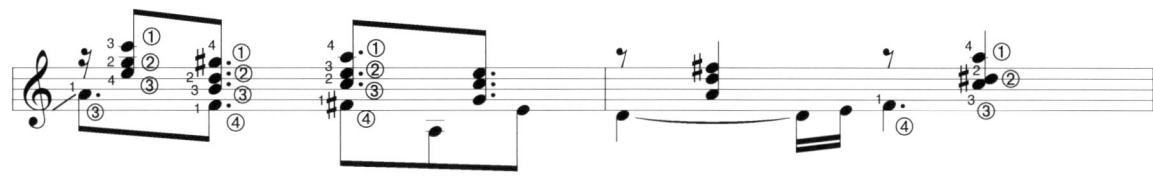

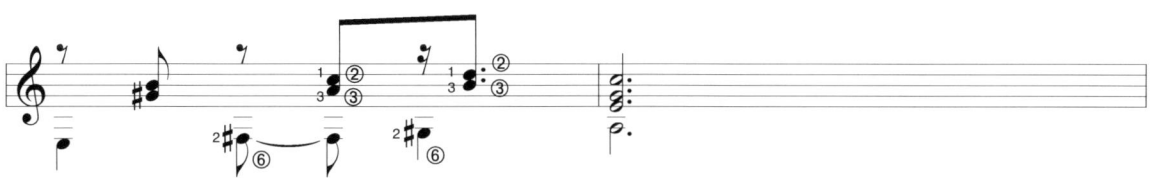

© Héctor Soto
Transcripción de guitarra: Rodrigo Invernizzi
Transcripción de charango: Italo Pedrotti

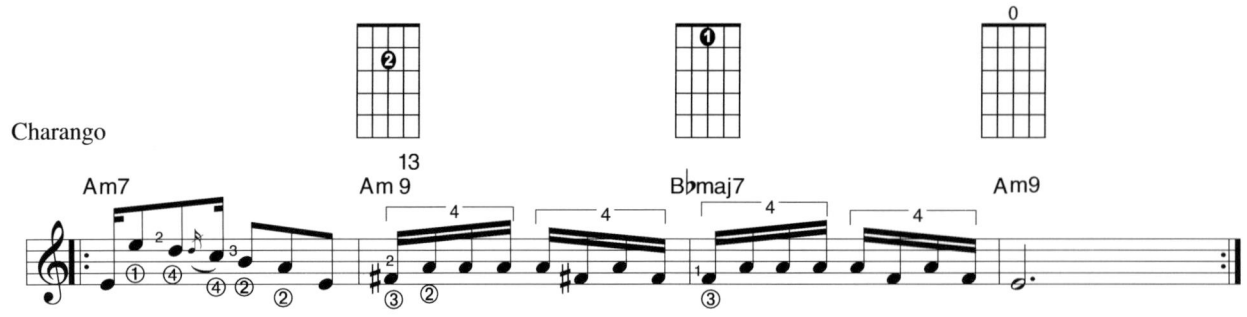
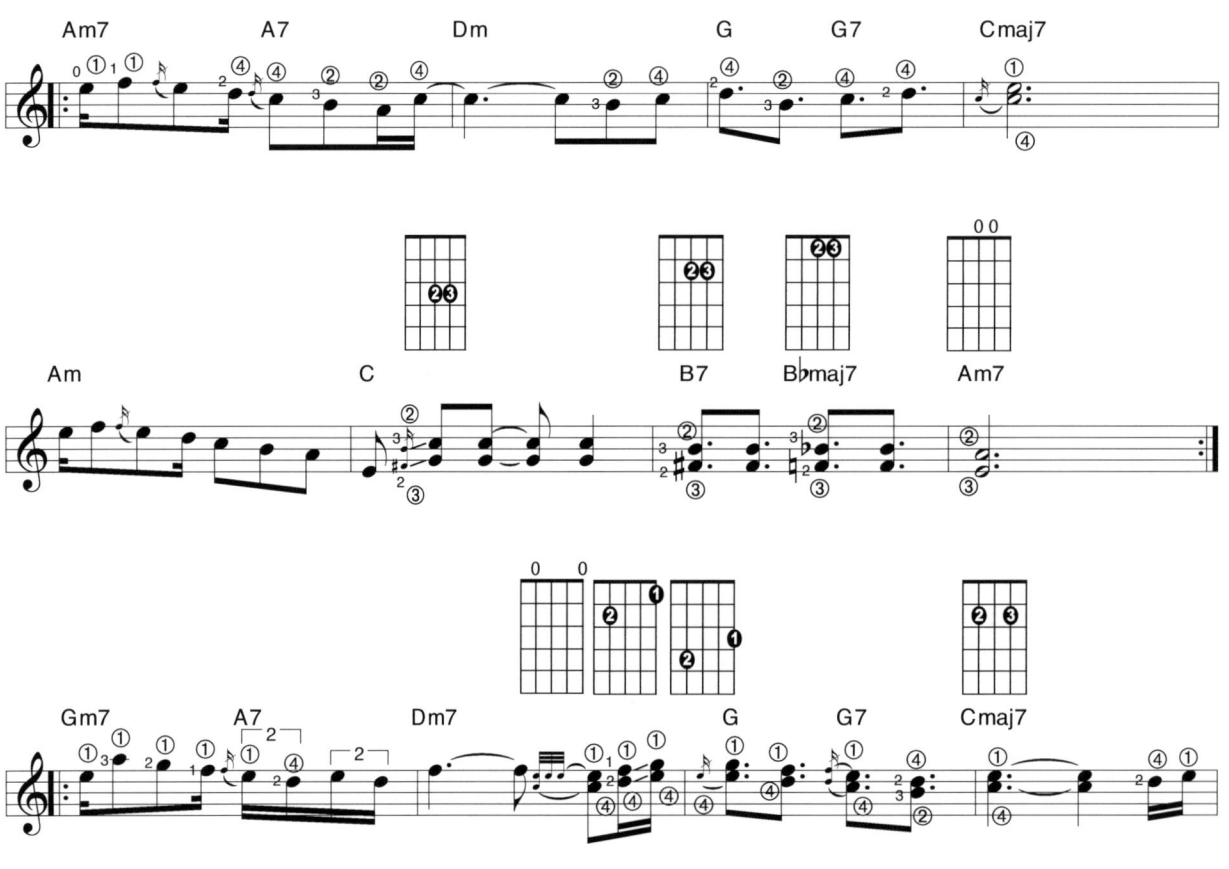

Interludio de Guitarra

133

Camino Viejo

Italo Pedrotti

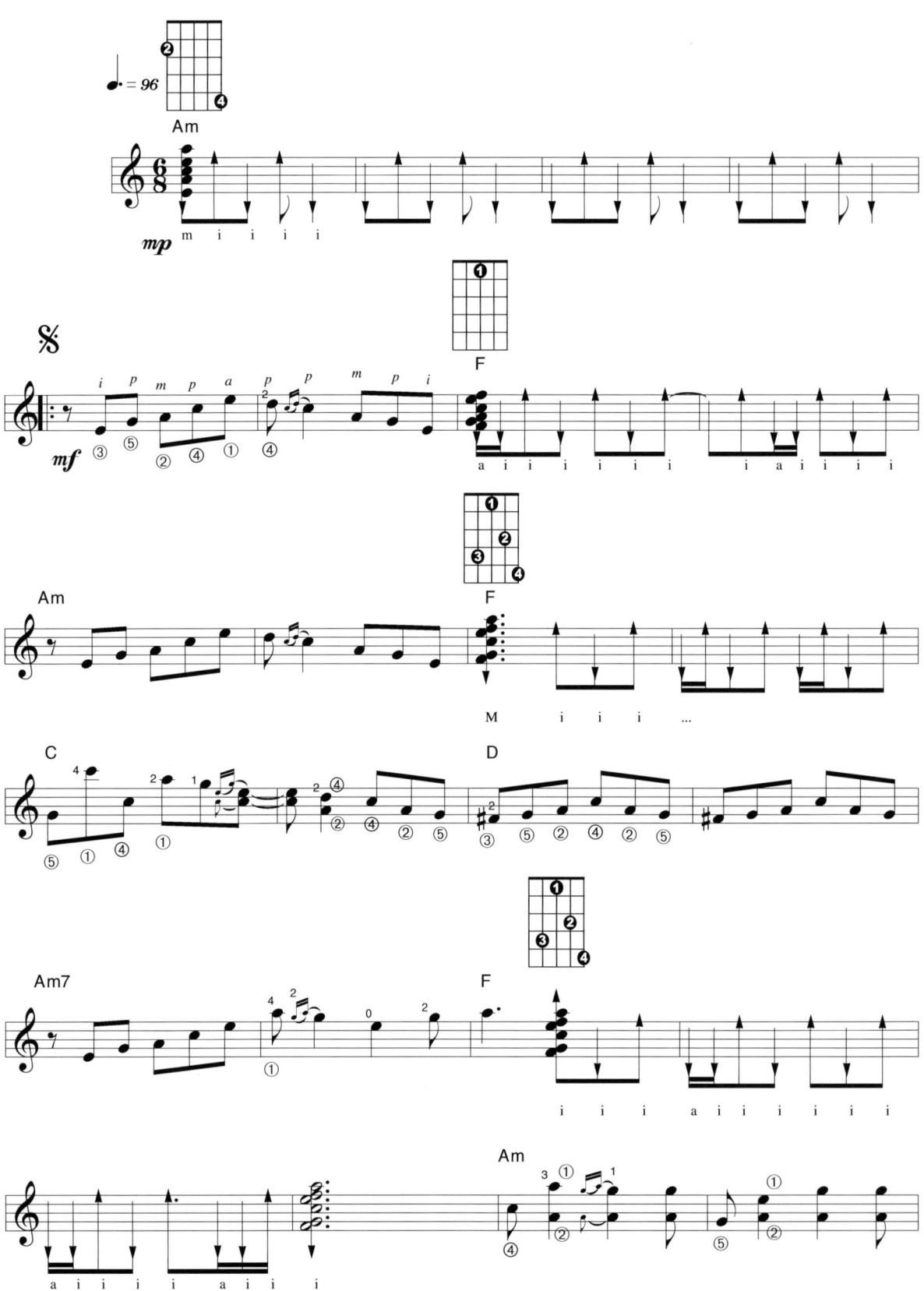

© Italo Pedrotti

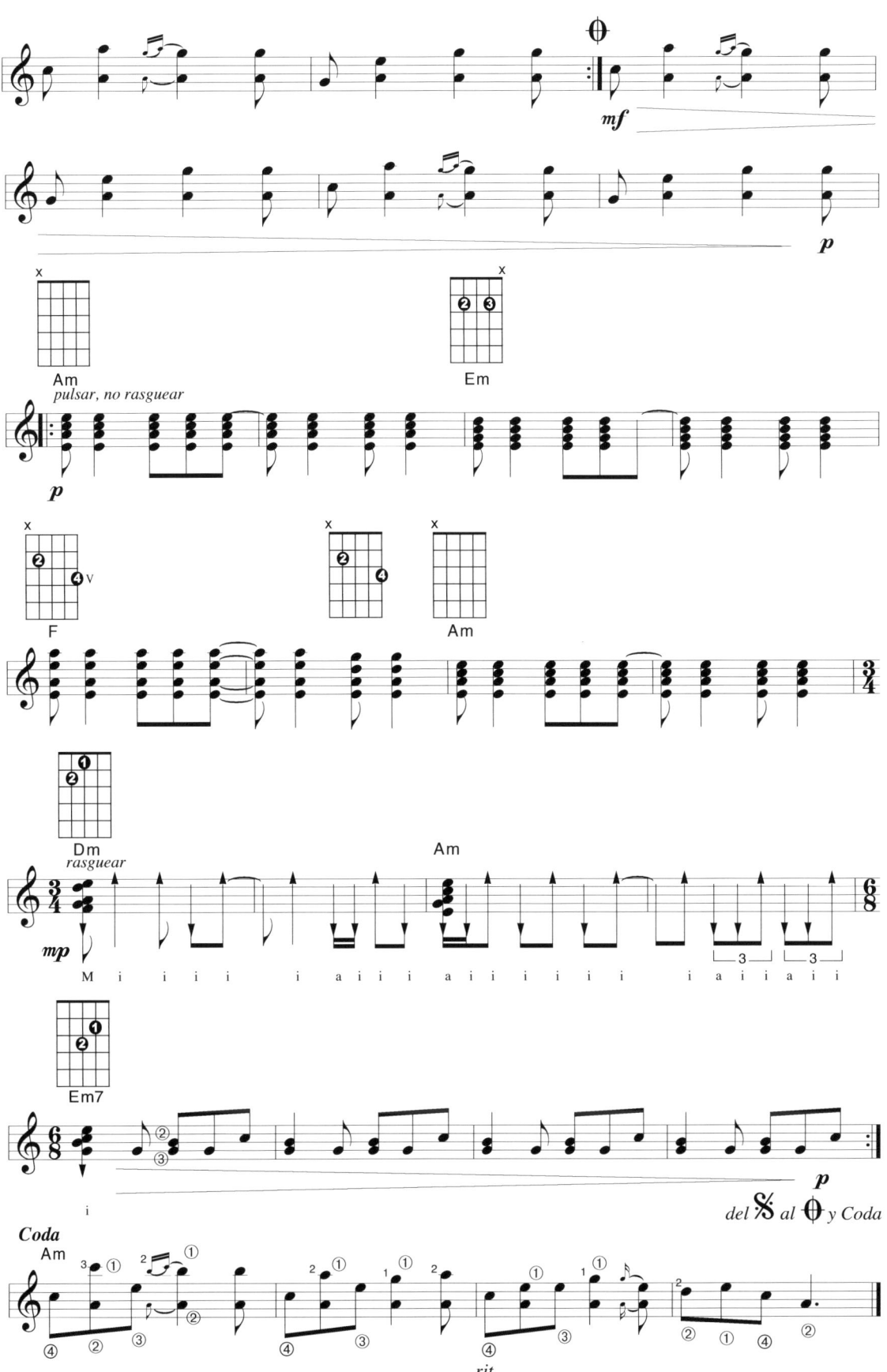

Reencuentro

En esta pieza, los apagados (ϕ) se logran cuando los dedos de la mano izquierda presionan con
menor intensidad las cuerdas al momento que la mano derecha ejecuta los repiques.

*In this piece, the muted strum (ϕ) are achieved by muting the strings
with the left hand while the right hand plays repiques.*

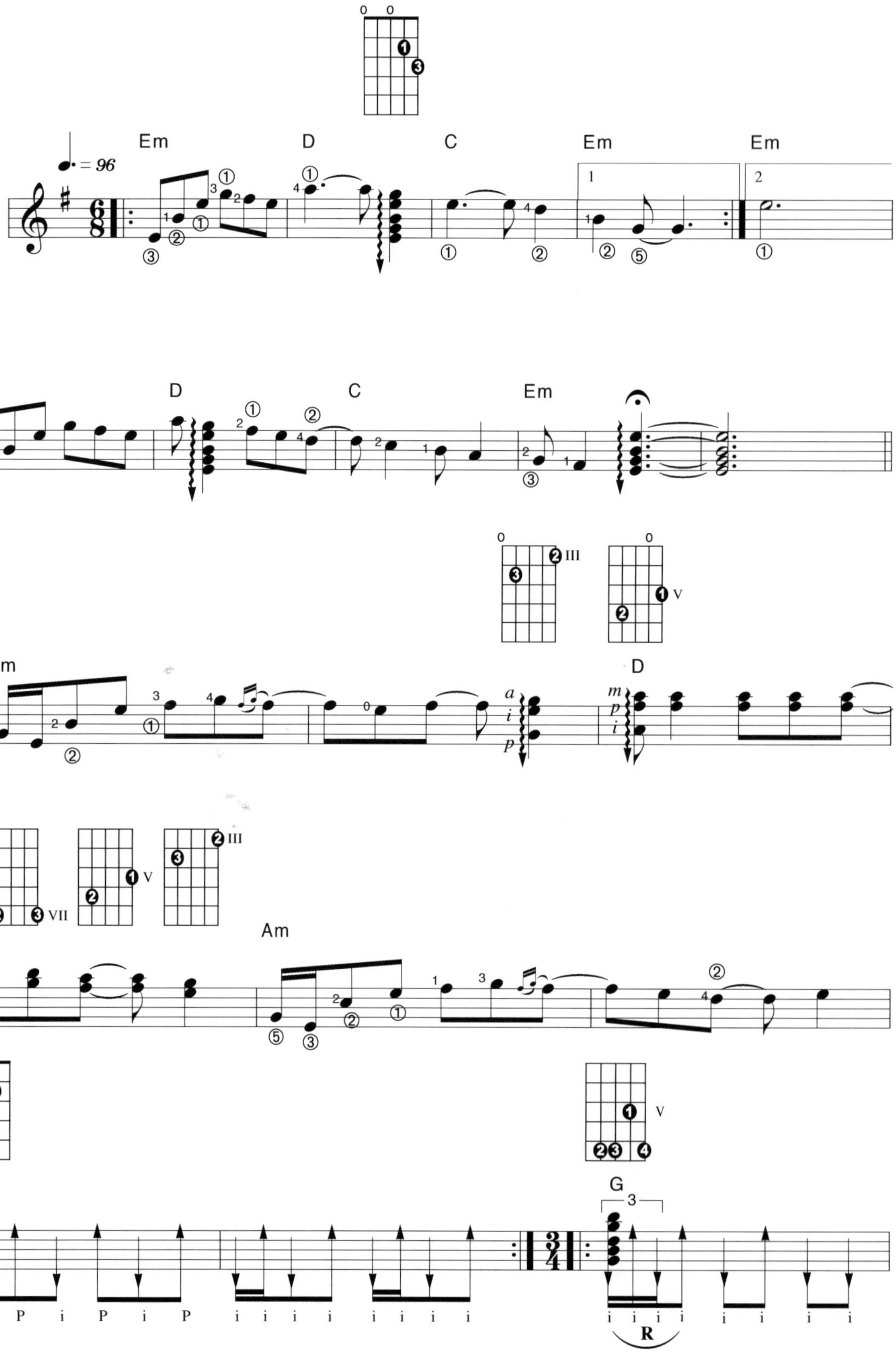

Claudio Araya

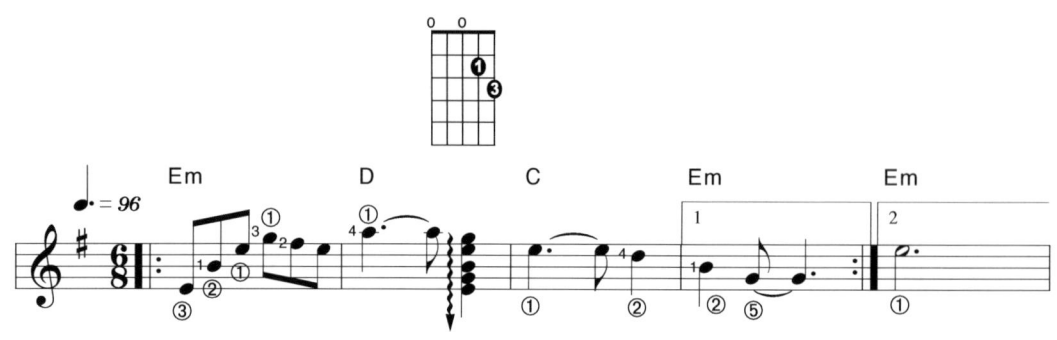

© Claudio Araya
Versión y transcripción de Italo Pedrotti

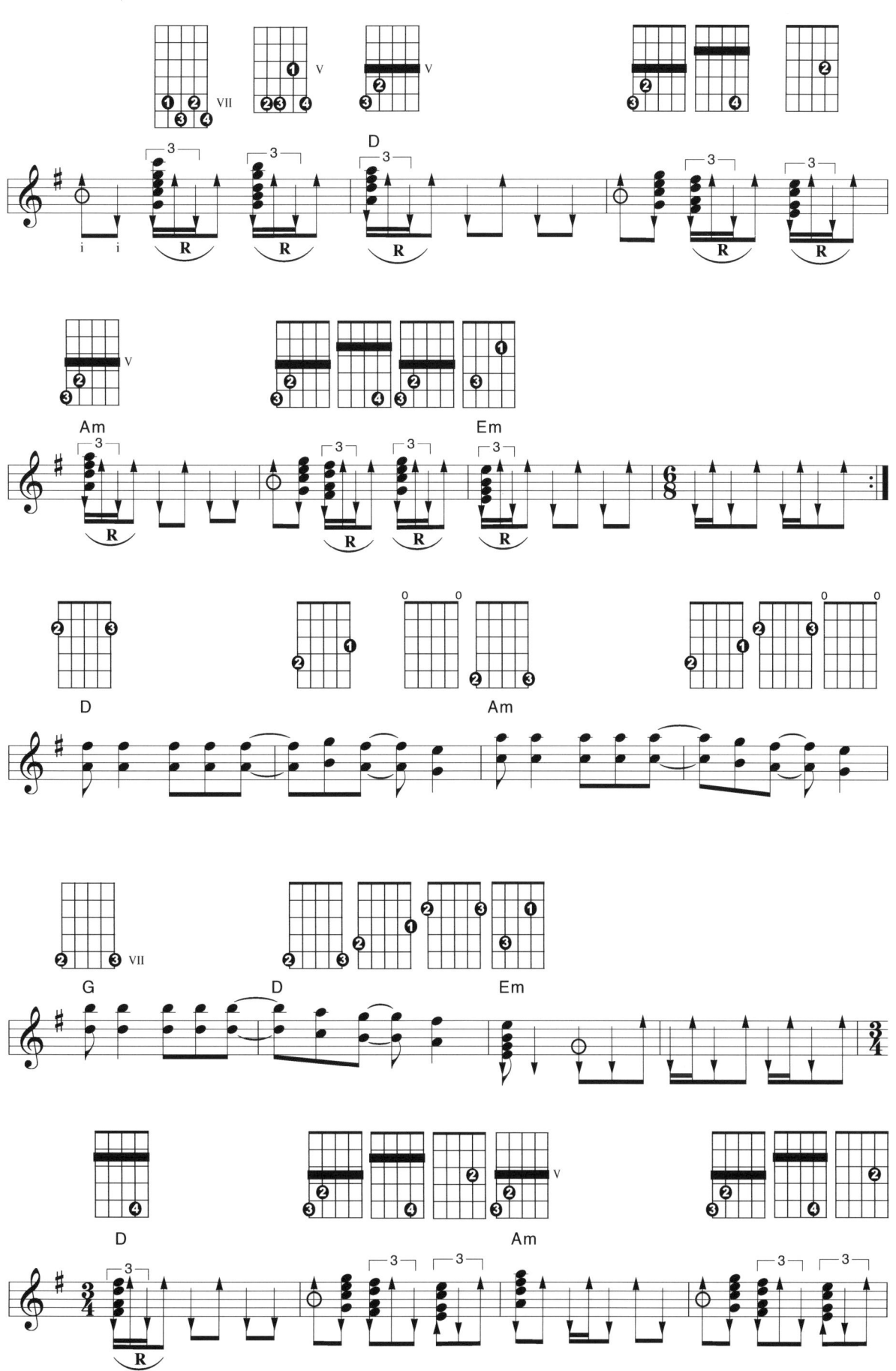

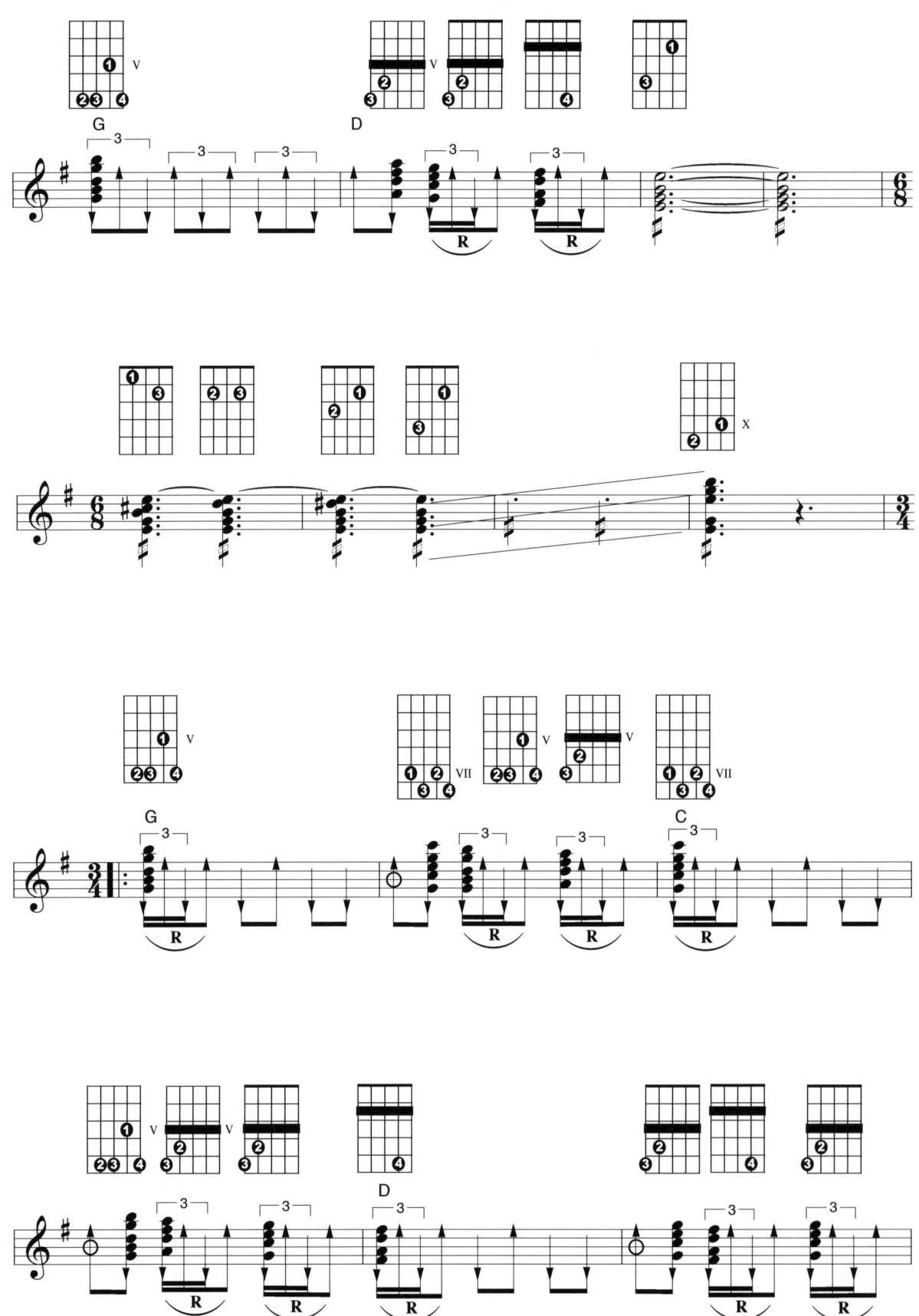

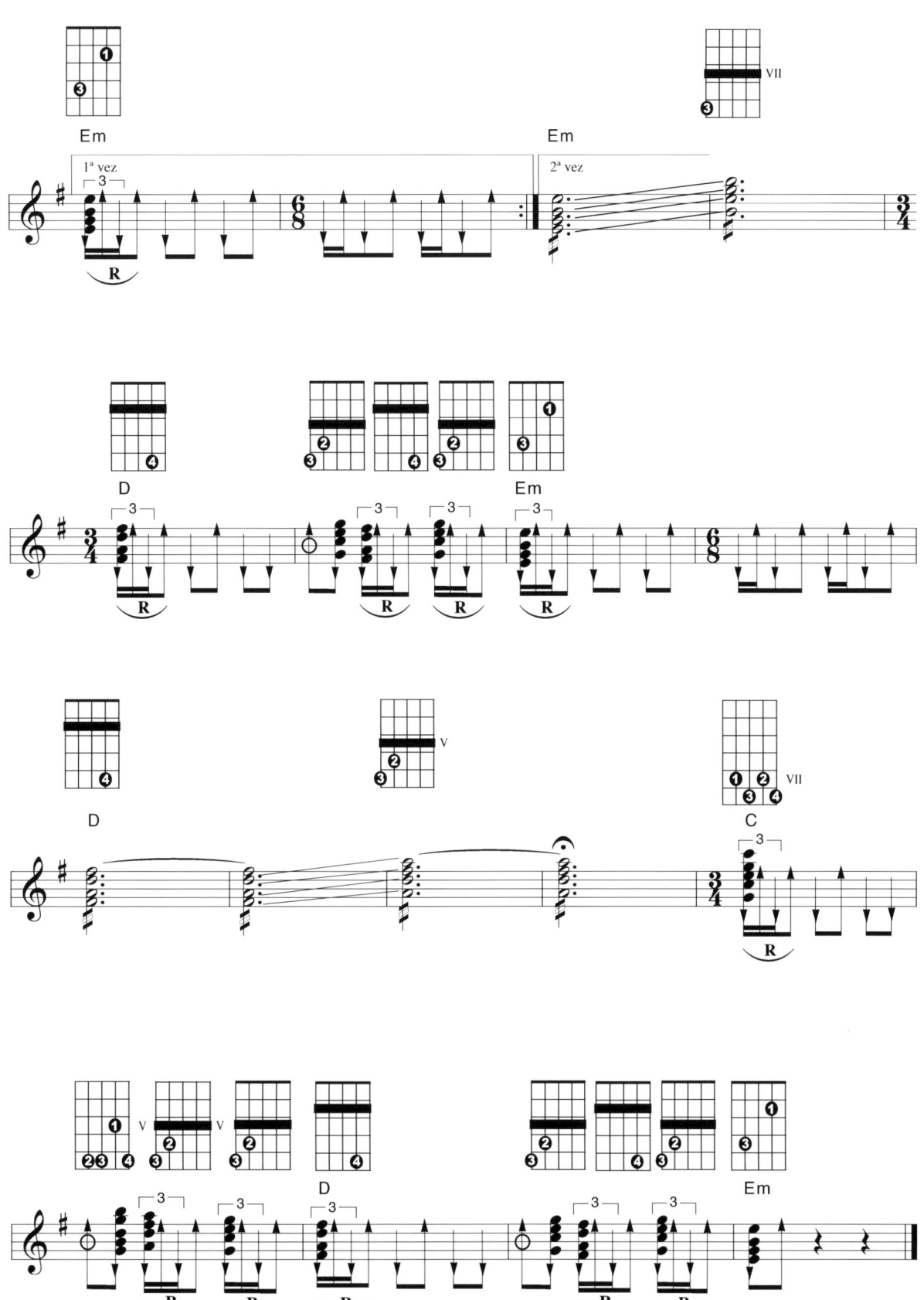

Manzanitas

Horacio Durán

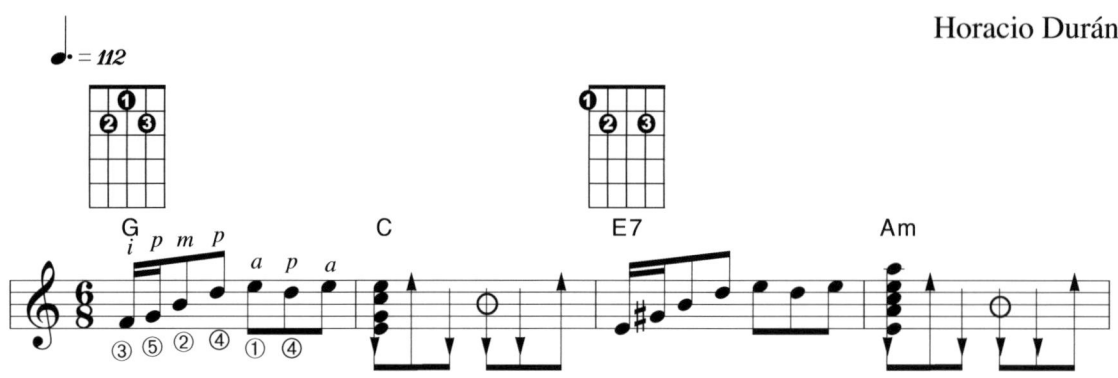
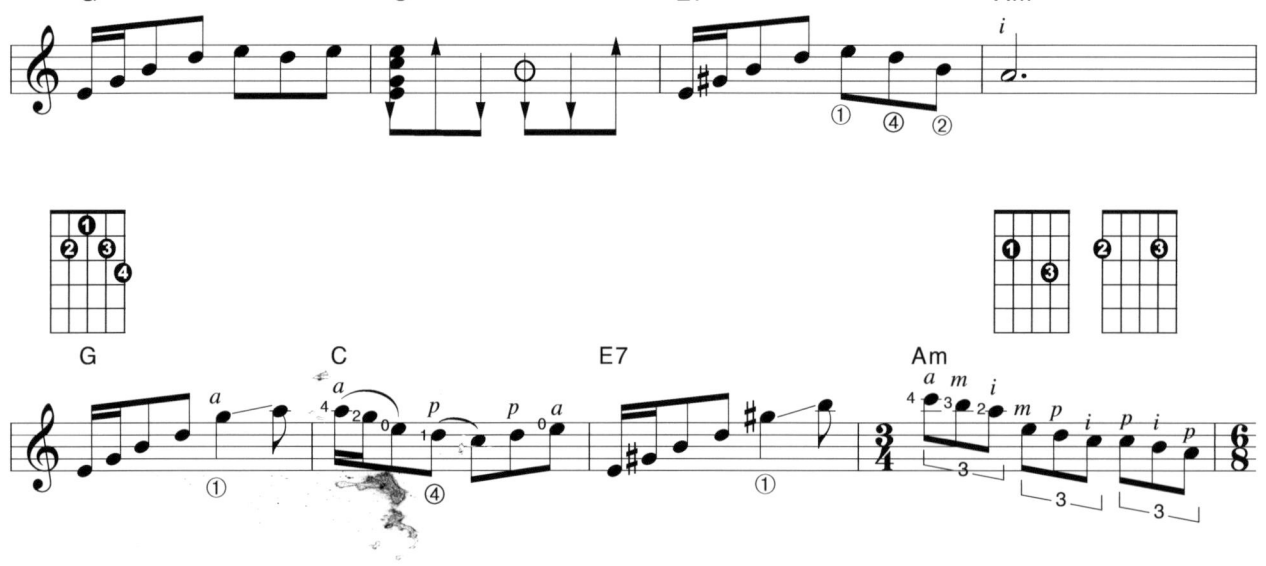

© Horacio Durán

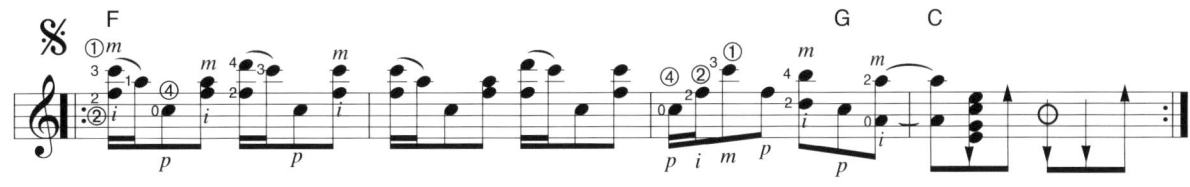
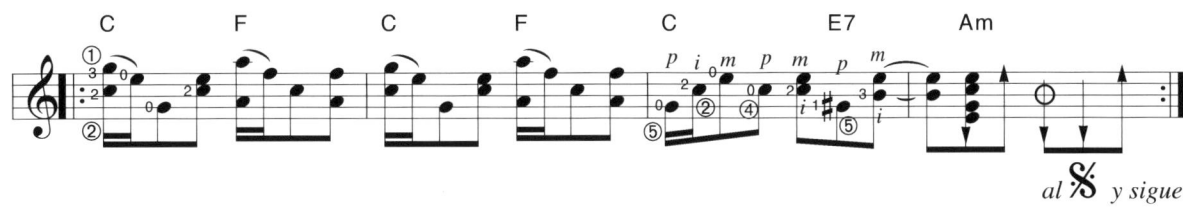
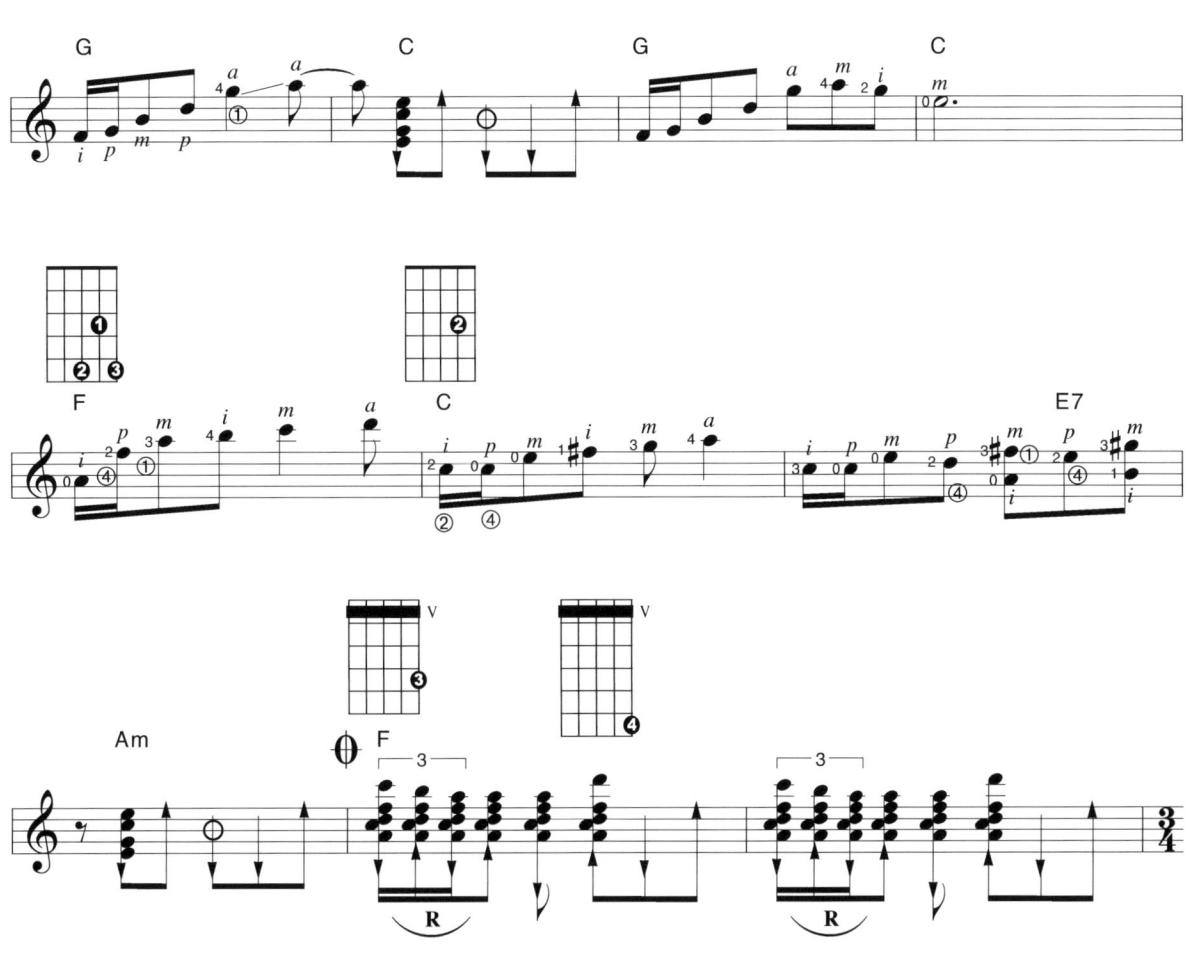

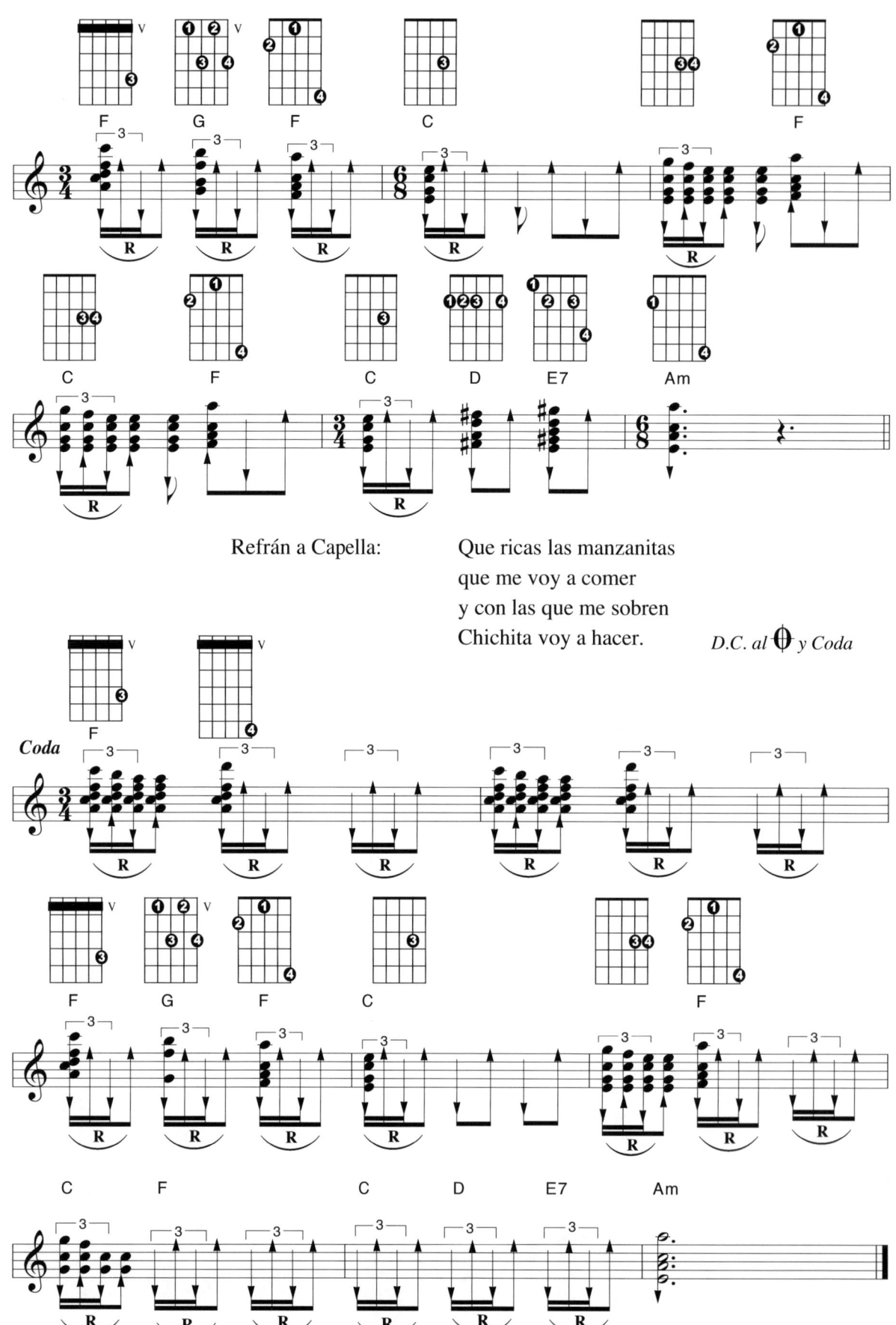

Refrán a Capella: Que ricas las manzanitas
que me voy a comer
y con las que me sobren
Chichita voy a hacer.

D.C. al ⊕ y Coda

Ventolera

Eduardo Carrasco
Hugo Lagos

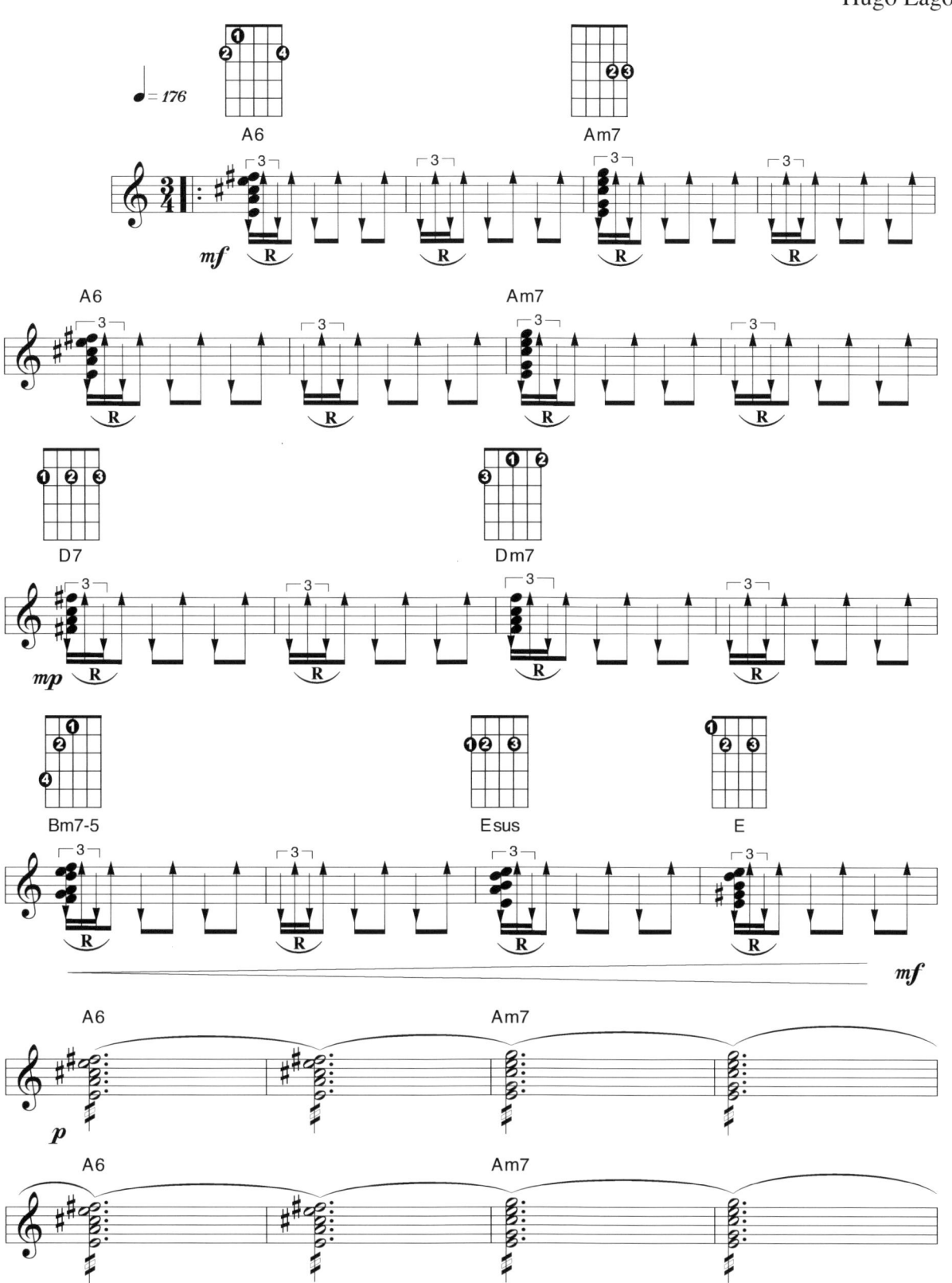

© E. Carrasco y H. Lagos
Transcripción de H. Durán - I Pedrotti
Versión de Quilapayún

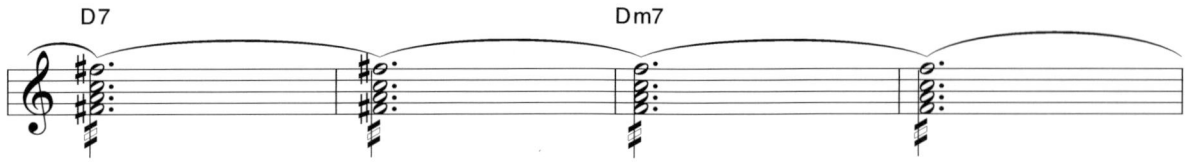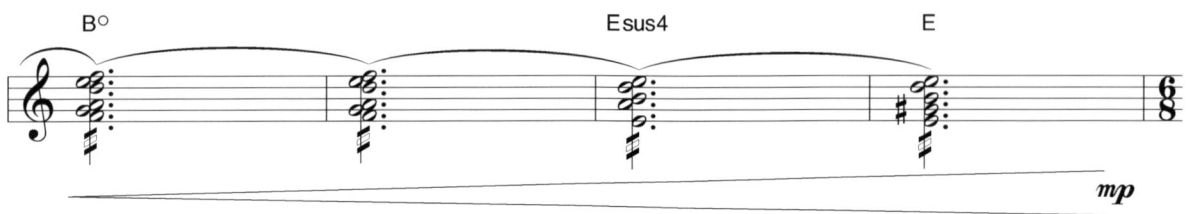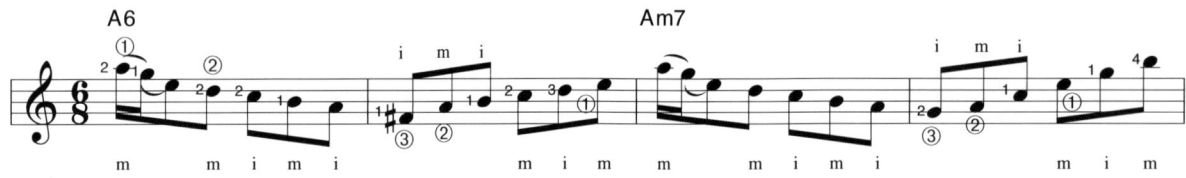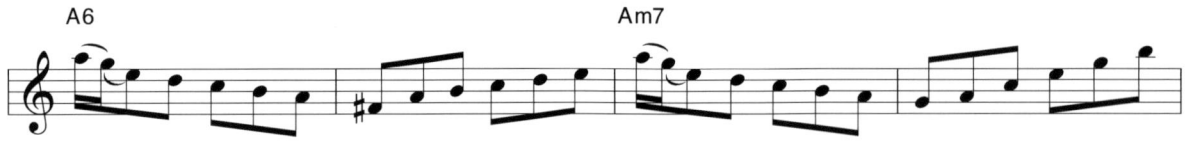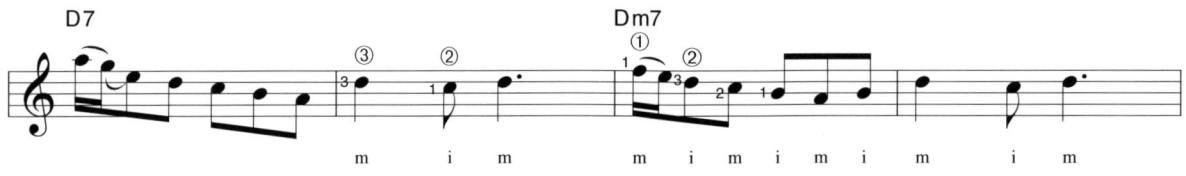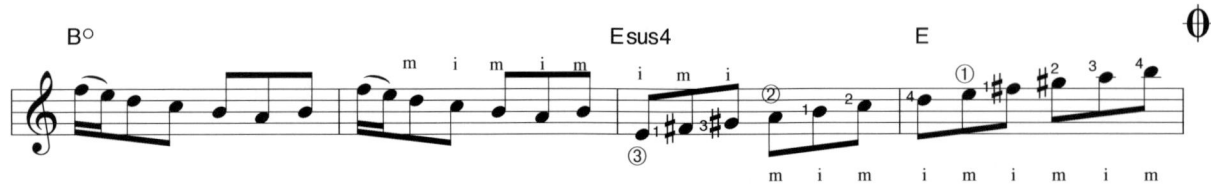

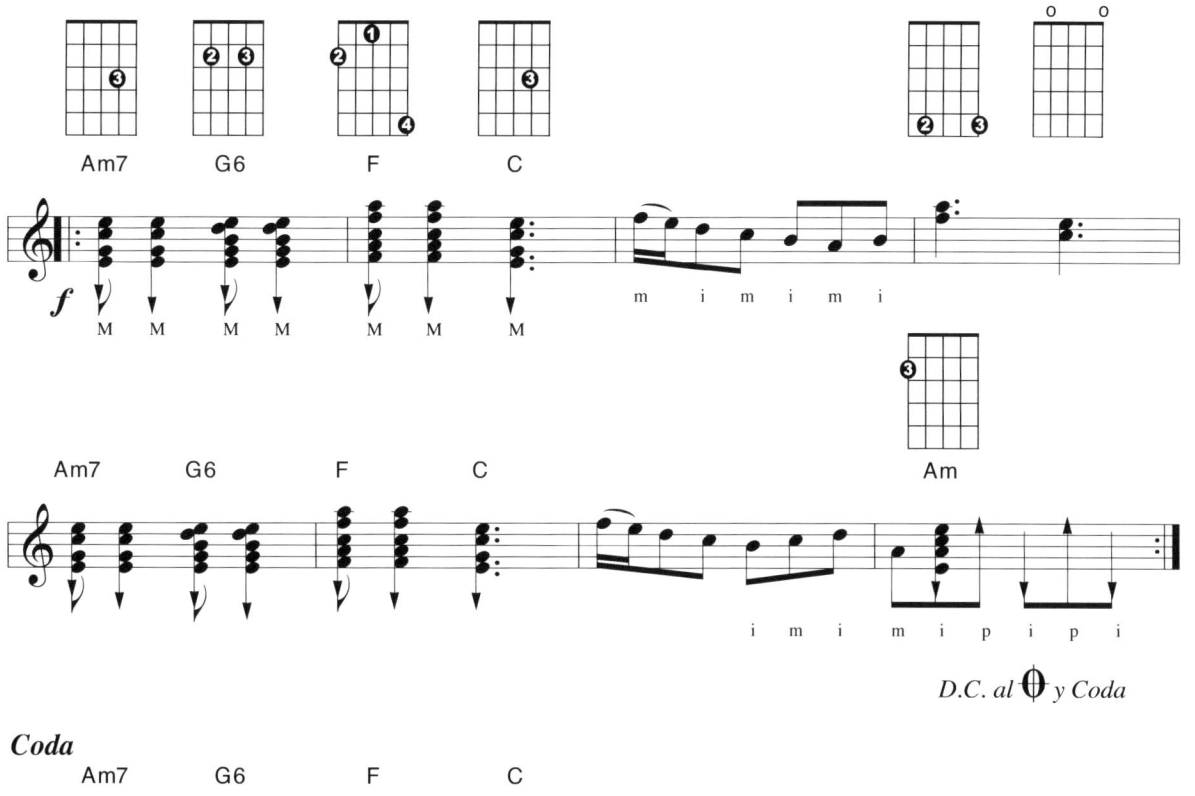
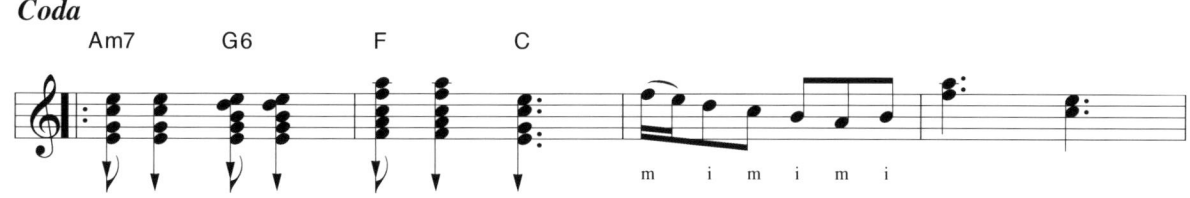
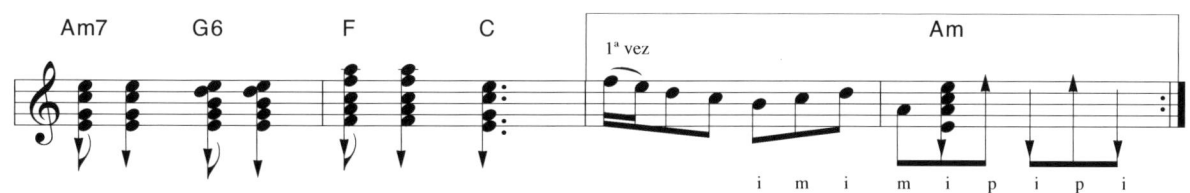
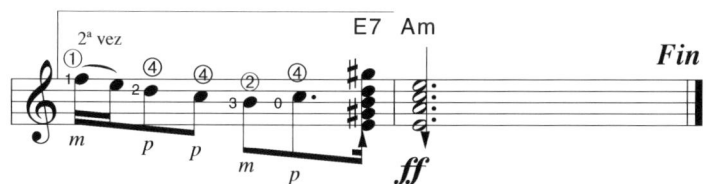

145

Ojito de Agua

Adrián Otárola

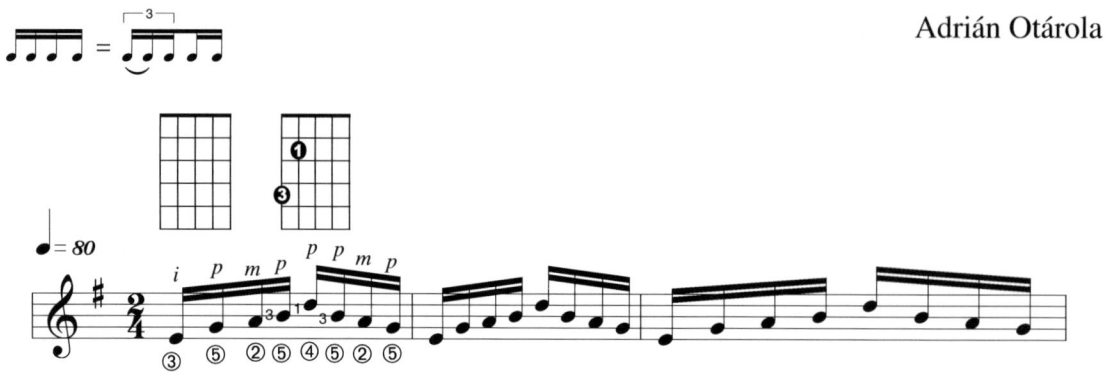

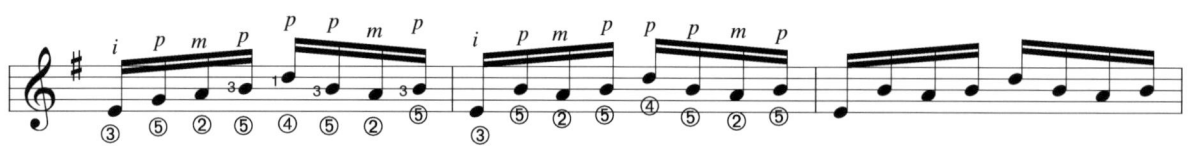

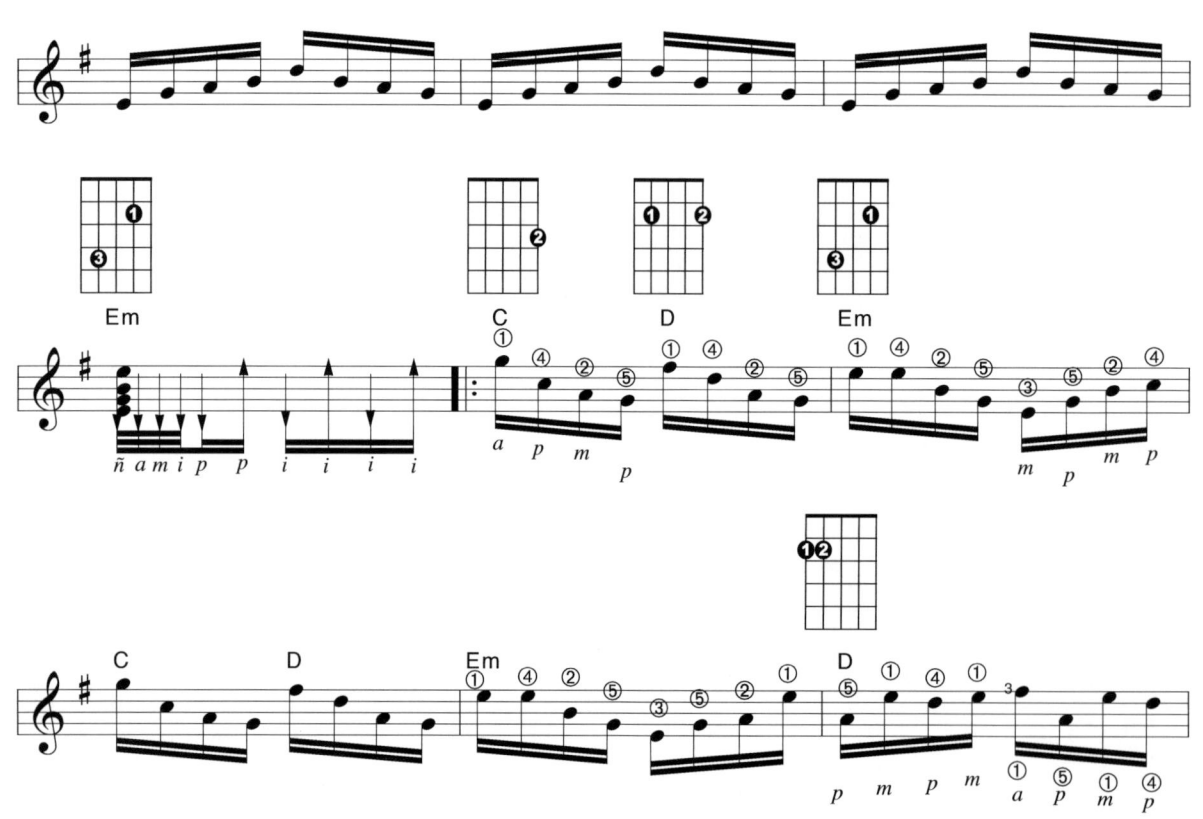

© Adrián Otárola
Versión de Horacio Durán
e Italo Pedrotti

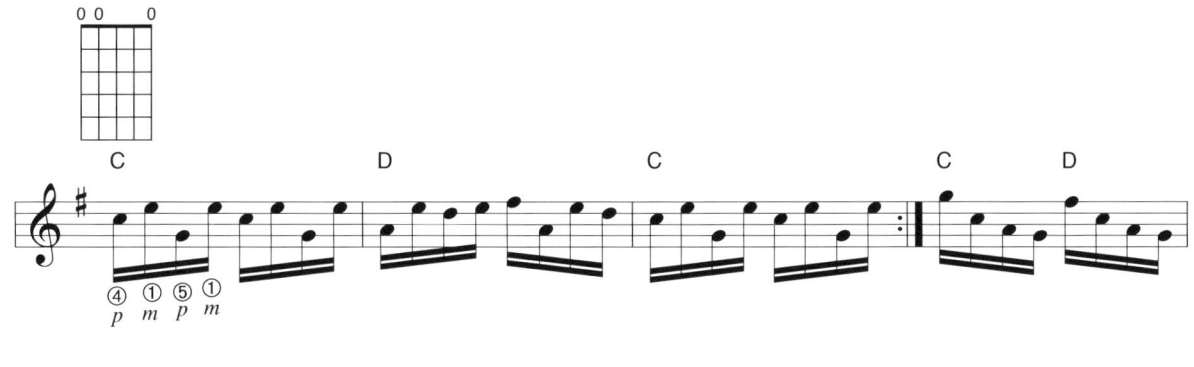

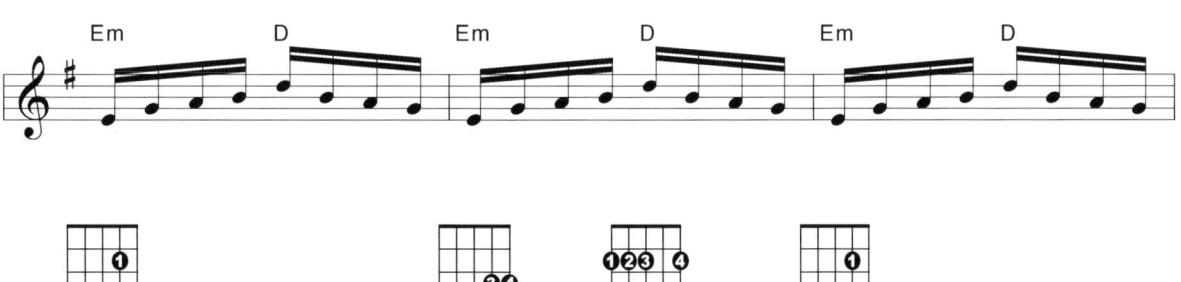
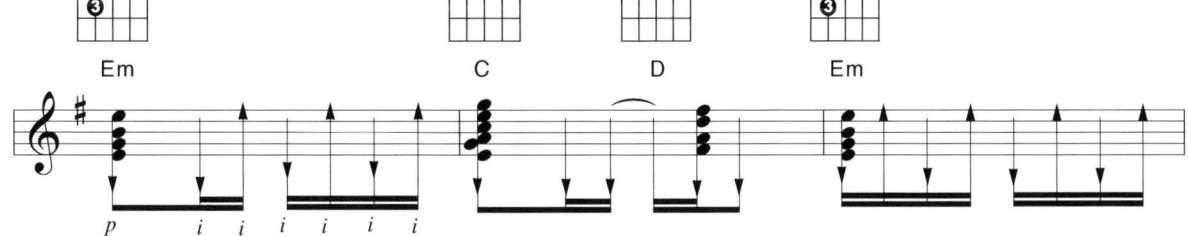

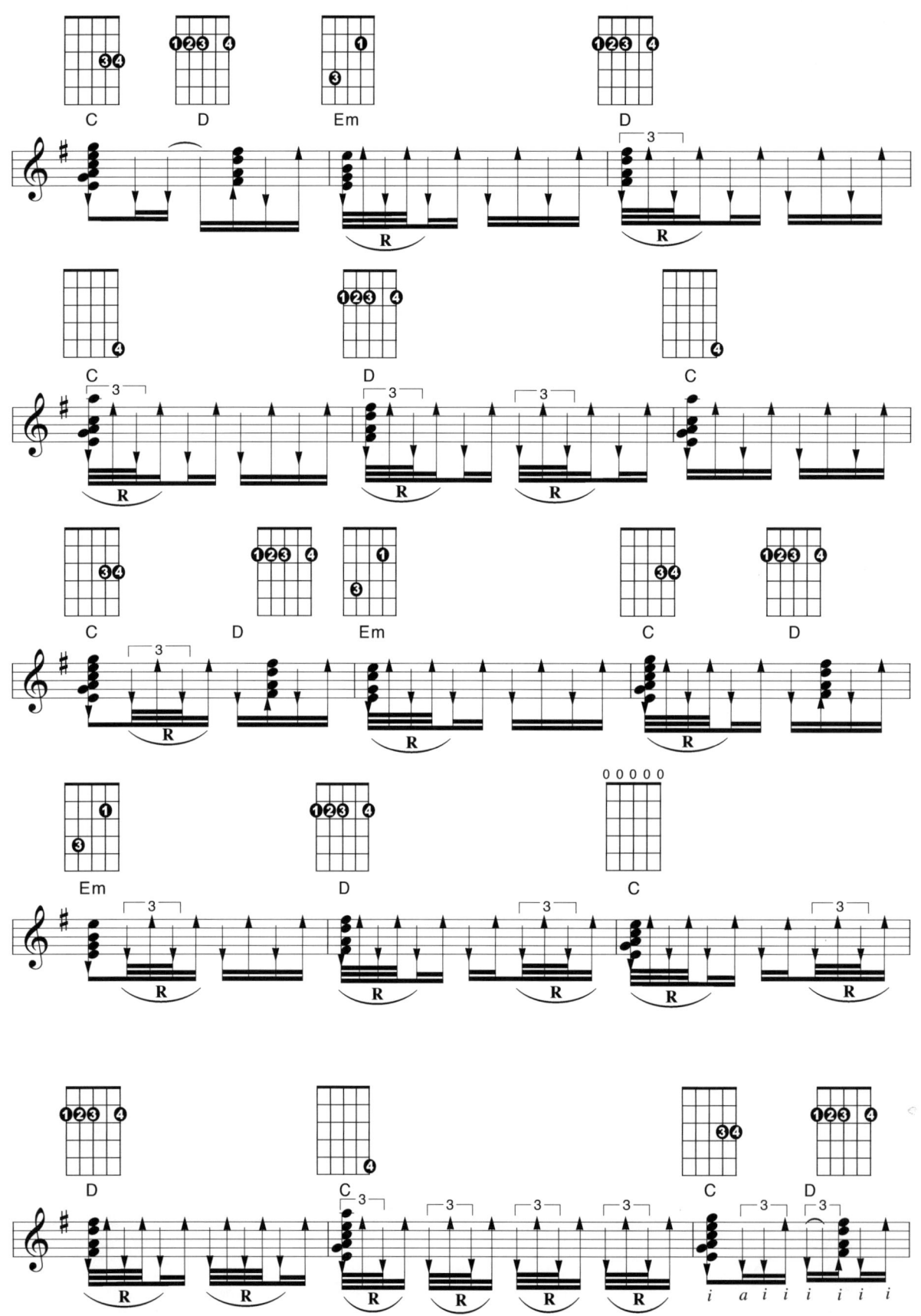

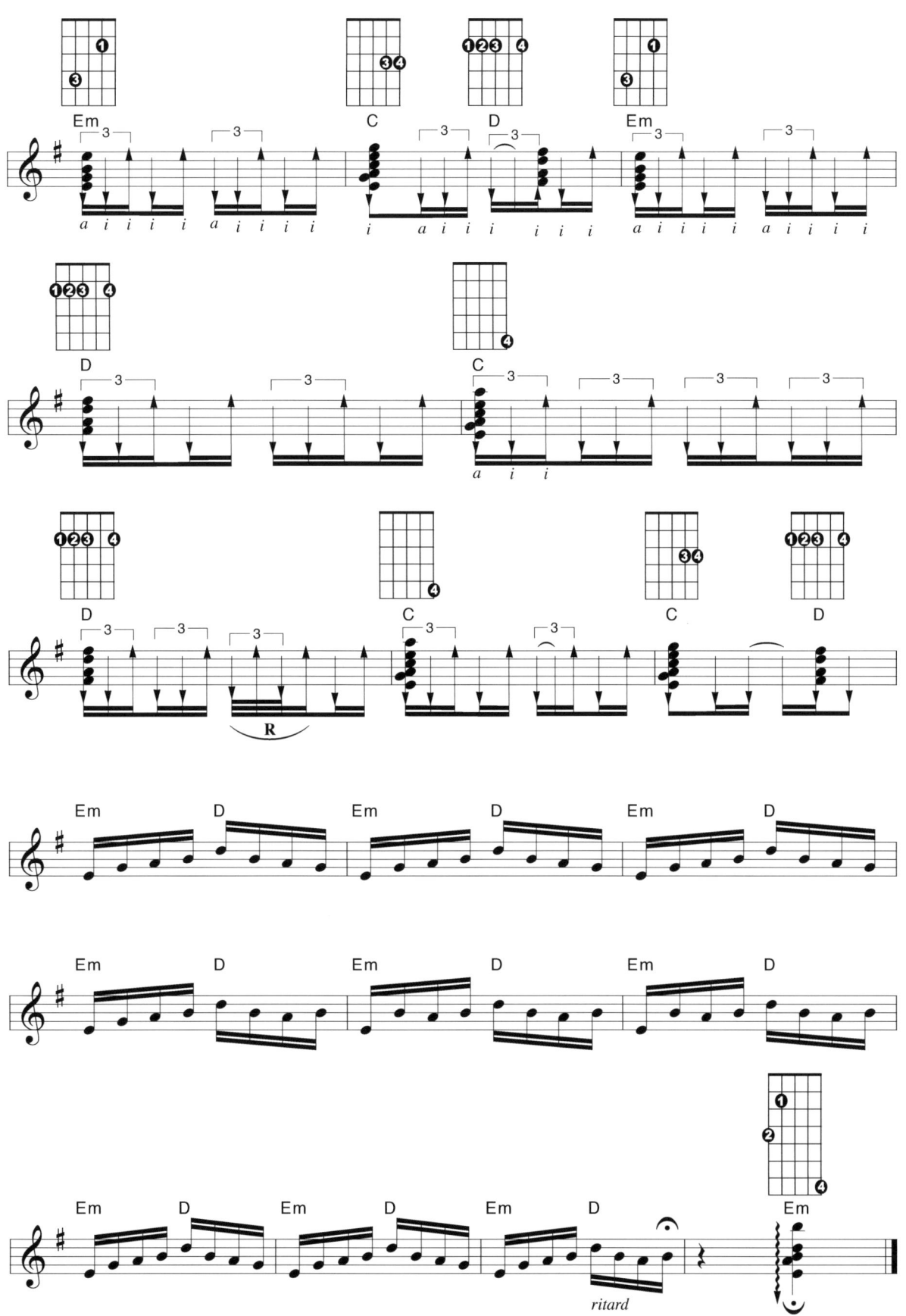

Punteado

Ernesto Cavour

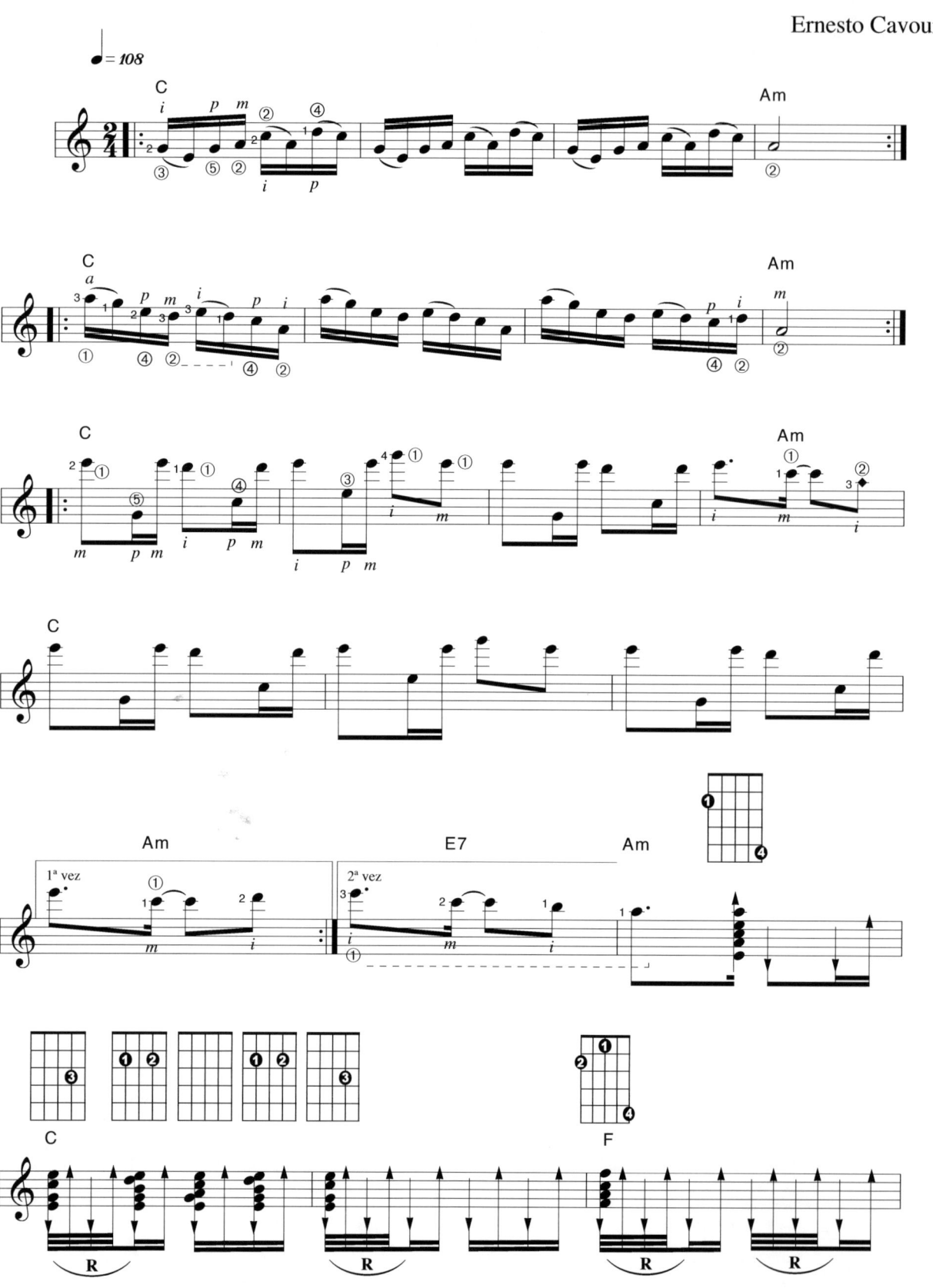

© Ernesto Cavour
Versión de Horacio Durán

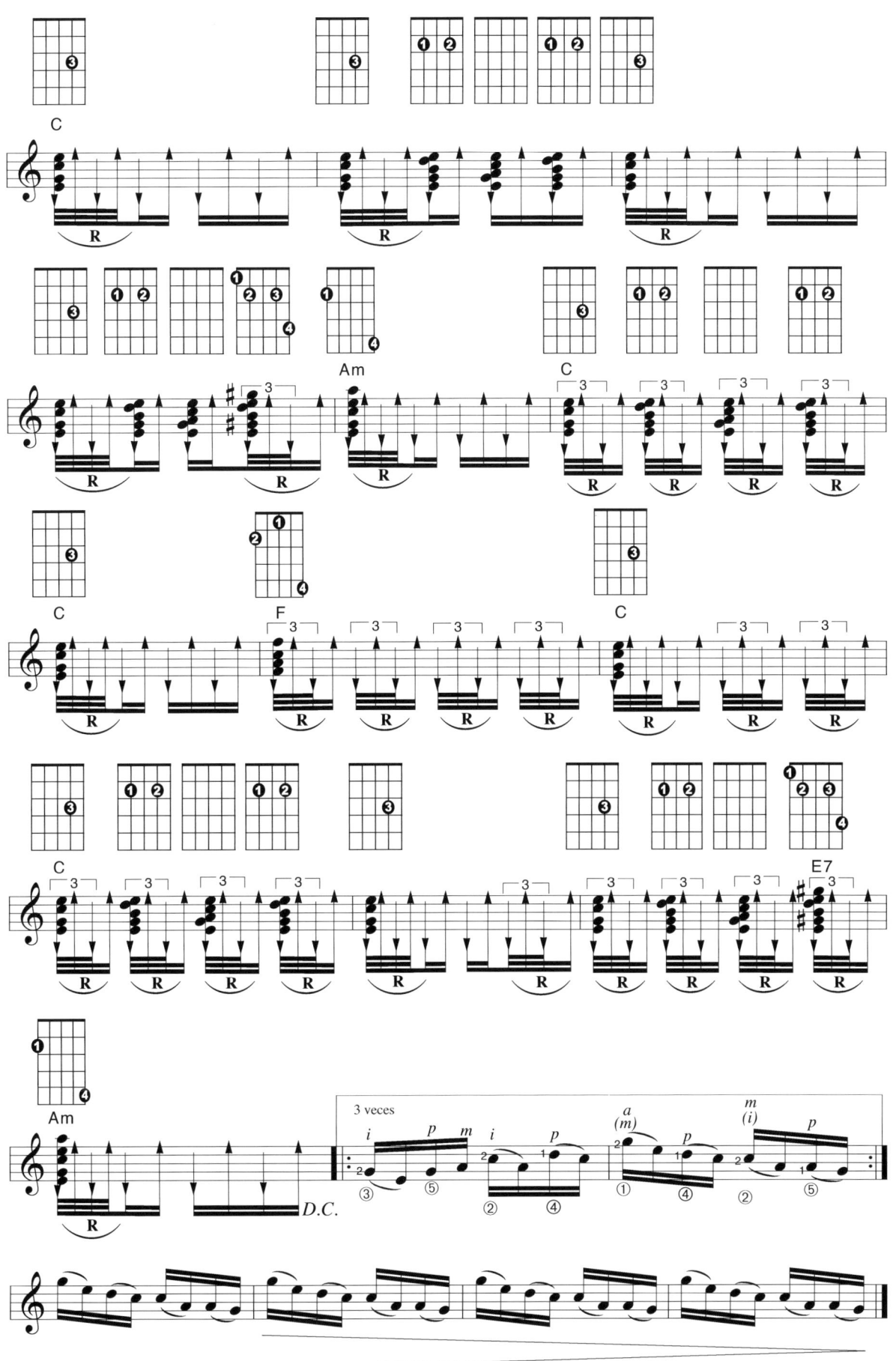

Cavuriadas

Italo Pedrotti

Volverás

William Ernesto Centellas

© William Ernesto Centellas
Transcripción de Freddy Torrealba e I. Pedrotti

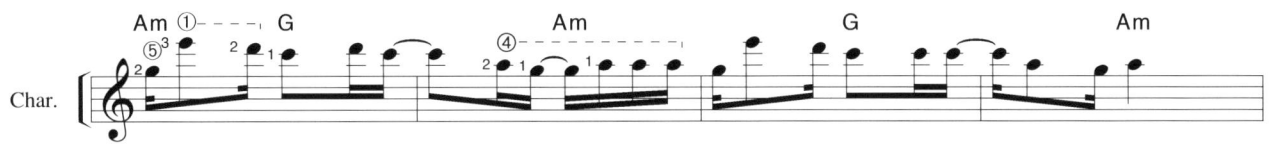

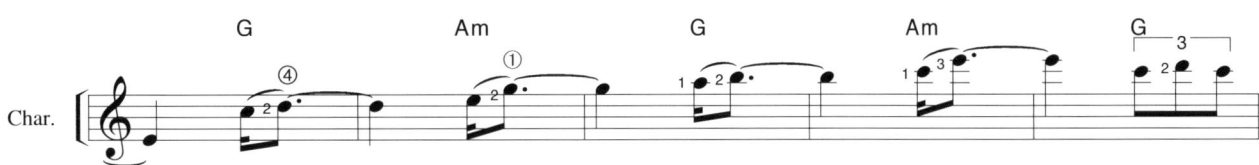
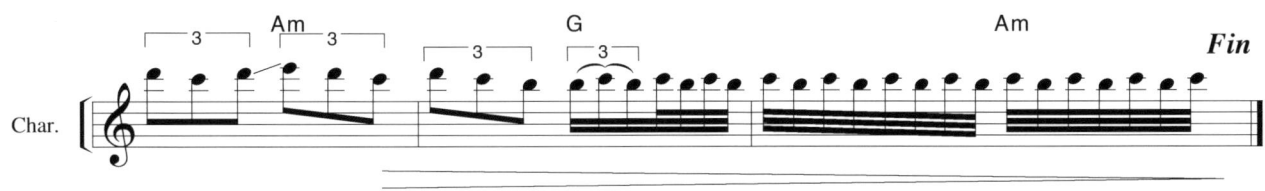

Los Alaracos

Ernesto Cavour

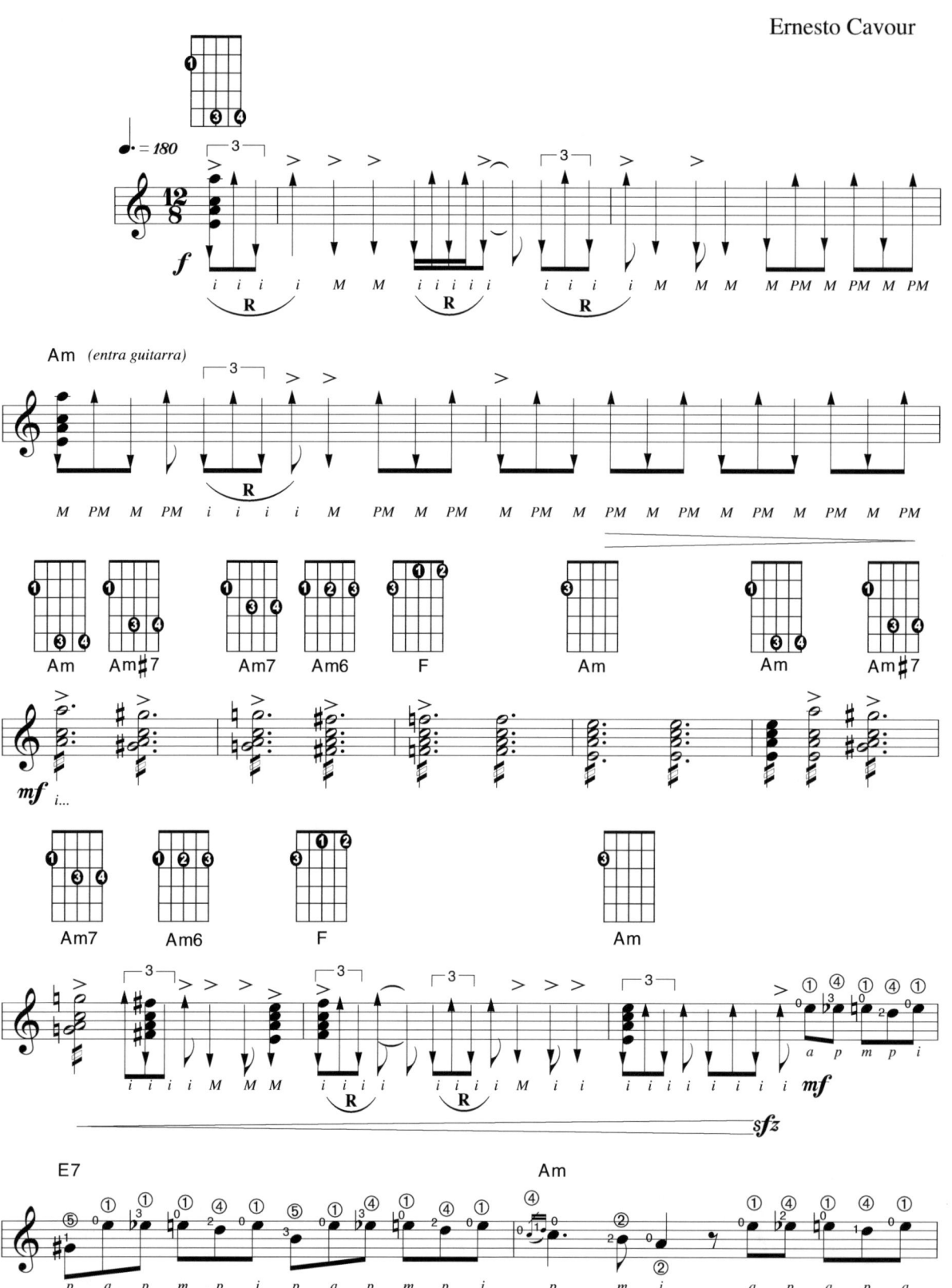

© Ernesto Cavour
Versión de Freddy Torrealba
Transcripción Freddy Torrealba y Osiel Vega

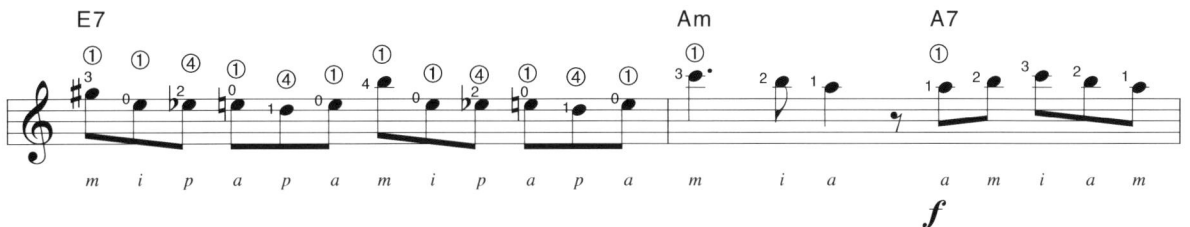
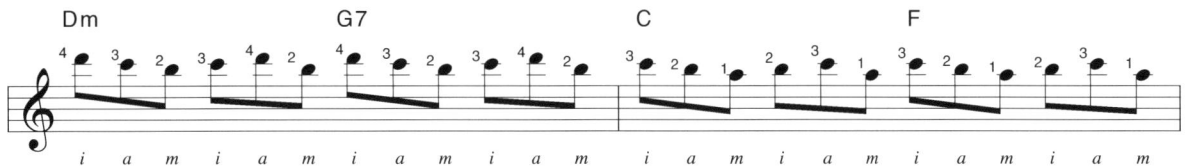
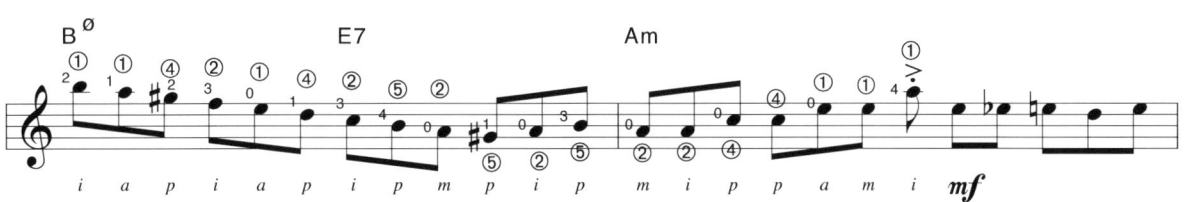

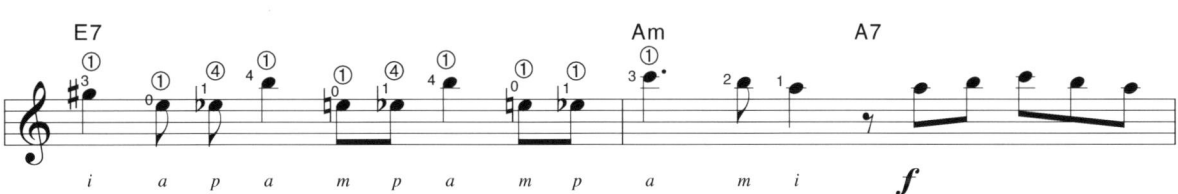
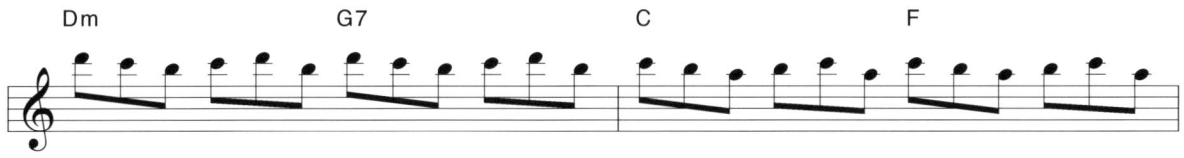

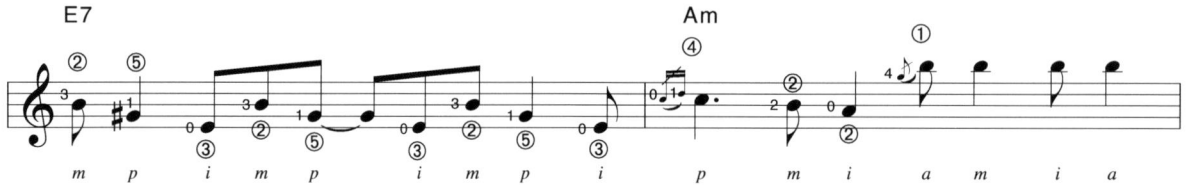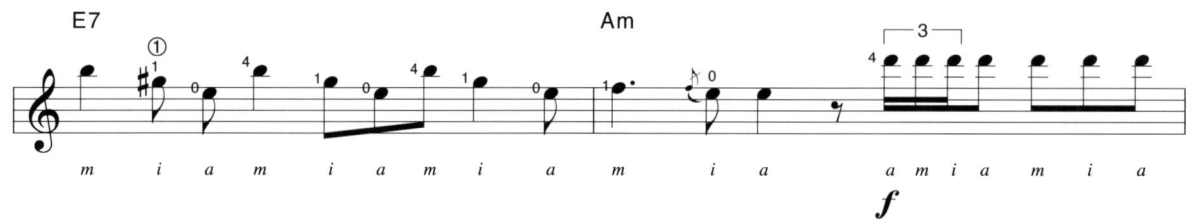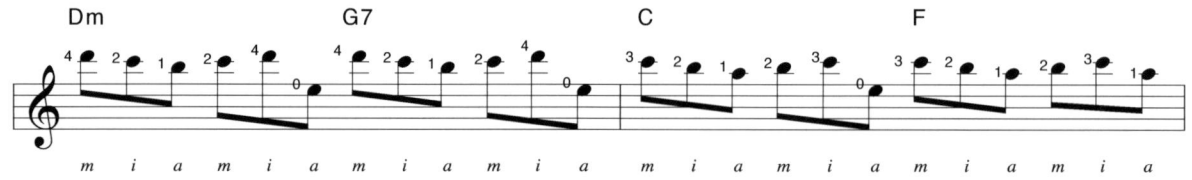

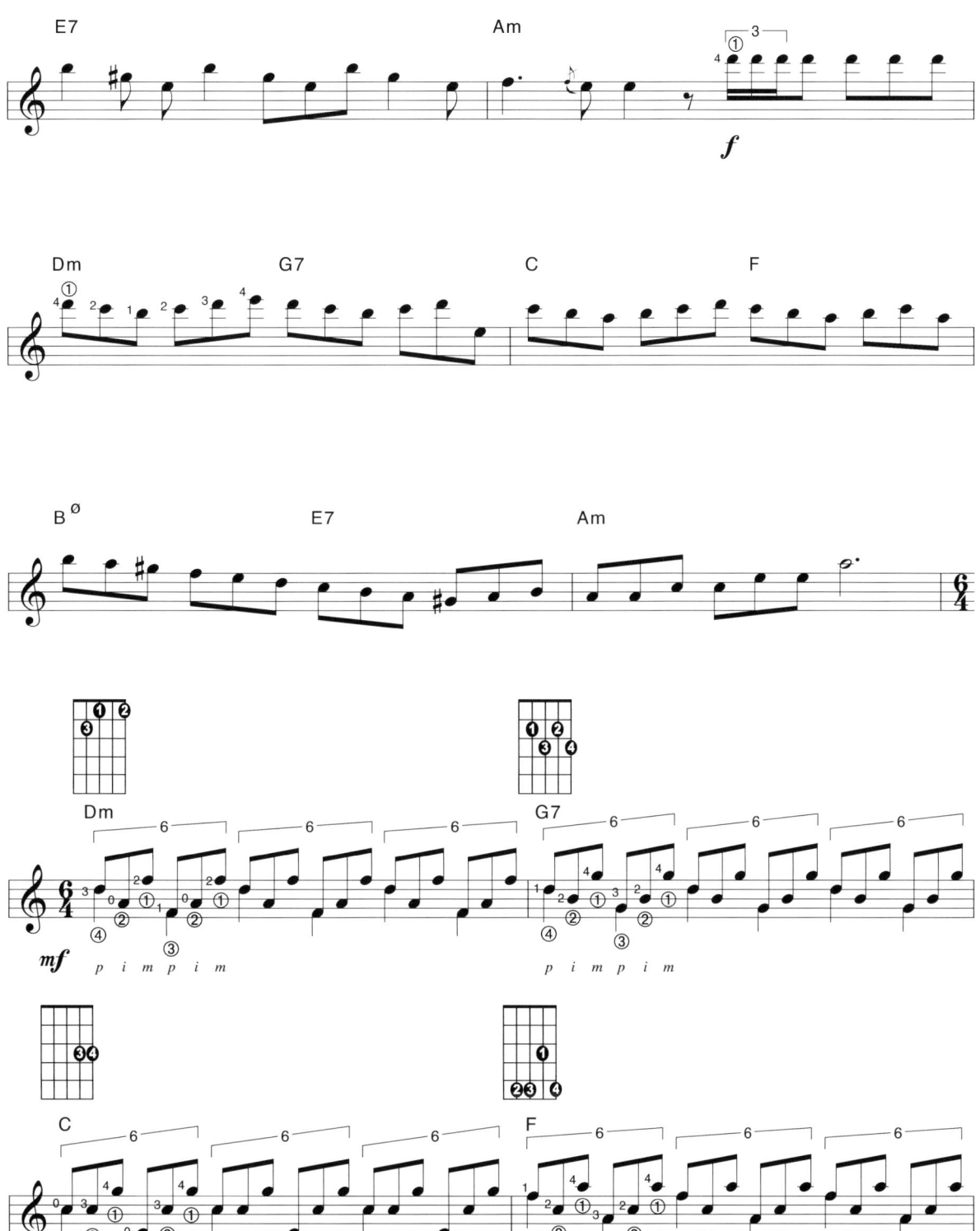

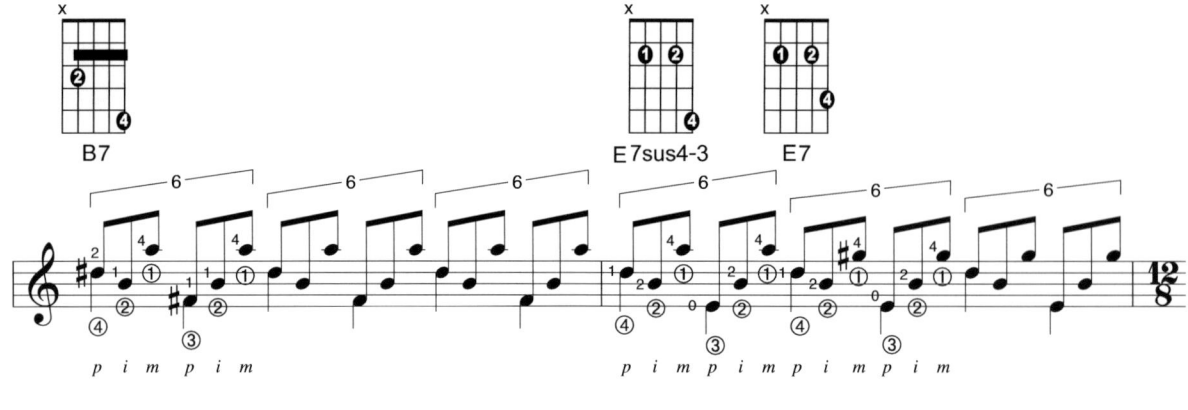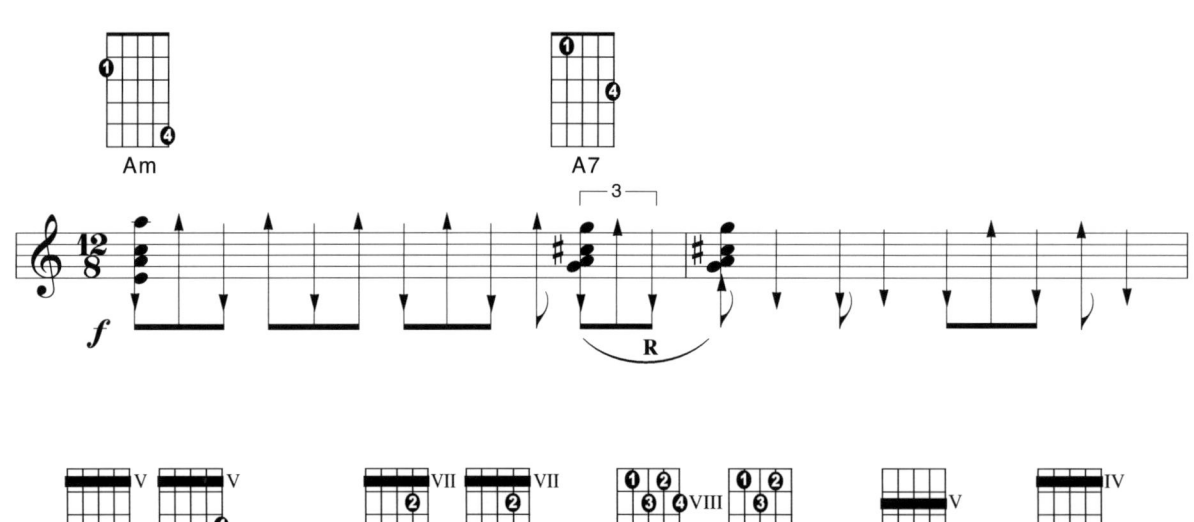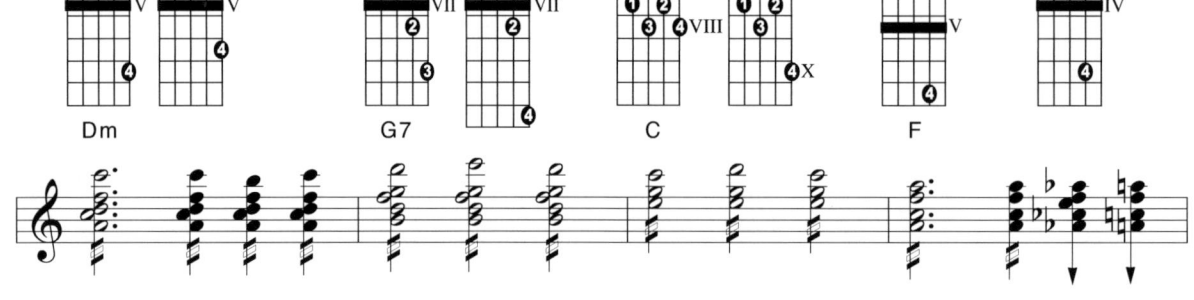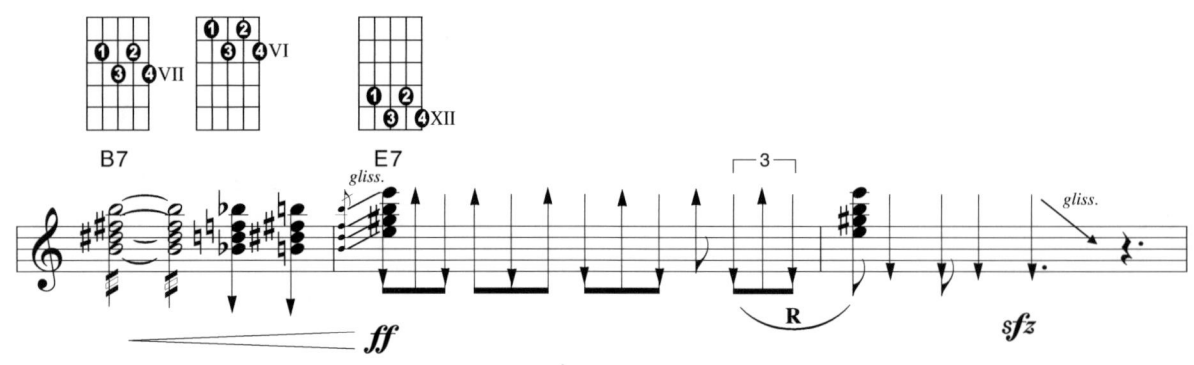

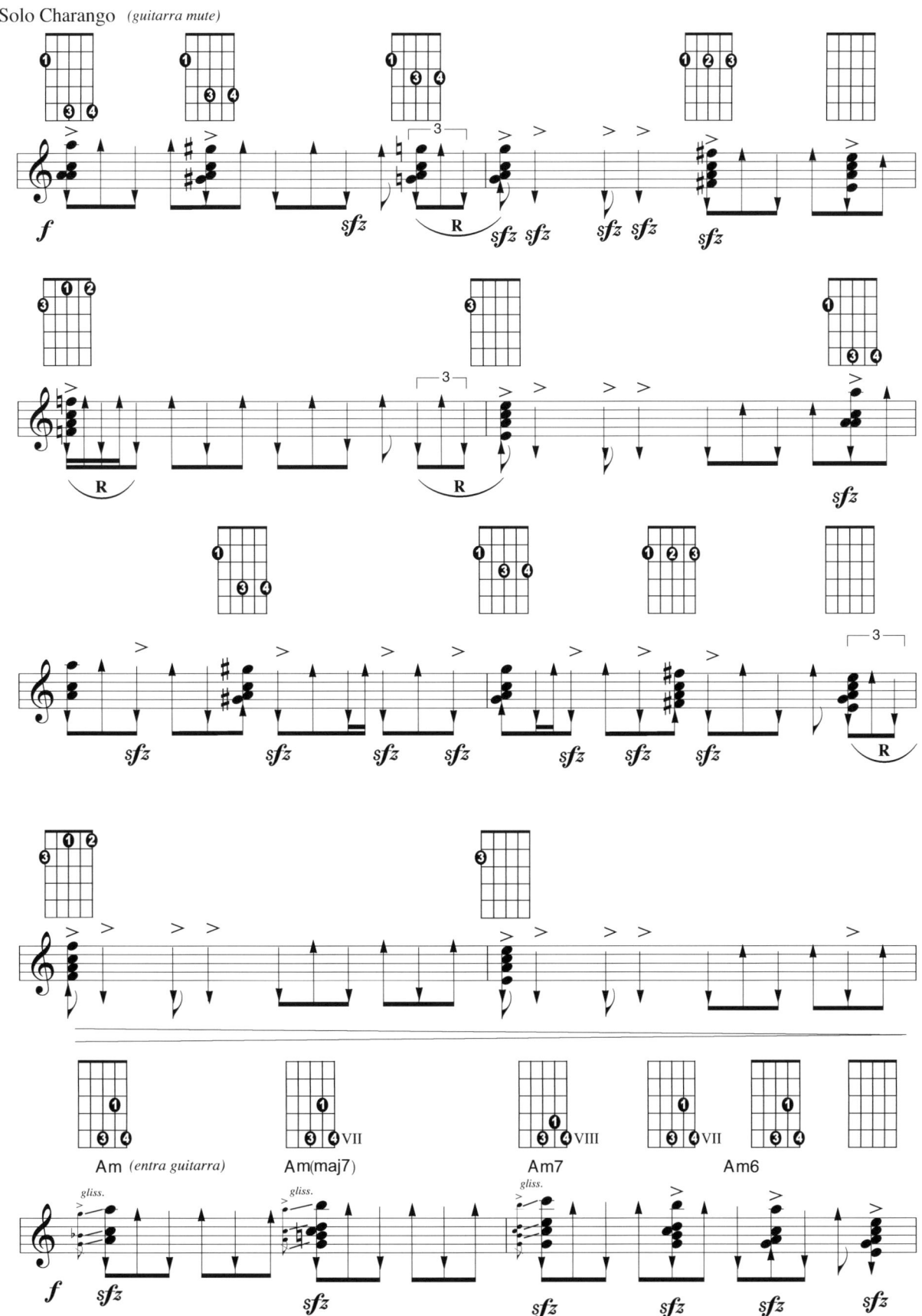

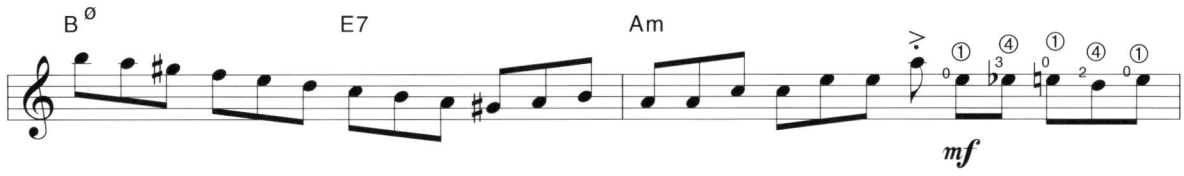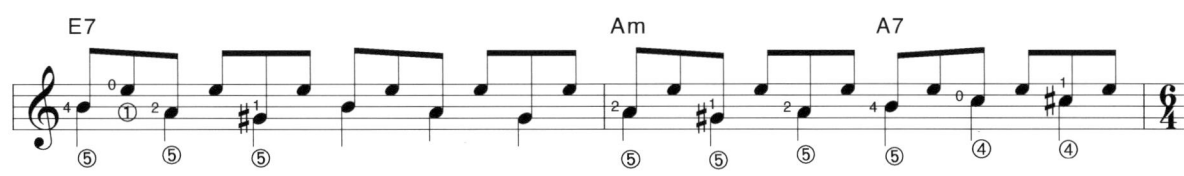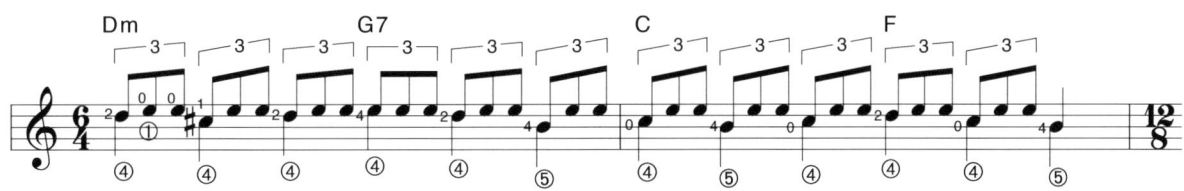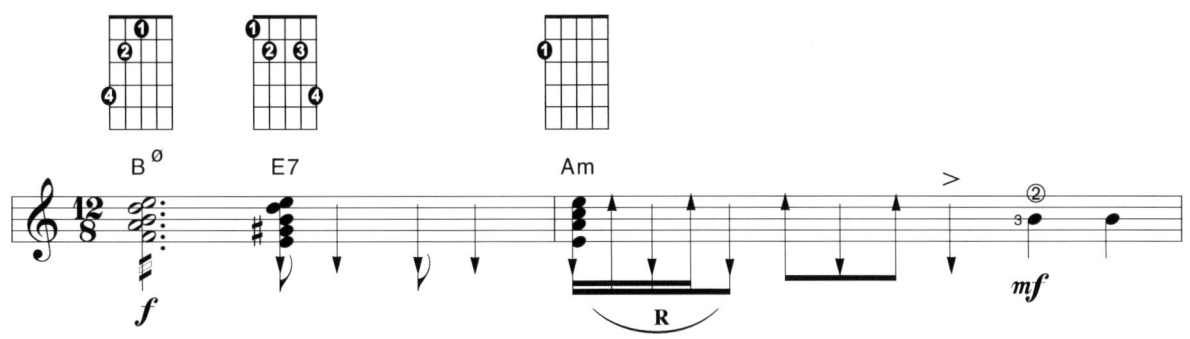

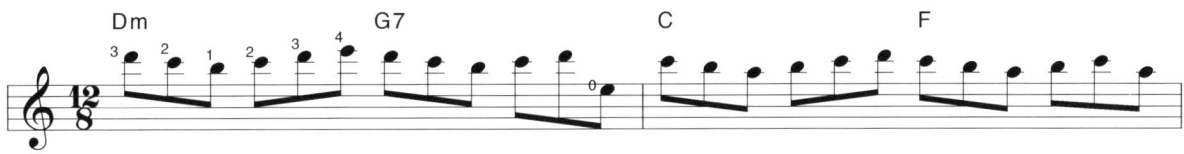

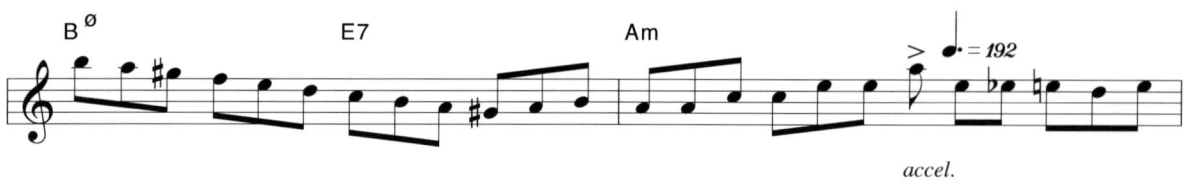

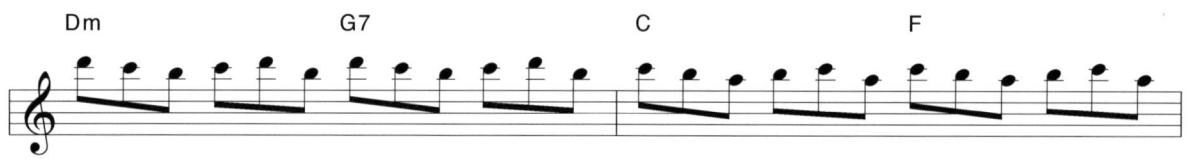

De Ushuaia a La Quiaca

Gustavo Santaolalla

© Gustavo Santaolalla
Versión de Juan Cristobal Maza e Italo Pedrotti
Transcripción de Italo Pedrotti

Otoñal

Italo Pedrotti

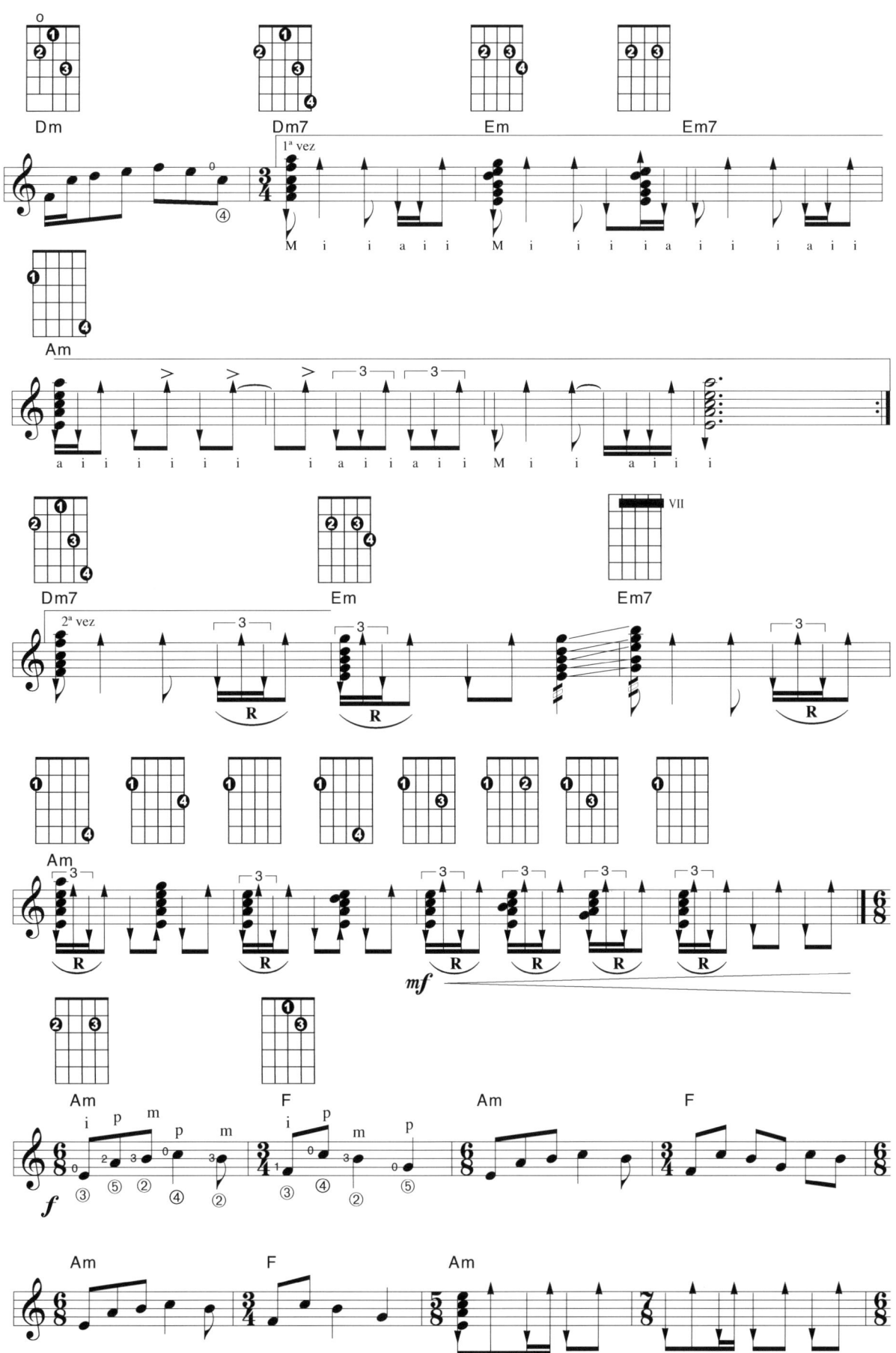

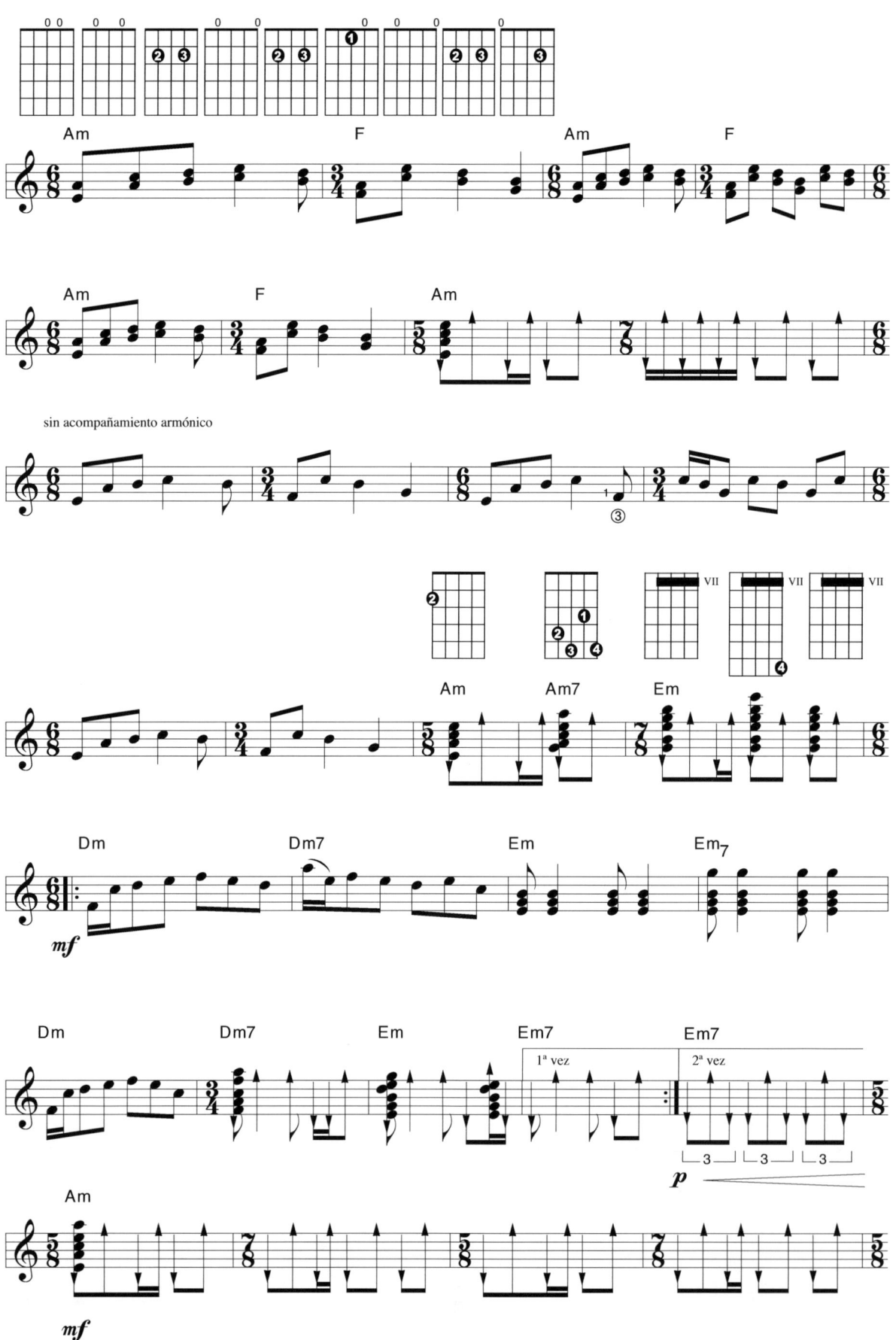

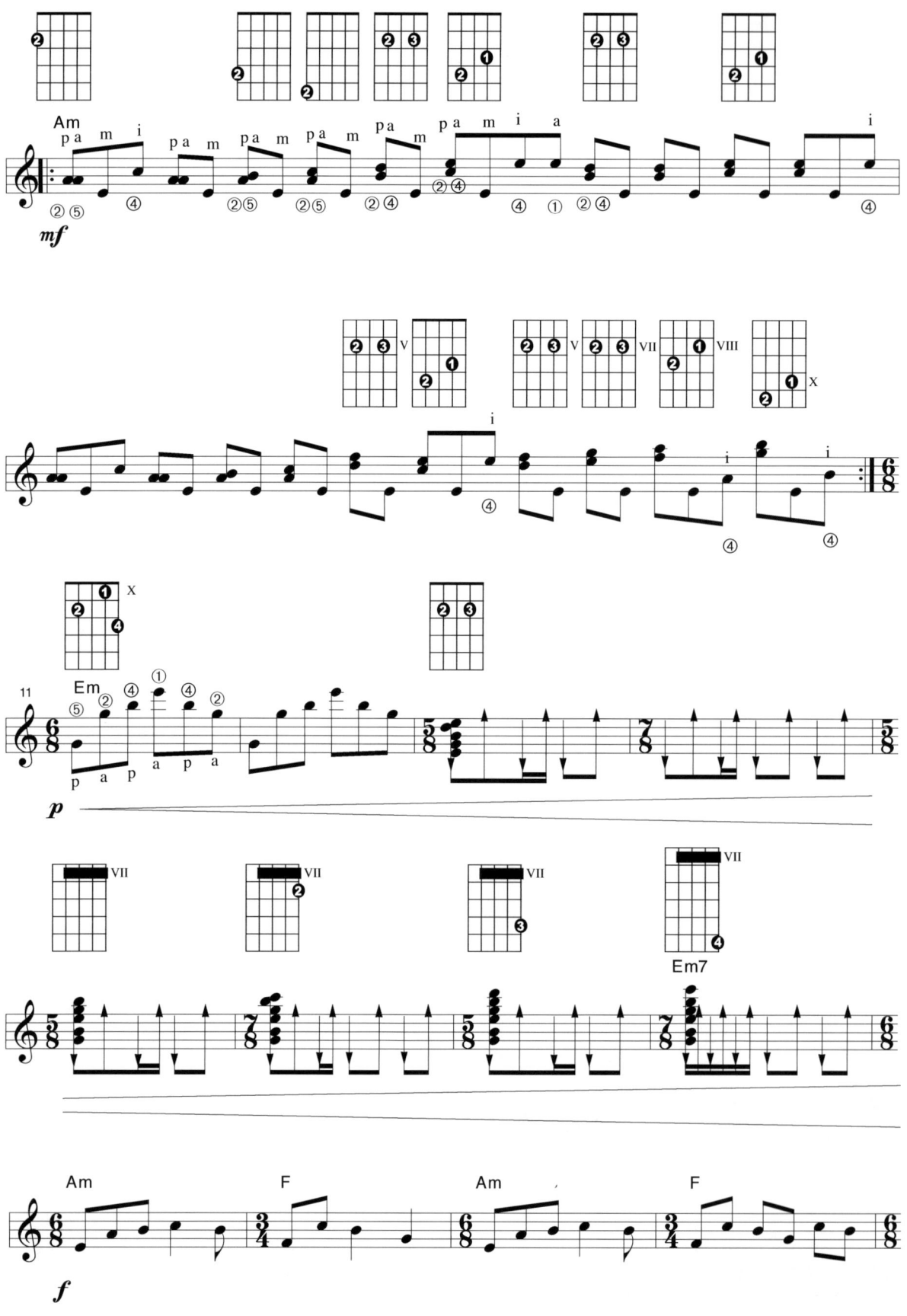

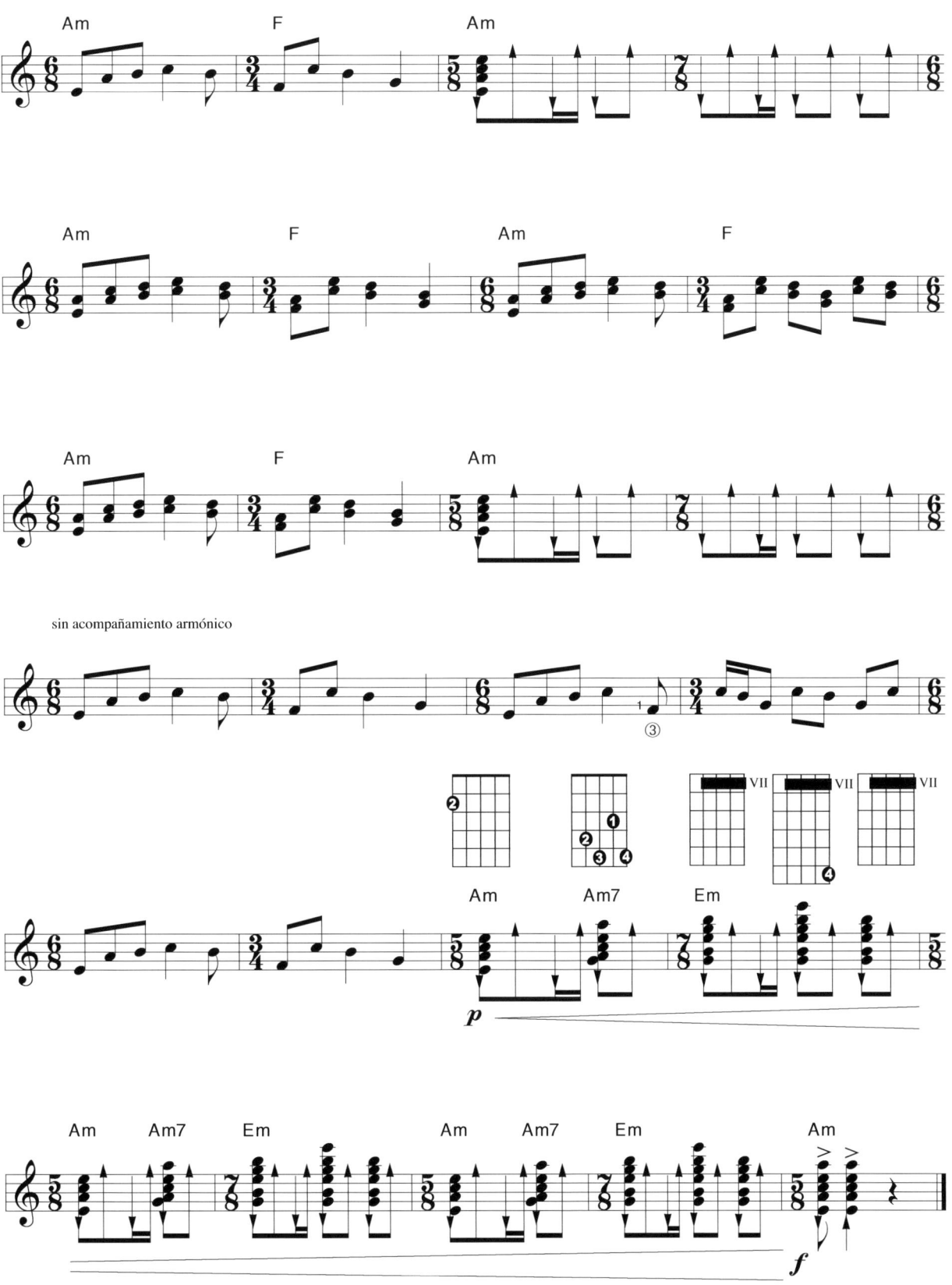

Camino a Potosí

Freddy Torrealba

© Freddy Torrealba
Transcripción: Freddy Torrealba e Italo Pedrotti

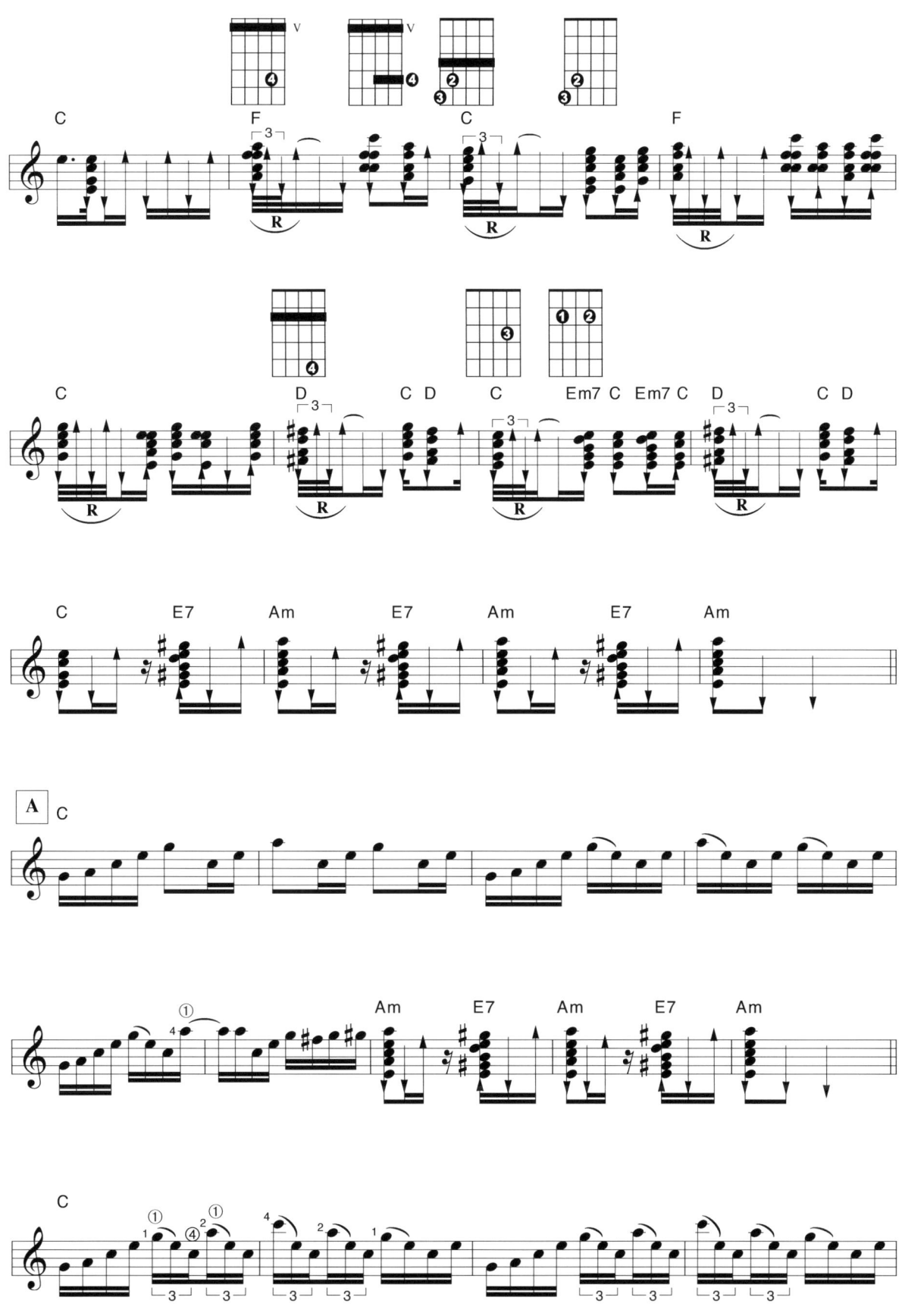

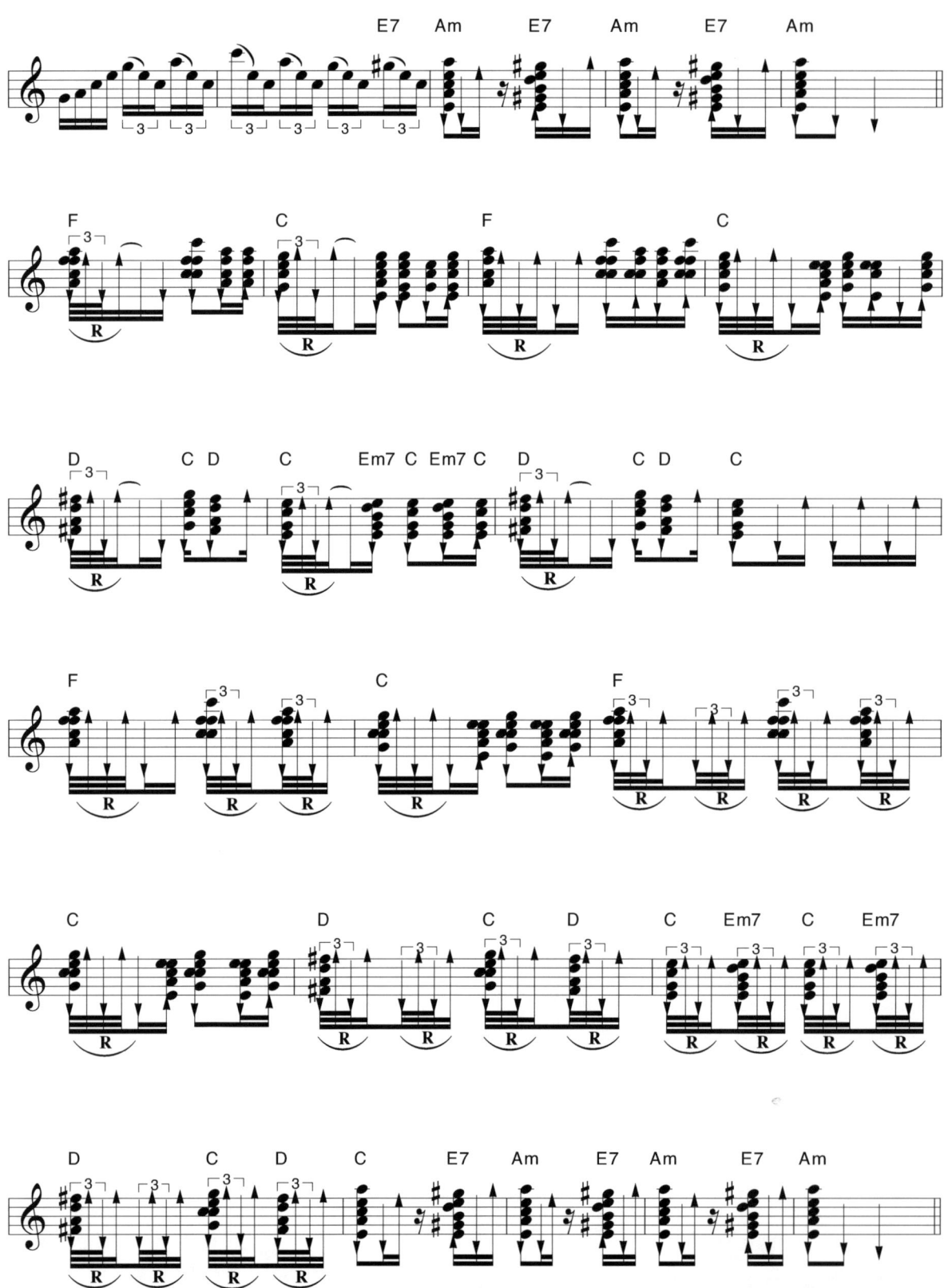

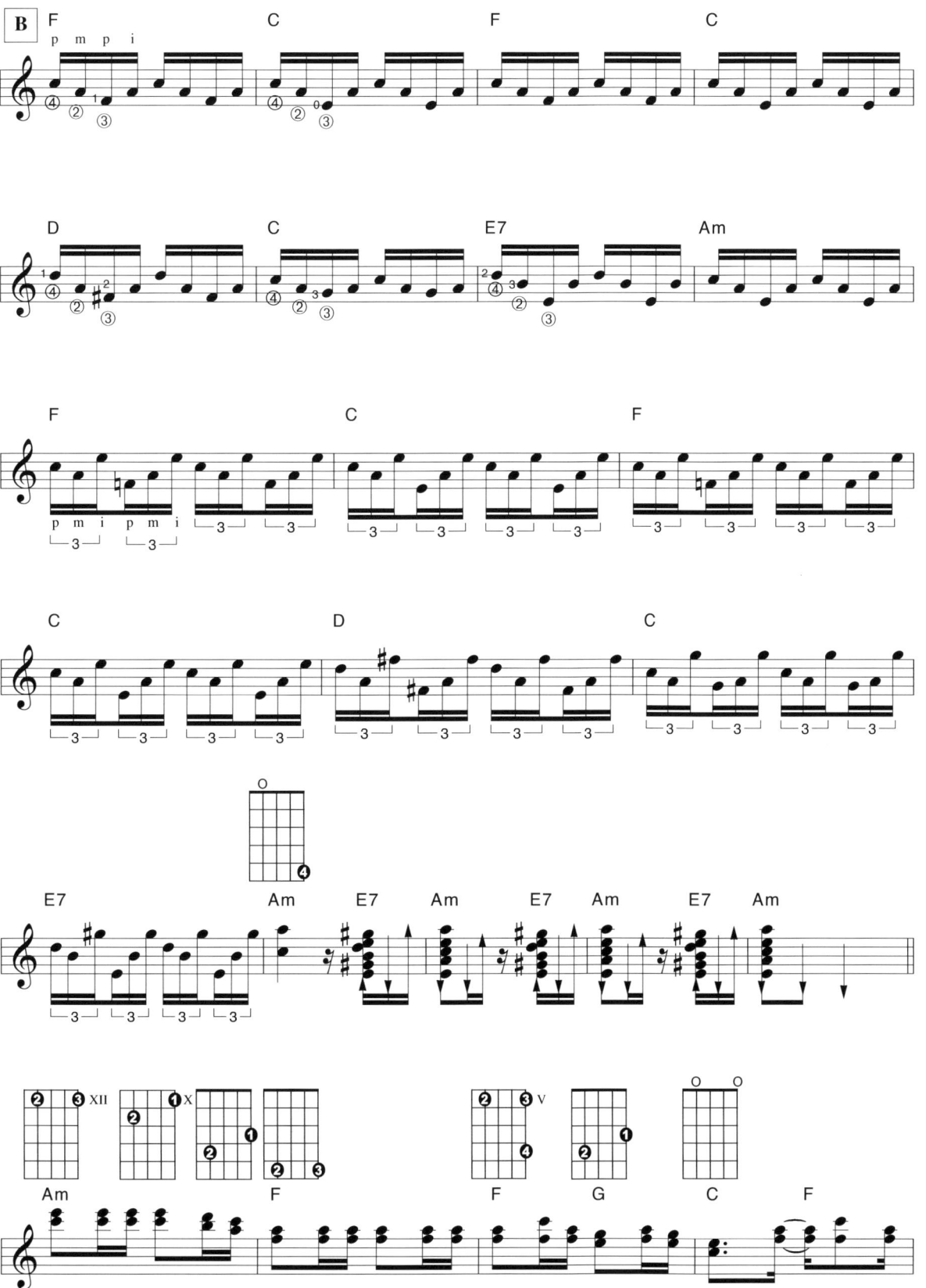

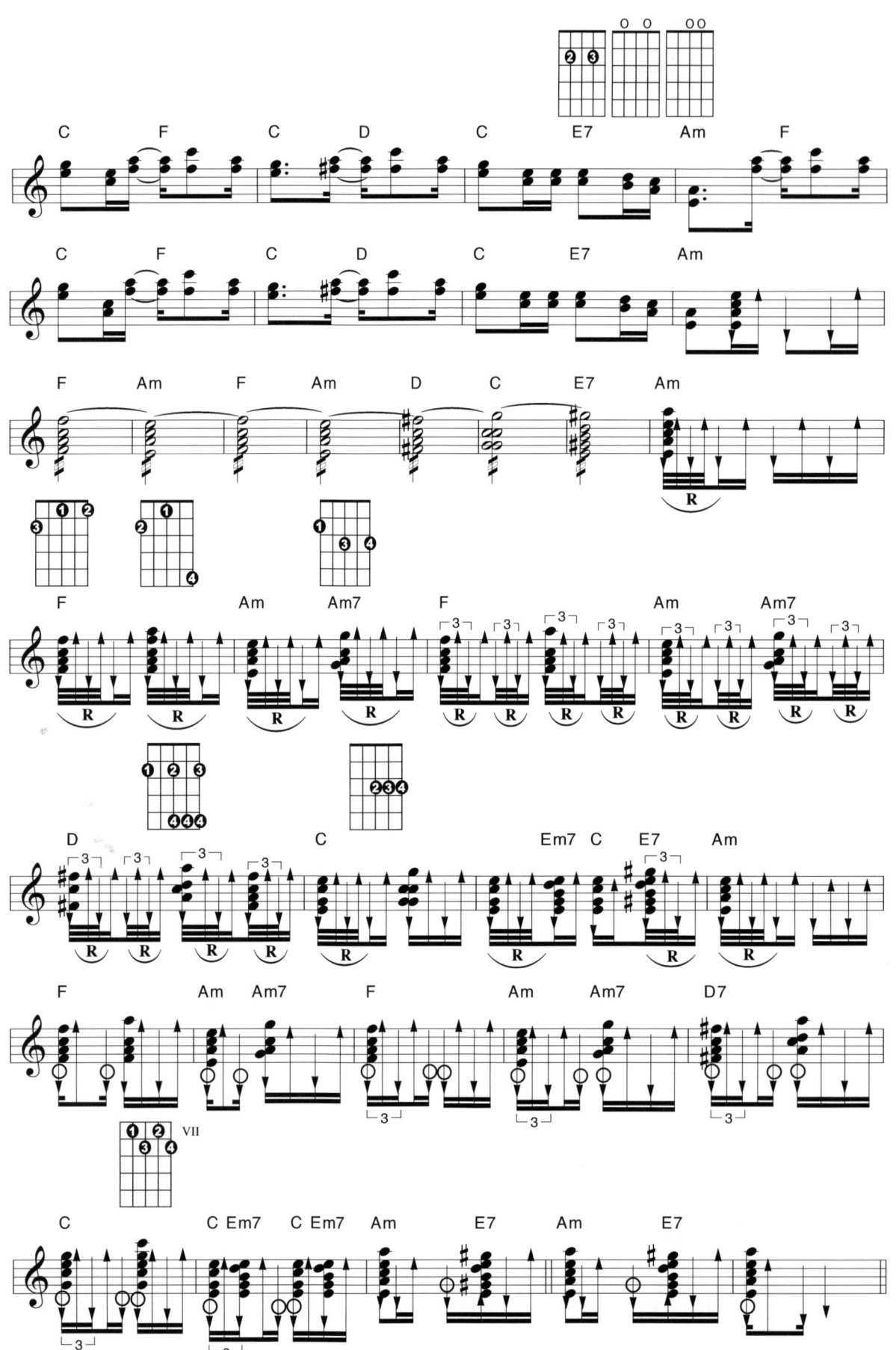

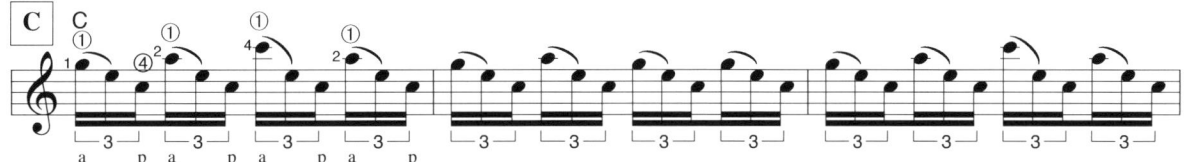
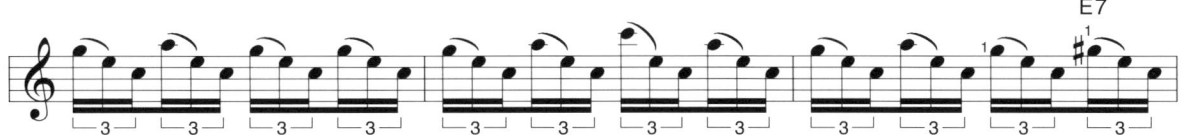
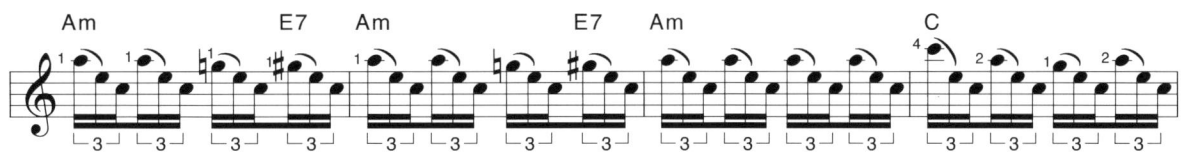

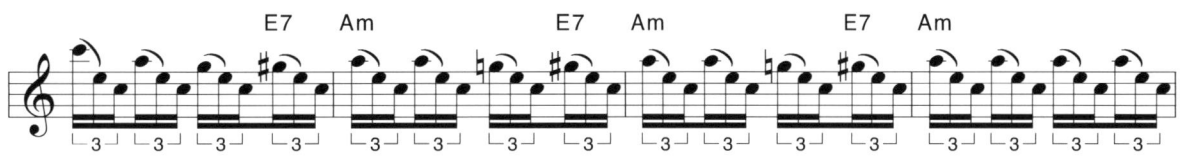
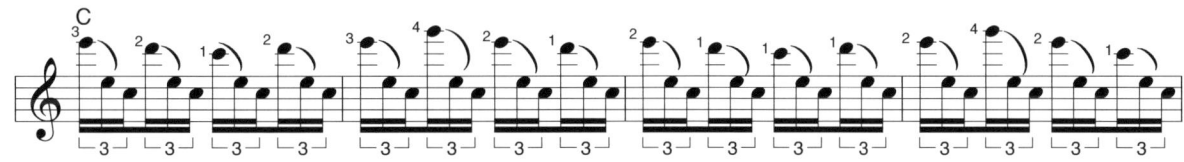
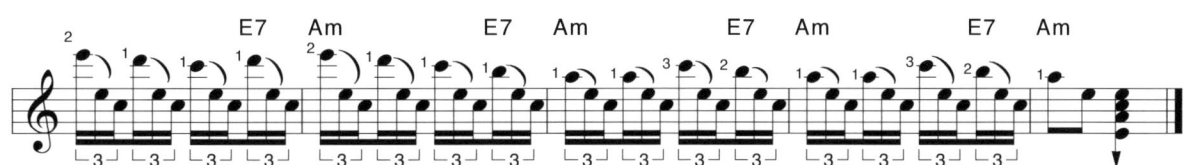

Vuelo de Pájaros

Italo Pedrotti

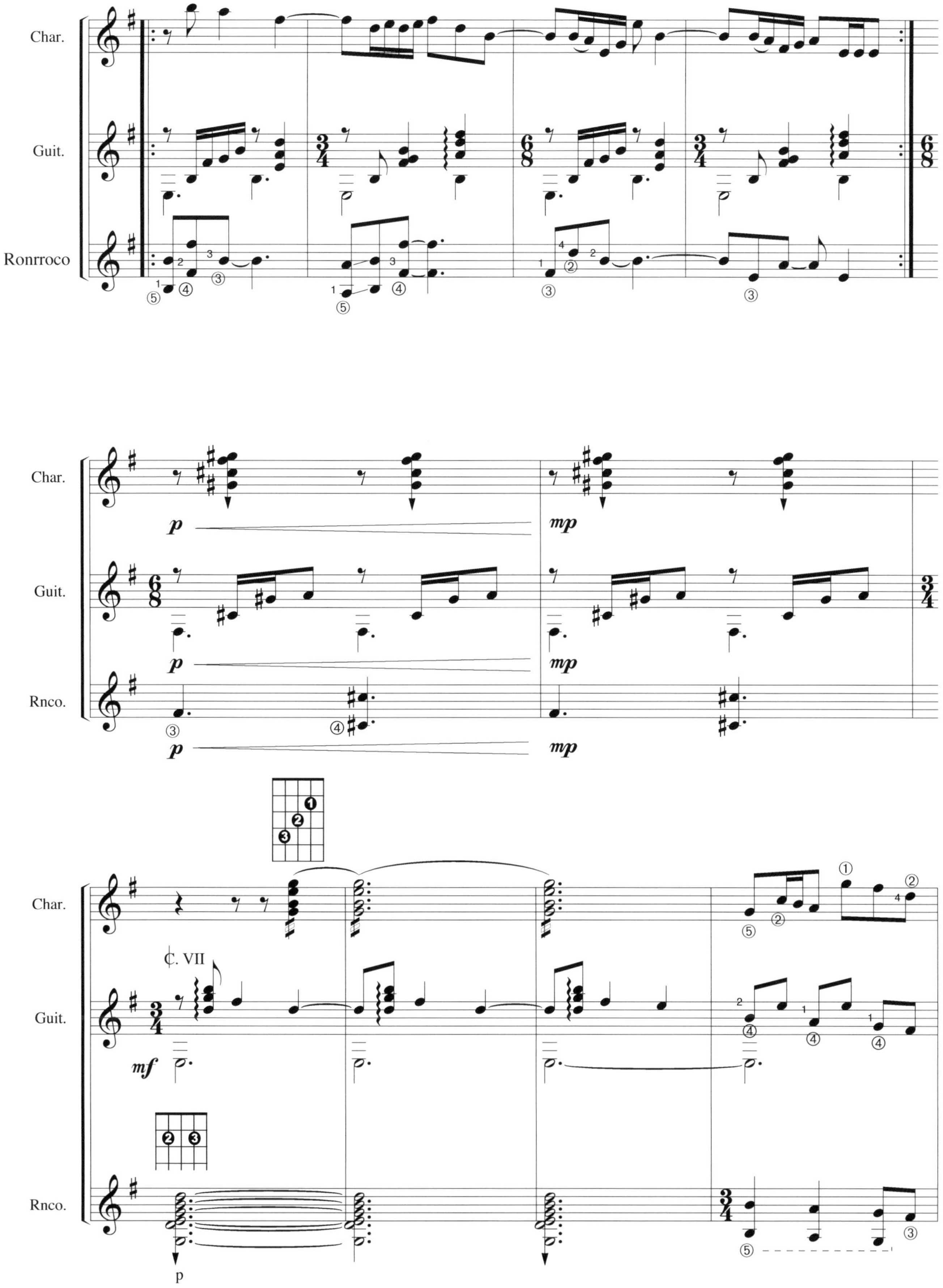
Char.
Guit.
Ronrroco
Char.
Guit.
Rnco.
p
mp
Char.
Guit.
Rnco.
C. VII
mf
p

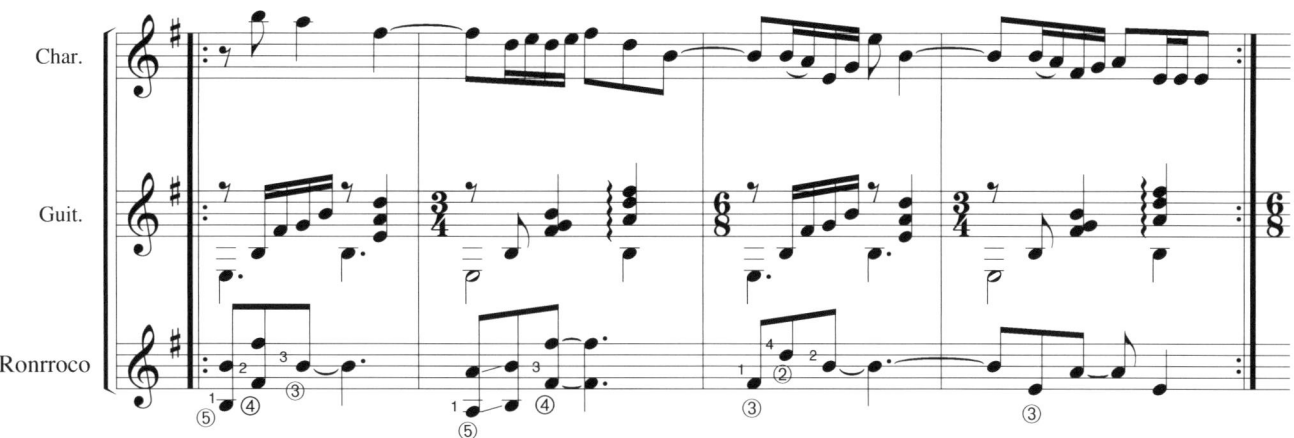

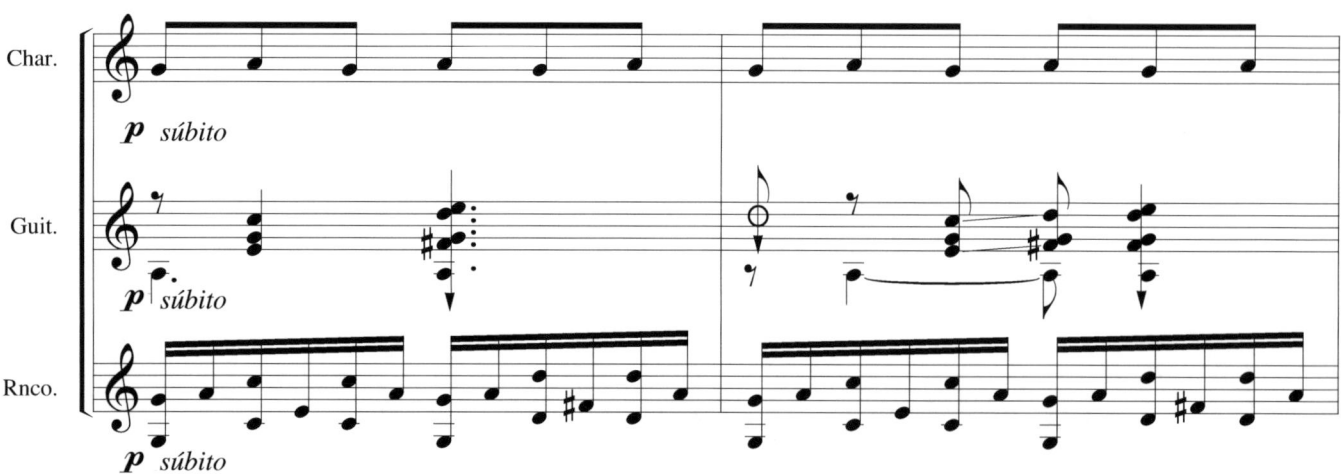

Improvización de charango (cantidad indefinida de compases)

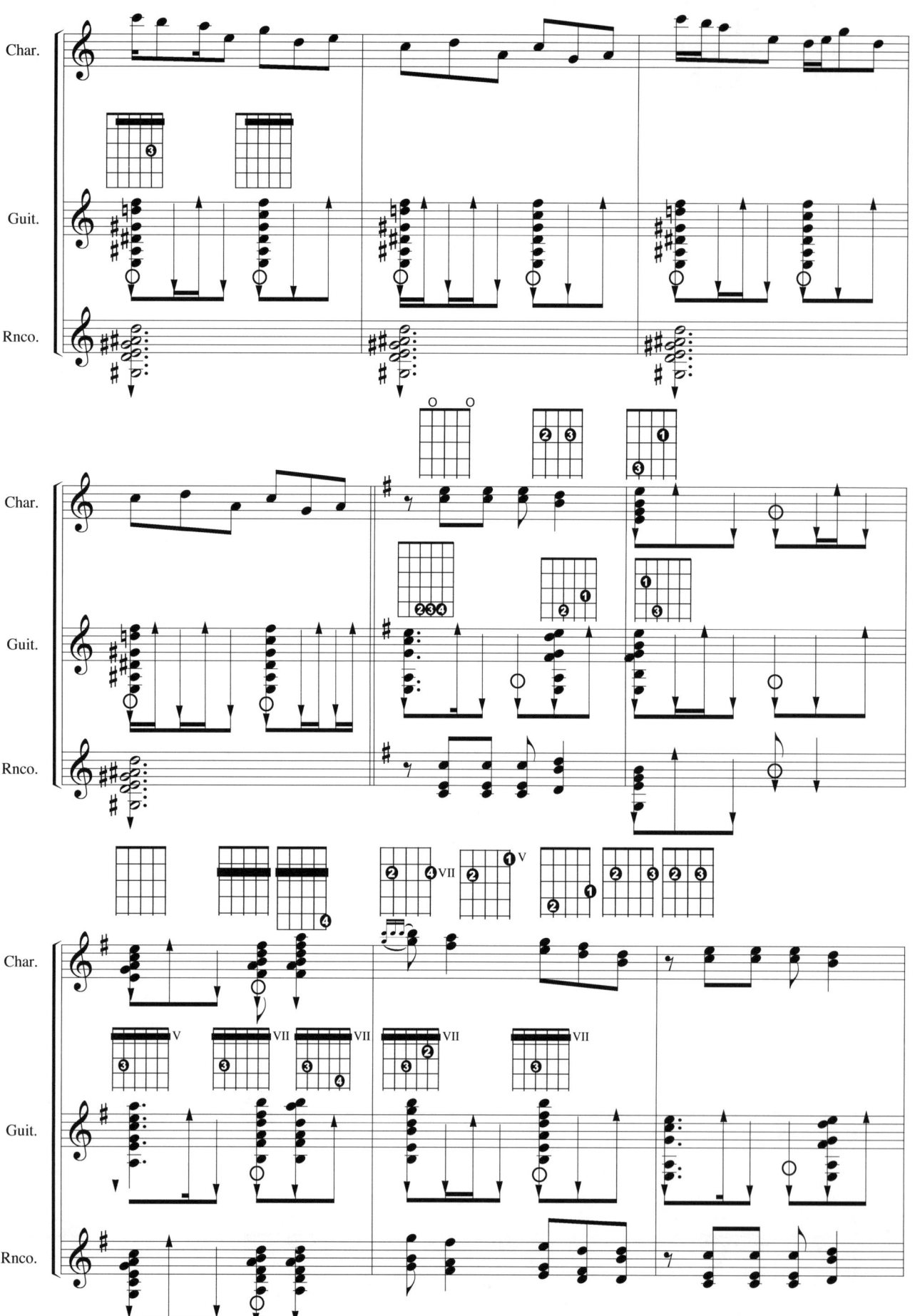

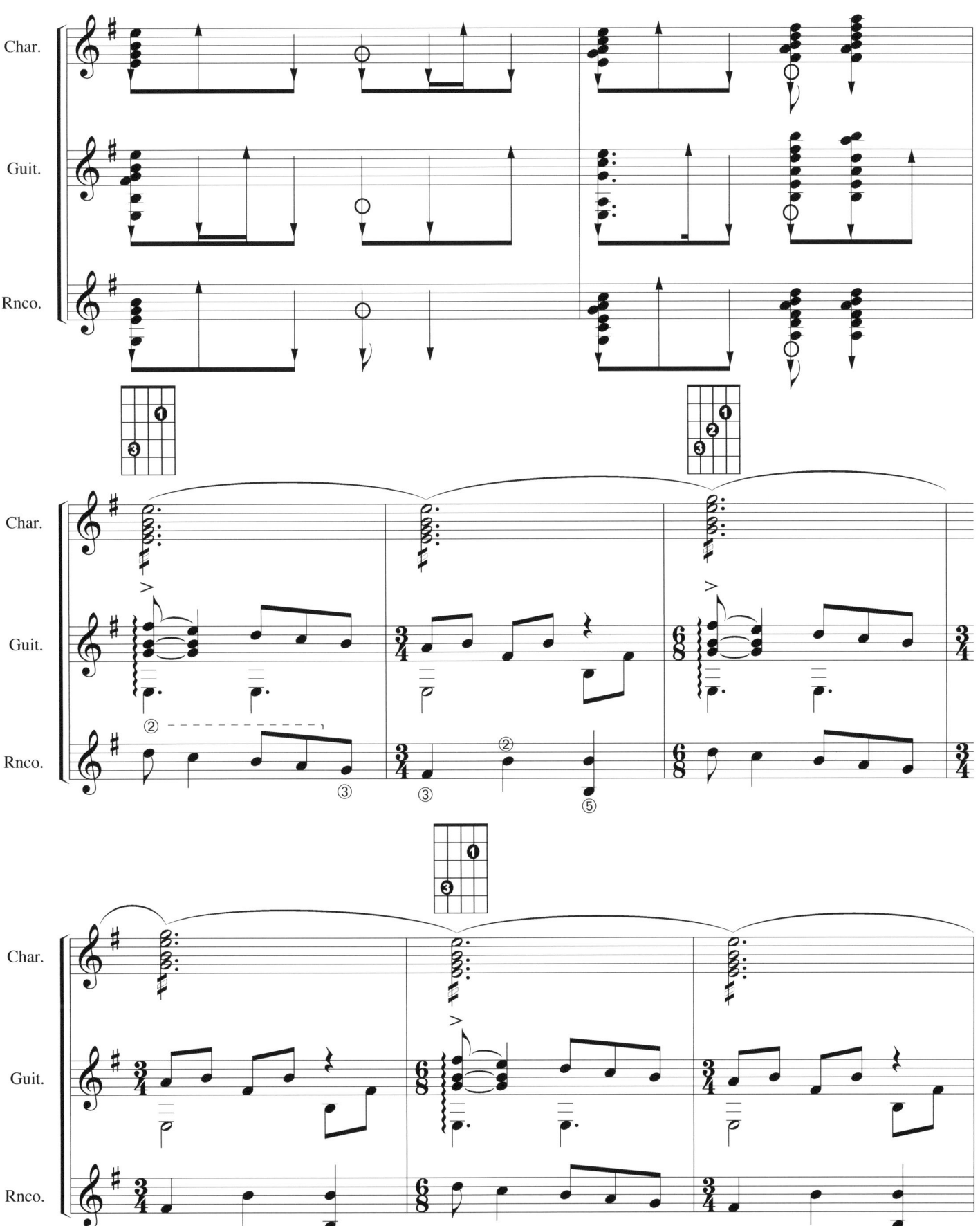

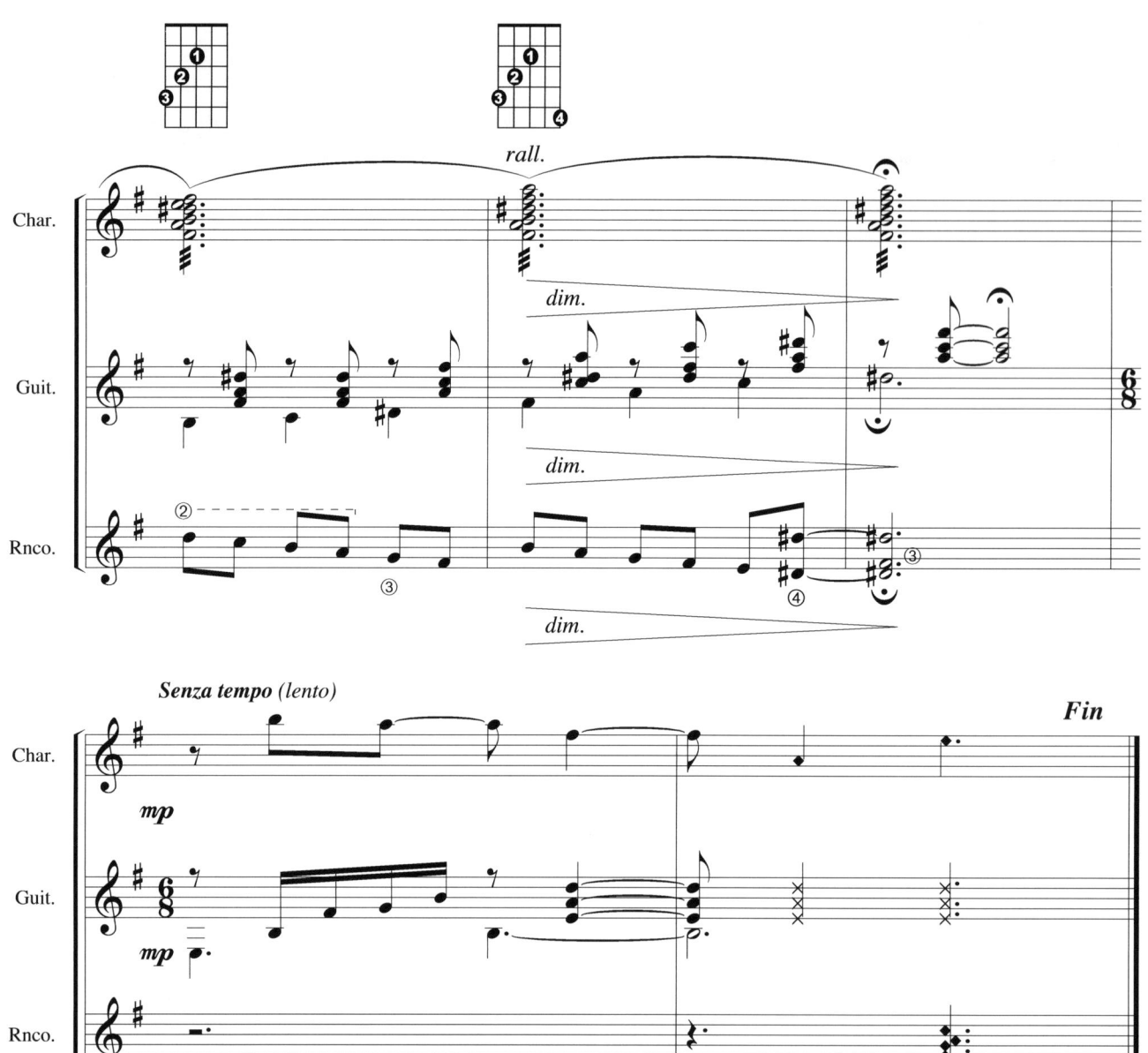

AGRADECIMIENTOS

Hemos querido agradecer a las distintas personas que nos han ayudado con sus valiosos comentarios y también a las instituciones que nos han apoyado económicamente para la publicación de este método de charango.

Rodrigo Torres, Luis Advis, Celso Garrido-Lecca, Olivia Concha, Héctor Soto, Freddy Torrealba, Omar Ponce, Daniel Villavicencio, Ernesto Cavour, Celestino Campos, Luis Merino, Fernando García, Luis Nuñez, Luigina Pedrotti, Alberto Cumplido, Carlos Vera, Matías Olivos, Lorena Gutiérrez, José Luis Delpiano, Marcelo Glavic, Sebastián Aldea y a todos los alumnos que hicieron posible desarrollar este trabajo

Fondo Nacional de la Cultura y las Artes (FONDART, Ministerio de Educación), Sociedad Chilena del Derecho de Autor (SCD) y a la Sociedad Chilena del Charango.

Además agradecemos muy sinceramente a Osiel Vega Durán por sus generosas cotribuciones y su gran paciencia.

ACKNOWLEDGMENTS

We would like to acknowledge the following people and institutions for their assistance in making the publication of this charango's method.

Rodrigo Torres, Luis Advis, Celso Garrido-Lecca, Olivia Concha, Héctor Soto, Freddy Torrealba, Omar Ponce, Daniel Villavicencio, Ernesto Cavour, Celestino Campos, Luis Merino, Fernando García, Luis Nuñez, Luigina Pedrotti, Alberto Cumplido, Carlos Vera, Matías Olivos, Lorena Gutiérrez, José Luis Delpiano, Marcelo Glavic, Sebastián Aldea and to all of our students.

The National Fund for Culture and Arts (FONDART, the Chilean Ministry of Education), and the Chilean Society of Authors Rights (SCD) and the Chilean Society of the Charango.

Additional thanks to Osiel Vega Durán for his generous contributions and his great patience.

Archivo Horacio Durán

HORACIO DURÁN VIDAL

Nací en Antofagasta en el norte de Chile el 24 de Junio de 1945. Soy el cuarto hijo de una familia media chilena de largas tradiciones progresistas. Junto a mis hermanos asistí a la escuela y a los liceos públicos. Mi madre, poeta sin pluma entonces, de profesión esposa y madre de seis hijos. Mario mi padre, ingeniero, había sido mandado al gran desierto a cargo de la red de caminos que unían la ciudad con salitreras, minas de cobre, poblados atacameños y aimaras y con pequeñas "cochas", los ojos de agua que dan vida a los oasis en la pampa desértica.

Decir como me entró la música es cuento difícil. Mi hogar era un templo de música clásica y las pampas y el altiplano se me iban quedando en los rincones del alma.

Después mi familia regresa a Santiago siendo yo niño aún. Mi abuelo me regaló un violín cuando cursaba el quinto año básico. No podía imaginar que sería el comienzo de un largo devenir. Abandoné el violín porque nunca acepto mis embates de amor. Los estudios de ingeniería química me llevaron el año 1963 a la ciudad de Valparaíso. En 1965 participé en la Peña Folklórica Porteña sirviendo empanadas y vino. Allí llegó el charango a mis manos desde la emoción que me causó verlo tocado con sencillez por Violeta Parra. Así fué que me inicié consumiendo discos de Jaime Torres, Ernesto Cavour y del peruano Jaime Guardia.

Luego, con la obsesión y porfía del amor por este pequeño instrumento, me dirigí a su fuente: la región del altiplano andino. La crisis había sembrado mi vida. Sin embargo, continué mis estudios de ingeniería en la Universidad Técnica del Estado en Santiago. Fué entonces que nos conocimos con quienes dimos nacimiento al conjunto Inti-Illimani el año 1967. Estudios de química y música. Creció el Inti con la rapidez de la mala hierba. Casi al final de mis promisorios estudios de ingeniero en 1971 habíamos publicado cinco discos, trabajado con Víctor Jara, Luis Advis, Sergio Ortega, Isabel Parra, hecho viajes por Bolivia, Argentina, Perú, Ecuador y Colombia y realizado cientos de conciertos en cualquier lugar donde fuera posible expresarnos.

El Inti-Illimani al cual he dedicado más de cuarenta años de mi vida. Exilio en Italia entre 1973 y 1988; regreso a Chile; grandes momentos, nostalgias, viajes, encuentros, sonidos, la vida, la música... siempre.

I was born in Antofagasta, a city in the north of Chile, the 24th of June, 1945. I am the fourth child of a middle class family with a long tradition of progressive politics. Along with my brothers and sisters, I attended public schools. My mother was a poet at heart, and the mother of six children. Mario, my father, was an engineer assigned with maintaining the network of roads that connected the city with the mining settlements, the small indigenous communities and the water sources of the region.

My predilection for music is not hard to explain. Our house was a veritable temple of classical music. And the Pampa (South American plains) and the Altiplano (high desert) had a profound impact on my young soul.

When I was still a child, my family returned to Santiago, Chile. In the fifth grade, my grandfather gave me a violin. He never imagined that this gift would signify the beginning of my career. Nevertheless, the violin and I never fully understood one another, and in the end we parted ways. In 1963, my studies in chemical engineering took me Valparaíso. In 1965 I participated in the Peña Folklórica Porteña (Valparaíso) serving wine and empanadas. It was at this moment that I discovered the Charango – that marvelous instrument played by Violeta Parra – and began to explore the large repertoire of recordings for the instrument by Jaime Torres, Ernesto Cavour and the Peruvian Jaime Guardia.

Later on, inspired by my obsession for this little guitar, I traveled to the land of its origin: the Andean Altiplano. Although consumed by vocational crisis, I continued my studies in engineering at the Universidad Técnica del Estado of Santiago. It was at this time that I met the members of the future Inti-Illimani. Students of chemistry and music, we founded the group officially in 1967. It grew rapidly in popularity: by the end of my studies in engineering in 1971, we had released five records, worked with Victor Jara, Luis Advis, Sergio Ortega, and Isabel Parra, toured through Bolivia, Argentina, Perú, Ecuador and Colombia and given hundreds of concerts.

Inti-Illimani – the group to which I have dedicated more than forty years of my life. So many experiences: exile in Italy from 1973 through 1988. The return to Chile. Great memories, journeys, sounds, life, music... Forever.

ITALO PEDROTTI GALAZ

Nací el 28 de septiembre de 1966 en Puente Alto, comuna de la ciudad de Santiago de Chile. Mis padres no se imaginaron nunca que ese juguete que me regalaron a la edad de cinco años, de alguna manera iba a seguir acompañándome hasta hoy. Me refiero a esa pequeña guitarra desafinada y de cuerdas de alambre con la que me entretenía acompañando a los guitarreros de una iglesia en la ciudad de Concepción.

Muchas cosas pasaron desde entonces, hasta que un día del año 1985 me descubro enamorado del charango mientras caminaba por un parque de Santiago tocando repetidas veces la introducción de "La partida" de Víctor Jara. Eran años difíciles, en que los instrumentos de origen andino fueron prohibidos por la dictadura militar. Jóvenes músicos aprendíamos escuchando grabaciones o mirando videos que llegaban desde el exterior, ya que nuestros referentes de la música latinoamericana se relacionaban directamente con el movimiento de la llamada "Nueva Canción Chilena", cuyos principales representantes se encontraban en el exilio.

Esta forma de aprendizaje colectiva y fundamentalmente empírica, me llevó a buscar una manera de acortar caminos y de precisar ciertos elementos en el aprendizaje del charango. Durante mi paso por la Facultad de Artes de la Universidad de Chile, mientras estudiaba la carrera de Tecnología del Sonido, tuve la oportunidad de familiarizarme con la escritura musical y vincularla a mi experiencia con el instrumento, siendo un hecho fundamental en este sentido mi encuentro con el maestro Celso Garrido-Lecca, quien compusiera su "Duo Concertante para Charango y Guitarra", que tuve la oportunidad de estrenar en 1992.

Sin duda que una de las experiencias más reveladoras en relación al charango y a la música la viví en Tarabuco -Bolivia- en el año 1995, cuando conocí a Macario Paricahua, un campesino indígena que tocaba charango para acompañar su soledad. La relación que Macario tenía con la música, su manera de tocar y el legado ancestral de su arte me conmovieron profundamente, razón por la que quisiera dedicarle mis esfuerzos en este trabajo.

Esta rica experiencia de colaboración desarrollada junto a Horacio por más de una década, es la que deseamos transmitir a través de estas páginas. Esperamos contribuir a la difusión de la música que surge desde el charango y que pone en evidencia la personalidad tan definida de uno de los tantos bellos instrumentos que se han desarrollado por este lado del planeta.

I was born the 28 September 1966 in Puente Alto, Santiago, Chile. My parents never imagined that the toy guitar that they gave me at the age of five would continue with me until this day. Throughout my childhood, I used that little, out-of-tune instrument with wire strings to accompany the musicians at our church in the town of Concepción.

Then, in 1985, while walking through the Parque de Santiago, playing the introduction to Victor Jara's "La Partida," I fell in love with the Charango. Those were difficult years, in which instruments of Andean origin were banned by the military dictatorship. We young musicians learned to play listening to recordings or watching videos that arrived in Chile from abroad. Our Latin American role models consisted primarily of groups from the "Nueva Canción Chilena" movement, the majority of which were in exile outside of the country.

My initial self-guided, empirical musical study pushed me to look for my own solutions to the technical problems presented by the Charango. Later, during my years at the Facultad de Artes of the Universidad de Chile – where I studied sound engineering – I had the opportunity to acquire further technical knowledge and formal musicianship skills. A particularly important experience during this time was my work with the composer Celso Garrido Lecca, whose work for Charango "Duo Concertante para Charango y Guitarra" I premiered in 1992.

Another fundamental experience in my relationship with the Charango was the time I spent in Tarabuco, Bolivia, in 1995. Here I met Macario Paricahua, a peasant who strummed this little instrument on his solitary journeys through the Andes. The relationship that Macario had with music – his playing style and his ancestral bond with his art – moved me profoundly, convincing me to dedicate my energies to the development of a method for the Charango.

The outgrowth of a decade of collaboration between Horacio and I, this method was written in the hope of disseminating the music written for the Charango, music that reflects the personality of one of the many beautiful instruments developed on this side of the planet.

APÉNDICE: CONCEPTOS ELEMENTALES DE TEORÍA MUSICAL

Después de haber revisado varios sistemas para escribir melodías, acordes, rasgueos y recursos propios del charango, hemos llegado a la conclusión de que lo más preciso es utilizar la notación musical convencional. Invitamos a los charanguistas a estudiar teoría musical con mayor profundidad, ya que en este apéndice, entregamos sólo algunos datos básicos. indispensables para una mejor comprensión del método.

LAS NOTAS MUSICALES

Las notas son los signos que representan las duraciones y las alturas de los sonidos. Según sus diferentes figuras, expresan diferentes duraciones. Según sus diferentes posiciones en el pentagrama, expresan diferentes alturas.

APPENDIX: ELEMENTARY CONCEPTS OF MUSIC THEORY

After having experimented with various notation systems, we have concluded that the most precise way to write music for the Charango is with conventional Western musical notation. We encourage Charanguists, therefore, to study Western music theory as thoroughly as possible. The following appendix provides some basic information necessary for those who wish to use this method. We hope it will inspire further study.

THE MUSICAL NOTE

Notes are symbols representing the duration and pitch of a sound. Different symbols represent different temporal durations of a note. The position of these symbols on the staff determines the pitch of the note represented.

FIGURAS DE LAS NOTAS (signos de duración)

SYMBOLS OF TEMPORAL DURATION

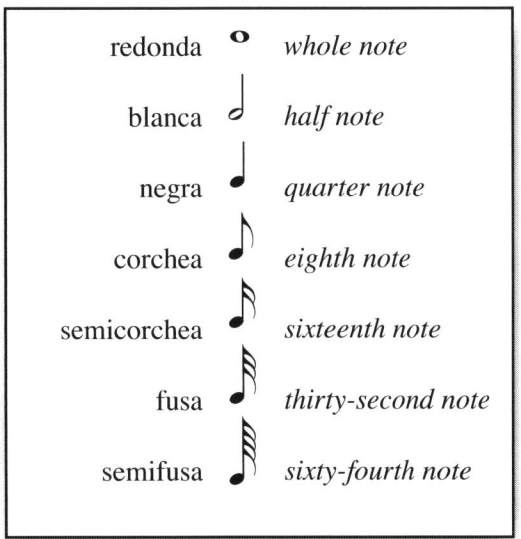

Cuando varias corcheas o semicorcheas, fusas o semifusas, van colocadas unas a continuación de las otras, se pueden reemplazar los corchetes por unas barras que unan dichas notas.

Ejemplo:

When several eighth, sixteenth, thirty-second or sixty-fourth notes follow one another in sequence, the flags on the stems of each note head can be replaced with continuous bars.

Example:

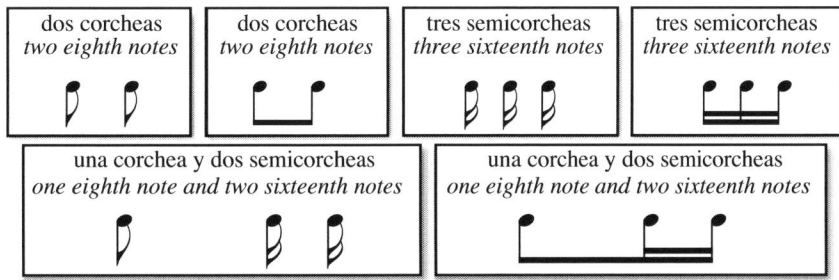

VALOR RELATIVO DE LAS FIGURAS DE LAS NOTAS

Estando dispuestas las figuras de las notas en el orden que indicamos anteriormente, la redonda representa la más larga duración y cada una de las otras figuras vale la mitad de la que la precede, y por lo tanto, el doble de la que la sigue.

Representando la redonda la mayor duración, es considerada como la unidad de valor; teniendo las demás figuras un valor menor, son consideradas como fracciones de la redonda, por consiguiente :

La blanca equivale a un medio	1/2
La negra equivale a un cuarto	1/4
La corchea equivale a un octavo	1/8
La semicorchea a un dieciséis avo	1/16
La fusa a un treintidós avo	1/32
La semifusa a un sesenticuatro avo	1/64

SILENCIO

Los silencios son signos que indican la ausencia momentánea del sonido.

Existen siete figuras de silencio que expresan la duración de la ausencia de sonido, estas son :

THE RELATIVE TEMPORAL VALUE OF THE NOTES

Maintaining the order in which they were presented, the whole note represents the longest temporal duration. The other symbols represents half of the symbol by which they are preceded, and twice as much as that which follows.

As the symbol with the longest duration, the whole note is considered a constant: all of the other figures are of lesser value. They are fractions of the whole note.

The half note is equal to half the duration of the whole note

The quarter note is one quarter the duration of the whole note

The eighth note is one eighth the duration of the whole note

And so on so forth.

REST

The moments of silence in a musical piece are indicated by symbols called "rests". Seven symbols will be used in this method to indicate different temporal durations of silence. They correspond directly to the notes above.

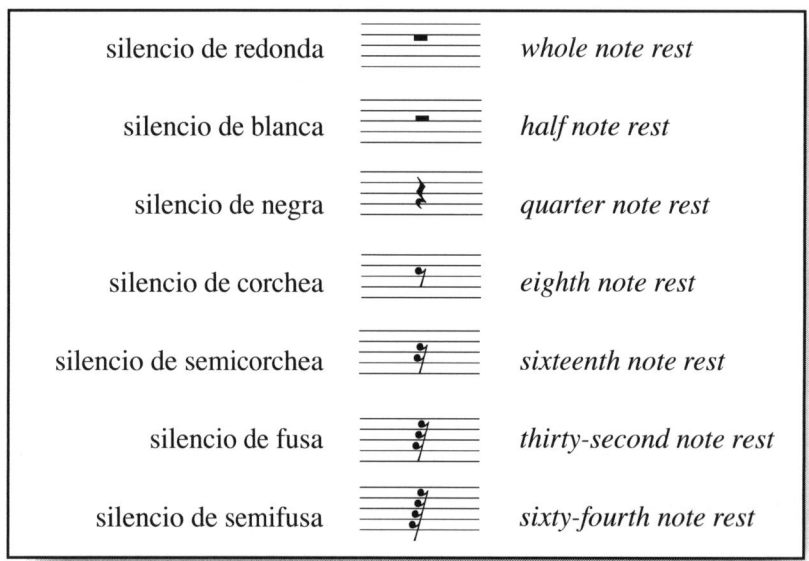

El silencio de redonda se coloca debajo de la cuarta línea y la pausa de blanca encima de la tercera línea; las otras figuras se colocan indiferentemente sobre el pentagrama.

The whole note rest is written below the fourth line of the staff. The half note rest is written above the third line. The exact position of the other rest is not important.

COMBINACIONES RÍTMICAS

Cada una de las siguientes combinaciones equivale en duración a una negra y reciben los nombres que a continuación se indican.

RHYTHMIC COMBINATIONS

Each of the following rhythmic combinations is equal to the temporal duration of a quarter note. They are referred to by the following names:

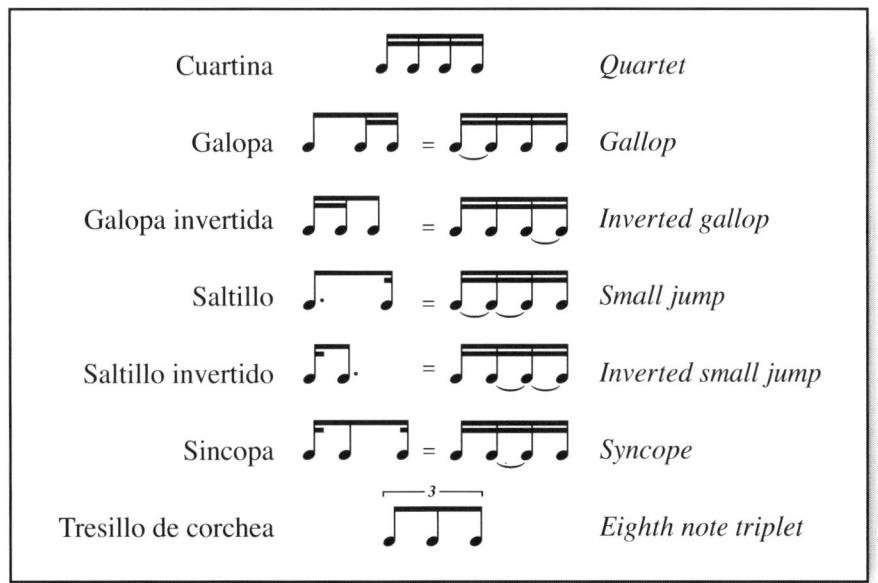

Cabe señalar que el tresillo es la división en tres partes iguales de una figura, en este caso, es la división en tres partes iguales de la negra.

CALDERÓN: ⌢ Es el símbolo que, colocado sobre una nota o acorde, alarga libremente su duración.

LIGADURA Es un signo que une dos notas de una misma altura, aunque sean de diferente duración. Este signo indica la unión del valor de la segunda nota al valor de la primera. Se dice entonces que las dos notas son ligadas.

Ejemplo 1 / *Example 1*

El primer ejemplo expresa una duración equivalente a una blanca más una corchea.

El segundo ejemplo expresa una duración equivalente a dos redondas.

Igualmente pueden ligarse más de dos notas.

It should be noted that the triplet is the division of a quarter note (or other duration) in three equal parts.

FERMATA ⌢ *This symbol, written above a note or chord, indicates that the duration of the sound should be extended freely.*

TIE *This symbol connects two notes of the same pitch, regardless of their duration. Once the two notes have been "tied" together, their temporal values are combined. The note need only be plucked/strummed once.*

Ejemplo 2 / *Example 2*

The first example represents a duration of a half note and an eighth note.

The second example represents a duration of two whole notes.

It is also possible to tie more than two notes.

PUNTILLO

Es un punto que colocado a la derecha de una nota o silencio, aumenta su duración en la mitad de su valor.

Ejemplo :

THE DOTTED NOTE

The dot on the right side of a note increases its temporal value by one half.

Example:

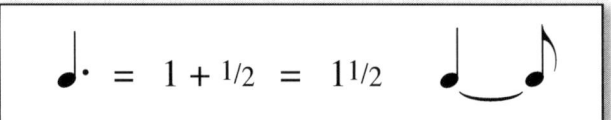

METRÓNOMO

Es un instrumento que sirve para indicar la rapidez de una pieza musical mediante un pulso constante que divide el minuto en partes iguales.

Así por ejemplo, si al comienzo de un fragmento musical aparece anotada la indicación ♩ = 60, significa que habrá que seleccionar el dígito 60 en el metrónomo para obtener un pulso constante que le asigne a la negra una duración igual a un segundo (el minuto dividido en sesenta partes iguales).

METRONOME

The metronome is an instrument that indicates the tempo of a piece of music. Dividing the minute into equal parts, it provides a steady pulse.

If, for example, a score indicates that a piece of music should be played at ♩ = 60, a metronome set at 60 will provide the pulse of the quarter note.

ALTERACIONES EN LA RAPIDEZ

La expresión de una frase musical puede, a veces, exigir que sea modificado el pulso, apresurando o retardando la rapidez de la ejecución.

También sucede, algunas veces, que un pasaje no debe ser rigurozamente medido.

Las alteraciones a la velocidad se indican por las expresiones siguientes, que se colocan durante el curso de la composición.

TEMPO ALTERATIONS

The execution of a musical phrase may, at times, require slight modifications to the pulse. The musician must speed up and slow down.

Also, certain passages should be played "freely".

Alterations in tempo are indicated by the following expressions in the score:

Para animar el movimiento:		***To quicken the tempo:***
Animado	Animato	*Animated*
Acelerando	Accelerando	*Accelerated*
Más movido	Piú Mosso o Piú moto	*With more "movement"*
Para moderar el movimiento:		***To calm the tempo:***
Moderando	Rallentando (rall.)	*Moderate*
Retardando	Ritardando (ritard.)	*Slowed down*
Retenido	Ritenuto (rit.)	*Retained*
Dilatando	Slargando (slarg.)	*Expanded*
Para suspender la marcha regular del movimiento:		***To temporarily suspend the pulse:***
A voluntad	Ad Libitum (ad libit.)	*Freely*
A placer	A Piacere	*As you wish*
Sin medida	Senza Tempo	*Unmeasured*

EL PENTAGRAMA

Es un gráfico de cinco líneas horizontales y paralelas en el cual se dibujan las notas y símbolos musicales. La llave o clave de Sol es aquel símbolo que se anota al principio del pentagrama. Indica que la nota Sol se escribe en la segunda línea y establece de este modo una referencia para el resto de las notas.

THE STAFF

The staff consists of five horizontal lines that run parallel to one another. Notes and other musical symbols are written on the lines and spaces. The symbol are written on the lines and spaces. The symbols at the beginning of each line is the G clef, which indicates that the note G is written on the second line, thus establishing a reference point for the other notes.

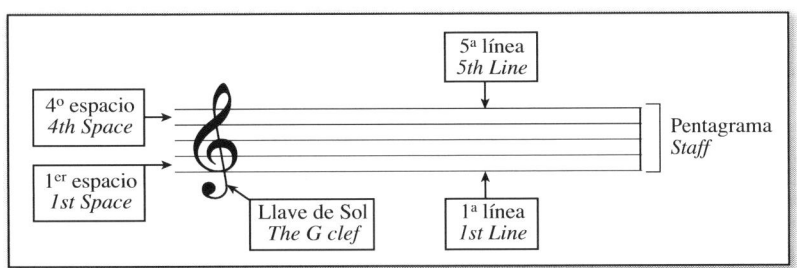

NOMBRES DE LAS NOTAS

En la música occidental se usan siete monosílabos para nombrar los sonidos. Estos, ordenados de grave a agudo, son los siguientes : DO, RE, MI, FA, SOL, LA, SI.

En el pentagrama, estas notas se escriben en las distintas líneas y espacios dentro del mismo pentagrama o fuera de él, utilizando líneas adicionales.

En el charango la nota más grave es el Mi que se escribe en la primera línea del pentagrama y la más aguda es el Sol que se escribe en la cuarta línea adicional superior del pentagrama.

THE NOTE NAMES

Western music employs seven different notes: C, D, E, F, G, A and B. These notes are written on the lines and spaces of the staff.

The lowest note on the Charango - E - is written on the first line of the staff. The highest note - G - is written on the fourth line above the staff.

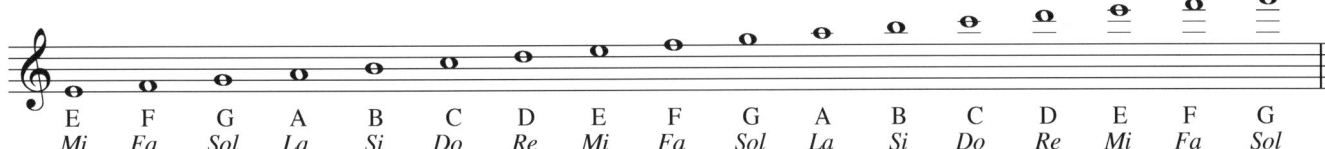

LA ESCALA MUSICAL

Una escala es una sucesión de notas en sentido ascendente o descendente. Existen muchos tipos de escalas, por ejemplo, la escala diatónica (de siete sonidos), la escala pentatónica (de cinco sonidos), la escala de medios tonos o cromática, la escala de tonos enteros, etc.

La escala diatónica es la sucesión de las siete notas musicales mencionadas anteriormente. A esta sucesión se agrega superiormente la reproducción del agudo de la primera nota de la escala, esta nota recibe el nombre de * octava superior * de la primera nota.

Escala diatónica de Do Mayor

THE MUSICAL SCALE

A scale is a succession of notes that ascends or descends. There are many types of scales: the diatonic scale (seven sounds), the pentatonic scales (five sounds), the chromatic scale, the whole tone scale, etc.

The diatonic scale is the succession of seven notes mentioned in the paragraph about note names. At the end of this sequence, the octave of the first note of the scale is generally written.

The C major diatonic scale

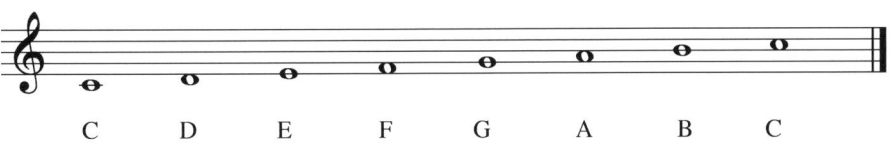

201

INTERVALO

Es la distancia que existe entre dos sonidos distintos, Así por ejemplo, el intervalo de octava es la distancia que hay entre dos sonidos separados por seis tonos. Entre las dos cuerdas del tercer par del charango existe la distancia de un octava y entre dos espacios seguidos del diapasón existe medio tono.

THE INTERVAL

An interval is the distance between two differents sounds. The interval of an octave, for example, represents a distance of six tones. The interval between the strings of the third pair of strings on the charango is an octave. The interval between each of the frets is a half tone.

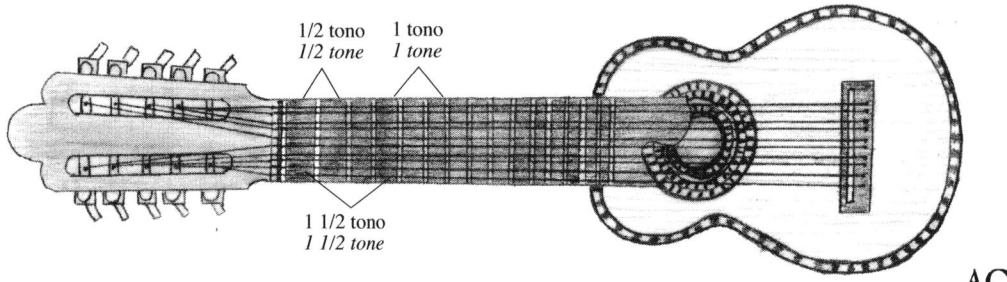

ALTERACIONES

Son signos que modifican el sonido de las notas a las cuales afectan. Las alteraciones son tres:

Sostenido ♯: la nota con este signo se sube medio tono.

Bemol ♭: la nota con este signo se baja medio tono.

Becuadro ♮: anula el efecto de sostenidos y bemoles.

Si una alteración aparece junto a una nota, esta alteración afecta a todas las notas del mismo nombre que le sigan dentro de ese compás. Si una alteración o varias, se encuentran al comienzo del pentagrama (armadura), el efecto sobre cada nota se mantiene durante todo el pentagrama.

ARMADURA

Para indicar la tonalidad en que está escrita una composición musical, la solución más sencilla no consiste en escribir todas las alteraciones requeridas delante de las notas cada vez que sean necesarias, sino que consiste en escribirlas en el pentagrama entre la llave y la cifra de compás. Las alteraciones de la armadura rigen en toda la composición mientras otras accidentales no las anulen, o se cambie la armadura por otra.

La figura muestra las armaduras para cada una de las tonalidades mayores. Las tonalidades menores llevan la misma armadura que sus relativas mayores.

ACCIDENTALS

These symbols modify the sound of the note to which they applied. There are three of them:

sharp ♯: the note with this sign is raised a half tone.

flat ♭: the note with this sign is lowered a half tone.

natural ♮: removes the effect of sharps and flats.

When an accidental is written by a note, it affects all of the notes that follow within the measure. The accidentals in the key signature (written with the clef at the beginning of a piece) apply to the note throughout the entire score.

THE KEY SIGNATURE

In order to indicate the key in which a piece of music is written, the accidentals of the key signature are placed along with the clef at the beginning of the score. This way the accidentals need not be written each time they occur.

The following figure includes the key signatures for each of the major keys. Minor keys have the same signatures as their relative major.

COMPÁS / MEASURE

Es la división de un trozo de música en partes iguales. Esta división se indica por medio de unas líneas que atraviesan perpendicularmente el pentagrama y que se llaman líneas divisorias o barras de compás.

The measure divides a piece of music into equal parts. These divisions are indicated by "bar lines", lines that break up the staff vertically. The group of notes and other musical symbols between bar lines is called a "measure".

El conjunto de los valores, notas o silencios, que estén comprendidos entre dos líneas divisorias, forma un compás.

La suma de estos valores debe ser igual para todos los compases que forman un determinado trozo de música, y por consiguiente dichos compases serán todos de igual duración.

The sum of the temporal value of the notes and symbols inside the bar lines must be the same for each measure. Thus all measures (in the same time signature) are of equal length.

Ejemplo: / *Example:*

En el ejemplo anterior cada compás encierra una suma de valores iguales a una blanca.

In this example, each measure includes a series of values equal to a half note.

El Final de un trozo de música se indica siempre por una doble barra.

The end of a piece or segment of music is always indicated by a "double bar".

La doble barra se usa también para separar dos partes de un trozo de música,

The double bar is also used to separate two segments of music,

o también antes de un cambio de armaduras;

to indicate a change in key signature;

o antes de un cambio de compás.

or a change of time signature.

CIFRA DE COMPÁS

Se indican los diferentes compases por medio de dos cifras dispuestas una sobre la otra.

Estas cifras se escriben al principio de un trozo musical, inmediatamente después de la clave. Si durante el curso de una misma pieza se presenta un cambio de compás, se indicará este nuevo compás por otras cifras que se colocarán después de la doble barra.

Ejemplo

TIME SIGNATURE

The length of the measure in a piece of music is indicate by the "time signature": one number placed on top of another.

The time signature is placed at the beginning of a musical segment, right after the clef and the key signature. If there is a change in time signature, the time signature can be rewritten after a double bar.

Example

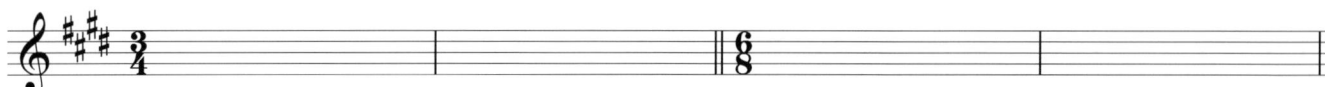

La cifra superior, expresa la cantidad de valores que forman un compás. La cifra inferior, expresa la calidad de estos valores.

The number above indicates the number of note values that form a measure. The number below indicates the duration of this note value.

2/4 expresa un compás formado por dos cuartos de redonda, esto es, por dos negras o sus equivalentes. El 2, indica que hay dos valores; el 4 indica que estos valores son cuartos de redonda, es decir, negras.

2/4 indicates that each measure of this musical segment will be comprised of two quarter notes.

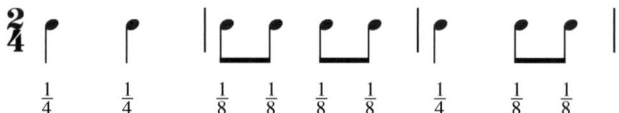

6/8 expresa un compás formado por seis octavos de redonda, esto es, por seis corcheas o sus equivalentes. El 6, indica que hay seis valores; el 8, indica que estos valores son octavos de redonda, es decir, corcheas.

6/8 indicates that each measure of this musical segment will be comprised of six eight notes.

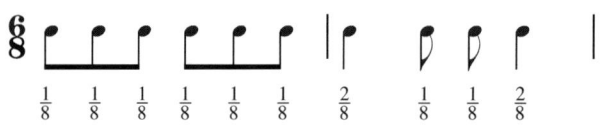

Todos los ritmos, sin excepción, tienen su cifra de compás, por ejemplo:

All of the rhythmic patterns in this method have a specific time signature.

huayno o trote, rin y taquirari

The Huayno or Trote, Rin and Taquirari

bailecito o cachimbo, cueca y baguala

The Bailecito o Cachimbo, Cueca y Baguala

ACORDE / THE CHORD

La superposición de dos o más sonidos simultáneos constituye un acorde. En el pentagrama se escriben las notas una sobre otra en forma vertical.

The simultaneous sounding of two or more notes is called a chord. On the staff, these notes are written vertically, on above the other.

Existe una nomenclatura para denominar los acordes llamada "clave americana", en que el nombre del acorde se identifica por una letra mayúscula y el tipo de acorde por una letra minúscula, una abreviación o un número.

The most common nomenclature for chords refers to them by the note name of their central tone, or tonic.

A	B	C	D	E	F	G
La	Si	Do	Re	Mi	Fa	Sol

En este método usaremos fundamentalmente cuatro tipos de acordes, que son de uso corriente en el charango : acorde mayor, acorde menor, acorde mayor con séptima menor y acorde menor con séptima menor.

Four types of chords are used in this method: major chord, minor chord, major 7 chord, minor 7 chord.

ACORDE MAYOR / THE MAJOR CHORD

Ej. : Acorde de Do mayor (C)

C Major

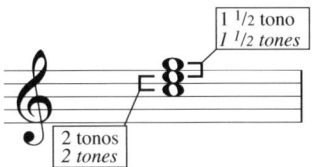

ACORDE MENOR / THE MINOR CHORD

Ej. : Acorde de La Menor (Am)

A minor

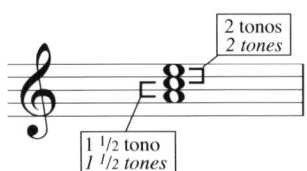

ACORDE MAYOR CON SEPTIMA MENOR / THE MAJOR MINOR SEVENTH CHORD

Ej. :Acorde de Do mayor con séptima menor (C7)

C Major a minor seventh

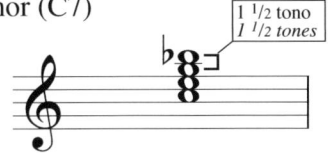

ACORDE MENOR CON SEPTIMA MENOR / THE MINOR SEVENTH CHORD

Ej. :Acorde de La menor con séptima menor (Am7)

A minor with a minor seventh

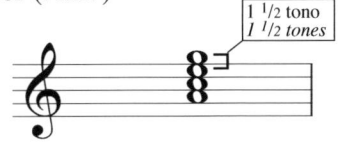

MATICES O CAMBIO DE DINÁMICA

Se llaman matices los diferentes grados de intensidad por los que puede pasar uno o varios sonidos, un pasaje o un trozo de música entera.

Se les indica por medio de unos signos llamados reguladores y también por términos italianos.

CHANGE IN DYNAMICS

Changes of volume in music are called "dynamics". Dynamics are indicated by a series of symbols and terms in Italian.

SIGNOS DE MATICES

Este signo significa que se ha de aumentar gradualmente la intensidad del sonido.

Este otro signo indica que la intensidad del sonido se ha de disminuir gradualmente.

Y por último, éste indica que la intensidad del sonido se ha de aumentar primeramente para disminuirla después.

DYNAMIC SYMBOLS

This symbol indicates that the volume of the sound should be gradually increased.

This symbol indicates that the volume of the sound should be gradually decreased.

This symbol indicates that the volume of a sound should be increased and then decreased again.

TÉRMINOS DE MATICES

El sonido puede ser débil y puede ser fuerte. El primero se expresa por la palabra "piano" y el segundo por la palabra "forte".

Pero el piano y el forte pueden tener varios grados de intensidad; algunas de estas gradaciones se expresa de la siguiente manera:

TERMS INDICATING DYNAMICS CHANGES

A sound can be quiet or loud. Quiet sounds are indicated by the term "piano". Loud sounds are indicated by the term "forte".

Piano and forte sounds have varying degrees of intensity. These levels are indicated by the following terms.

Términos / *Terms*	Abreviaciones / *Abreviations*	Significado / *Meaning*
Pianissimo	**pp**	Muy suave / *very quietly*
Piano	**p**	Suave / *quietly*
Mezzo piano	**mp**	Medio suave / *somewhat quietly*
Mezzo forte	**mf**	Medio fuerte / *somewhat loudly*
Forte	**f**	Fuerte / *loudly*
Fortíssimo	**ff**	Muy fuerte / *very loudly*

* Este apéndice fue elaborado tomando como referencia el texto "Teoría de la Música - Danhauser".

* *This Apendix was developed taking as reference the Danhauser's Music Theory.*

CD Track English Translation

KEY:
Track, Name of the track (italics are written only, not spoken)
Translation (roman type indicates translation from Spanish to English)
♪ = Music playing

Track 1. Tuning
Tuning of the charango, first string E (♪), second string A (♪), third string E (♪), fourth string C (♪), fifth string G. (♪)

Track 2. Huayno – Exercises 2, 4, 5 (pg. 25).
Chapter 1, The Charango as a rhythmical instrument, chapter 1.1 the Huayno, exercise no. 2 (♪). Exercise no. 4 the same rhythmic pattern with chord changes (♪). Exercise no. 5 (♪).

Track 3. Huayno – Exercise 7 (pg. 26). Exercise no. 7, one, two (♪).

Track 4. Huayno – Exercise 8 (pg. 26).
Exercise no. 8 (♪). Exercise no. 8 A (♪). 8 B (♪).

Track 5. Huayno – Exercise 9 (pg. 26). Exercise no. 9 (♪).

Track 6. Huayno – Exercise 10 (pg. 27). Exercise no. 10, one, two (♪).

Track 7. Huayno – Exercise 12 (pg. 28).
Exercise 12 A (♪), 12 B (♪), 12 C (♪), 12 D (♪).

Track 8. Huayno – Exercise 13, Naranjitay (pg. 29).
Exercise no. 13 Huayno Naranjitay (♪).

Track 9. Bailecito – Exercises 14, 17 (pg. 30). Subchapter 1.2, rhythmic pattern of bailecito Exercise no. 14 (♪). Exercise no. 17 (♪).

Track 10. Bailecito – Exercise 19 (pg. 31). Exercise no. 19 (♪).

Track 11. Bailecito – Exercise 22 (pg. 31). Exercise no. 22 (♪).

Track 12. Bailecito – Exercise 23, Sirviñaco (pg. 32).
Exercise no. 23 Bailecito Sirviñaco, one, two (♪).

Track 13. Cueca – Exercises 25, 27 (pg. 36). Subchapter 1.3, rhythmic pattern of cueca. Exercise no. 25 (♪). Exercise no. 27 (♪).

Track 14. Cueca – Exercises 28, 29 (pg. 37).
Exercise no. 28 (♪). Exercise no. 29, one, two (♪).

Track 15. Cueca – Exercises 31, 33 (pg. 37).
Exercise 31 (♪). Exercise 33, one, two (♪).

Track 16. Cueca – Exercise 34 (pg. 38).
Exercise 34 (♪). Exercise no. 29, one, two (♪).

Track 17. Cueca – Exercise 37 (pg. 38). Exercise 37, one, two (♪).

Track 18. Cueca – Exercise 38, La boliviana (pg. 39).
Exercise 38, Cueca La boliviana (♪).

Track 19. Cueca – Exercise 39, La cocinerita (pg. 41).
Exercise 39, La cocinerita, one, two, three, four (♪).

Track 20. Fingering – Exercises 40, 41 (pg. 44). Chapter 2, the charango as a melodic instrument. Pay particular attention to the use of the right and left hands in each exercise. Exercise 40, three, four (♪). Exercise 41, one, two (♪).

Track 21. Arpeggios – Exercise 43 (pg. 45).
Subchapter 2,.2 Arpeggios. Exercise 43 A, one, two (♪). 43 B, one, two (♪).

Track 22. Arpeggios – Exercise 44 (pg. 45). 44 A, one, two (♪). 44 B, one, two (♪). 44 C, one, two (♪). 44 D, one, two (♪).

Track 23. Arpeggios – Exercise 45 (pg. 46).
45 A, one, two (♪). 45 B, one, two (♪).

Track 24. Arpeggios – Exercise 46 (pg. 46).
46 A, one, two, three (♪). 46 B, one, two, three (♪).

Track 25. Arpeggios – Exercise 47 (pg. 46).
47 A, one, two (♪). 47 B, one, two (♪).

Track 26. Arpeggios – Exercise 48 (pg. 47).
48 A, one, two (♪). 48 B, one, two (♪).

Track 27. Arpeggios – Exercise 49 (pg. 47).
49 A, one, two (♪). 49 B, one, two (♪).

Track 28. Arpeggios – Exercise 50 (pg. 47).
50 A, one, two (♪). 50 B, one, two (♪).

Track 29. Arpeggios – Exercise 51 (pg. 48).
51 A, one, two (♪). 51 B, one, two (♪).

Track 30. Arpeggios – Exercise 52 (pg. 48).
Exercise 52 A, one, two (♪). Exercise 52 B, one, two (♪).

Track 31. Arpeggios – Exercise 53 (pg. 48).
Exercise 53 A, one, two (♪). 53 B, one, two (♪).

Track 32. Scales and melodies – Exercise 54 (pg. 49).
Subchapter 2,.2 Scales and melodies – Exercise 54, one, two (♪). One, two (♪).

Track 33. Scales and melodies – Exercise 55 (pg. 49).
Exercise 55, one, two (♪). One, two (♪).

Track 34. Scales and melodies – Exercise 56 (pg. 49).
Exercise 56, one, two (♪).

Track 5. Scales and melodies – Exercise 57 (pg. 50).
Exercise 57, one, two (♪).

Track 36. Scales and melodies – Exercise 58 (pg. 50).
Exercise 58, one, two (♪).

Track 37. Scales and melodies – Exercise 61 (pg. 50).
Exercise 61, one, two (♪).

Track 38. Scales and melodies – Exercise 62 (pg. 50).
Exercise 62, one, two (♪).

Track 39. Scales and melodies – Exercise 65, Papel de Plata (pg. 51).
Exercise 65 (♪).

Track 40. Scales and melodies – Exercise 67, Alturas (pg. 52).
Exercise 67 (♪).

Track 41. Scales and melodies – Exercise 68, Rosita de Pica (pg. 52).
Exercise 68, one, two (♪).

Track 42. Simultaneous melodies – Exercises 70, 71, 72, 73, 74 (pg. 53).
Subchapter 2,.2 Simultaneous melodies. A principal melody accompanied by a second voice. Exercise number 70, three, four (♪). Exercise 71, three, four (♪). Exercise 72, three, four (♪). Exercise 73, one, two, three (♪). Exercise 74, one, two, three (♪).

Track 43. Simultaneous melodies – Exercise 75, Dos palomitas (pg. 54).
Exercise 75, one, two (♪).

Track 44. Simultaneous melodies – Exercise 77, Las obreras (pg. 55).
Exercise 77, Las obreras, one, two, three (♪).

Track 45. Arpeggiated tremolo – Exercise 80 (pg. 56).
Subchapter 2,.5 Arpeggiated tremolo. Exercise 80 (♪).

Track 46. Arpeggiated tremolo – Exercises 81, 82 (pg. 56).
Exercise 81 (♪). Exercise 82 (♪).

Track 47. Arpeggiated tremolo – Exercise 85 (pg. 57). Exercise 85 (♪).

Track 48. Melodic resources – Exercises 87, 88, 89, 91 (pgs. 59 & 60).
Subchapter 2,.5 Melodic resources. Exercise 87, one, two (♪). Exercise 88, one, two (♪). Exercise 89 A, one, two (♪). 89 B, one, two (♪). Exercise 91, one, two (♪).

Track 49. Melodic resources – Exercises 92, 95, Pascua linda (pgs. 61 & 62). Exercise 92 (♪). Exercise 95, excerpt from Pascua linda (♪).

Track 50. Melodic resources – Exercises 97, 98, 99, 101 (pgs. 63 & 64). Exercise 97, one, two (♪). Exercise 98, one, two (♪). Exercise 99, one, two (♪). Exercise 101, one, two (♪).

Track 51. Melodic resources – Exercise 102, Las obreras (pg. 64). Exercise 102, one, two, three (♪).

Track 52. Melodic resources – Exercises 103, 104, 105 (pgs. 64 & 65). Exercise 103, one, two (♪). Exercise 104, one, two (♪). Exercise 105, one, two (♪).

Track 53. Melodic resources – Exercise 107, Flor de Sancayo (pg. 66). Exercise 107, Flor de Sancayo one, two (♪).

Track 54. Harmonics – Exercises 108, 109 (pg. 67). Subchapter 2,.7 Harmonics. Exercise 108 (♪). 109 (♪).

Track 55. Harmonics – Exercises 110, 112, 113 (pg. 68). 110, one, two (♪). Exercise 112, one, two, three (♪). 113, one, two (♪).

Track 56. Strummed tremolo – Exercises 114, 115 (pg. 69). Chapter 3, Strummed tremolo. Important resource for the charango. Please follow the instruction carefully and attentively to execute it. Exercise 114 (♪). Exercise 115 (♪).

Track 57. Strummed tremolo – Exercises 116, 117 (pg. 69). Exercise 116 (♪). Exercise 117 (♪).

Track 58. Strummed tremolo – Exercise 118 (pg. 69). Exercise 118, three, four (♪).

Track 59. Repiques – Exercise 119 (pg. 71). Chapter 4, Repique. The repique is another important resource for the charango. Repique of four movements slow, one, two (♪). Exercise 119, repique of four movements from slow to a normal speed, one, two (♪).

Track 60. Repiques – Exercise 120 (pg. 71). Repique of five movements, one, two (♪). Exercise 120, repique of five movements from slow to a normal speed, one, two (♪).

Track 61. Repiques – Exercise 121 (pg. 71). Exercise 121, one, two (♪).

Track 62. Repiques in 2/4 – Exercise 122 (pg. 72). Subchapter 4.1, Repiques in 2/4 time. Exercise 122 A, one, two (♪). 122 B, one, two (♪).

Track 63. Repiques in 2/4 – Exercise 123 (pg. 72). Exercise 123 A, one, two (♪). 123 B, one, two (♪).

Track 64. Repiques in 2/4 – Exercise 124 (pg. 72). 124 A, one, two (♪). 124 B, one, two (♪).

Track 65. Repiques in 2/4 – Exercises 125, 126 (pgs. 72 & 73). Exercise 125, one, two (♪). 126, one, two (♪).

Track 66. Repiques in 2/4 – Exercises 128, 129 (pg. 73). 128, one, two (♪). Exercise 129, one, two (♪).

Track 67. Repiques in 2/4 – Exercises 130, 131 (pgs. 73 & 74). Exercise 130, one, two (♪). Exercise 131, one, two (♪).

Track 68. Repiques in 2/4 – Exercise 135, El pastor (pg. 75). Exercise 135, one, two (♪).

Track 69. Repiques in 3/4 – Exercises 136, 137 (pg. 76). Subchapter 4.2, Repiques in 3/4 time. Exercise 136 A, one, two, three (♪). 136 B, one, two, three (♪). 137 A, one, two, three (♪). 137 B, one, two, three (♪).

Track 70. Repiques in 3/4 – Exercises 138, 139 (pgs. 76 & 77). Exercise 138, one, two, three (♪). Exercise 139, one, two, three (♪).

Track 71. Repiques in 3/4 – Exercises 140, 141 (pg. 77). 140, one, two, three (♪). 141, one, two, three (♪).

Track 72. Repiques in 3/4 – Exercises 142, 143 (pg. 77). 142, one, two, three (♪). 143, one, two, three (♪).

Track 73. Repiques in 3/4 – Exercises 147, 148, 149 (pg. 79). Exercise 147, one, two, three (♪). Exercise 148, one, two, three (♪). Exercise 149, one, two, three (♪).

Track 74. Repiques in 3/4 – Exercises 151, Manzanitas (pg. 81). Exercise 151, one, two, three (♪).

Track 75. Repiques in 3/4 – Exercises 152, Sipassy (pg. 82). Exercise 152, one, two, three (♪).

Track 76. Repiques in 3/4 – Exercises 153, Ventolera (pg. 83). Exercise 153, one, two, three (♪).

Track 77. Repiques in 6/8 – Exercises 154, 155 (pg. 84). Subchapter 4.3, Repiques in 6/8 time. Exercise 154, one, two, three, four, five, six (♪). Exercise 155, one, two, three, four, five (♪).

Track 78. Repiques in 6/8 – Exercises 156, 157 (pg. 84). Exercise 156, one, two, three, four, five, six (♪). Exercise 157, one, two, three, four, five, six (♪).

Track 79. Repiques in 6/8 – Exercises 158, 159 (pg. 84). Exercise 158, one, two, three, four, five, six (♪). Exercise 159, one, two, three, four, five, six (♪).

Track 80. Repiques in 6/8 – Exercise 160 (pg. 85). Exercise 160, one, two, three, four, five, six (♪).

Track 81. Repiques in 6/8 – Exercises 162, 163, 164 (pgs. 85 & 86). Exercise 162, one, two, three, four, five, six (♪). Exercise 163, one, two, three, four, five, six (♪). Exercise 164, one, two, three, four, five, six (♪).

Track 82. Repiques in 6/8 – Exercise 165, Calambito temucano (pg. 86). Exercise 165, Calambito temucano, one, two (♪).

Track 83. Repiques in 6/8 – Exercise 166, La cocinerita (pg. 87). Exercise 166, one, two, three, four, five, six (♪).

Track 84. Other rhythmic patterns in 2/4 – Exercises 167, 168 (pg. 89). Chapter 5, Other rhythmic patterns. Exercise 167, one, two (♪). Exercise168, one, two (♪).

Track 85. Other rhythmic patterns in 2/4 – Exercises 169, 170 (pg. 89). 169, one, two (♪). 170, one, two (♪).

Track 86. Other rhythmic patterns in 2/4 – Exercises 171, 172, 173 (pgs. 89 & 90). 171, one, two (e). 172, one, two (e). 173, one, two (e).

Track 87. Other rhythmic patterns in 2/4 – Exercise 174 (pg. 90). 174, one, two (♪).

Track 88. Other rhythmic patterns in 2/4 – Exercises 175, 176 (pg. 90). 175, one, two (♪). 176, one, two (♪).

Track 89. Other rhythmic patterns in 2/4 – Exercises 177, 178 (pg. 91). 177, one, two (♪). 178, one, two (♪).

Track 90. Other rhythmic patterns in 2/4 – Exercises 180, 181 (pg. 91). 180, one, two (♪). 181, one, two (♪).

Track 91. Other rhythmic patterns in 2/4 – Exercise 182, Estudio para charango (pg. 91). Exercise 182, one, two (♪).

Track 92. Other rhythmic patterns in 2/4 – Exercise 183, Papel de plata (pg. 91). Exercise 183, Papel de plata, one, two (♪).

Track 93. Other rhythmic patterns in 2/4 – Exercise 184, Me voy, me voy (pg. 92). Exercise 184, Me voy, me voy, one, two (♪).

Track 94. Other rhythmic patterns in 6/8 and 3/4– Exercises 185, 187 (pgs. 92 & 95). Subchapter 5.2, rhythmic patterns in 6/8 and 3/4. Exercise 185, one, two, three, four, five, six (♪). Exercise 187, one, two, three, four, five, six (♪).

Track 95. Other rhythmic patterns in 6/8 and 3/4– Exercises 189, 190 (pg. 95). Exercise 189, one, two, three (♪). Exercise 190, one, two, three (♪).

Track 96. Other rhythmic patterns in 6/8 and 3/4– Exercise 191 (pg. 95). Exercise 191, one, two, three, four, five, six (♪).

Track 97. Other rhythmic patterns in 6/8 and 3/4– Exercises 195, 196 (pg. 96). Exercise 195, one, two, three (♪). Exercise 196, one, two, three (♪).

Track 98. Other rhythmic patterns in 6/8 and 3/4– Exercise 198, Campanitas (pg. 97). 198, excerpt from Campanitas, one, two, (♪).

Track 99. Other rhythmic patterns in 6/8 and 3/4– Exercise 199, Golpear de bombos (pg. 97). Exercise 199, Golpear de bombos, one, two, (♪).